圖書館學理論基礎

何光國 著

圖書資訊學叢書

三民書局 印行

國家圖書館出版品預行編目資料

圖書館學理論基礎 ／ 何光國著. ── 初版一刷
── 臺北市：三民，民 90
　　面；　　公分
參考書目：面
含索引
ISBN 957-14-3279-2（平裝）

1.圖書館學

020　　　　　　　　　　　　　　　　89009706

網際網路位址　http：//www.sanmin.com.tw

Ⓒ　圖書館學理論基礎

著作人　何光國
發行人　劉振強
著作財
產權人　三民書局股份有限公司
　　　　臺北市復興北路三八六號
發行所　三民書局股份有限公司
　　　　地址／臺北市復興北路三八六號
　　　　電話／二五〇〇六六〇〇
　　　　郵撥／〇〇〇九九九八──五號
印刷所　三民書局股份有限公司
門市部　復北店／臺北市復興北路三八六號
　　　　重南店／臺北市重慶南路一段六十一號
初版一刷　中華民國九十年一月
　編　號　S 02010
　基本定價　捌　元
行政院新聞局登記證局版臺業字第〇二〇〇號

ISBN　957-14-3279-2　（平裝）

編者的話

　　當我在草擬這叢書的書名時，一位在唸圖書資訊學的同學曾建議我用「圖書資訊科學」做書名，她的意思很明顯：(1)她認為「圖書資訊學」是一種「科學」；(2)用了「科學」兩個字，便可以在一般社會人士心目中提高這門學問的身價，因而便可使更多人願意學習這門學問，而獻身圖書資訊事業。這位同學的看法，不但反映了一般社會人士對「圖書資訊學」的看法，也多多少少說出了她自己和很多圖書資訊從業人員的心態。這個普及的心態來源有自，背景很是複雜。簡單的說一方面是因為近百年來自然科學在社會進化過程中的衝擊性；另一方面，是因為從事圖書資訊事業的人們對這門學問的認識有偏差，我很能瞭解並同情這個建議。考慮再三，我仍然用「圖書資訊學」做書名，我覺得，「學」字本身便已經有了「系統化研求」的涵義，而且在一般社會人士的心目中，既然已將「科學」二字當作「自然科學」的專用詞，又何必在已經複雜已極的現代名詞中，為大家更增添不必要的混淆？巴特勒先生(Pierce Butler)說得好：「不管如何，一個詞的意義決定在社會的採納與否，而不在邏輯性地下定義。」❶再說回頭，要改變一般社會人士對這門學問的看法，不是硬用「科學」一詞便可以達到的，一切還得看這門學問是不是值得人們冠以「科學」這個詞，還得看我們從事這項事業的人是否值得人們重視。我感謝這

---

❶　Butler, Pierce. *An Introduction to Library Science*. Chicago: University of Chicago Press, 1933, p. 2.

位同學的建議，但也不想為不採納這個建議而致歉。

知識的成長是社會進步的原動力，而圖書資訊卻是知識成長必備的要素。知識是人們日積月累的經驗和研究的成果，這些知識的結晶便儲藏在圖書資訊中。圖書資訊學是研究：

①、目前及以往圖書資訊的型態；

②、蒐集它們的方法；

③、整理它們的過程和方法；以及

④、傳播它們到需求者的方式、過程和途徑。

根據上述四項研究成果來改進一切圖書資訊的作業程序，並推測、試擬未來圖書資訊作業的方向與方法，所以，我們也可以說圖書資訊學是社會進步、文化發揚的基石。

參照國內需求，這套叢書先出十二本作第一輯：

①、《圖書資訊學導論》　　　　　　　周寧森著

②、《資訊政策》　　　　　　　　　　張鼎鍾著

③、《圖書資訊組織原理》　　　　　　何光國著

④、《圖書資訊之儲存及檢索》　　　　張庭國著

⑤、《圖書館之管理及組織》　　　　　李華偉著

⑥、《圖書館際合作與資訊網之建設》　林孟真著

⑦、《美國國會圖書館主題編目》　　　陳麥麟屏、林國強合著

⑧、《圖書館與當代資訊科技》　　　　景懿頻著

⑨、《圖書資訊學專業教育》　　　　　沈寶環著

⑩、《法律圖書館》　　　　　　　　　夏道泰著

⑪、《文獻計量學導論》　　　　　　　何光國著

⑫、《圖書館學理論基礎》　　　　　　何光國著

本叢書的作者都是當代圖書資訊學的精英，內容均能推陳出新，

深入淺出，特地在此向他們致最高的敬意和最深的謝意，若有疏漏之處，都是編者一人的責任。

　　最後，我要向三民書局劉振強先生致敬，像這樣專業性的學術叢書是注定了要蝕本的，劉先生為了國家民族的遠景，毅然斥資去做這項明知無利可圖但影響深遠的事，實在不由人不佩服。

主編
周寧森
於新澤西州

周　序

　　光國兄來電說是他已將新書稿完成，並說他已「江郎才盡」，這將是他最後的一本書。我仔細校讀後發現光國是過謙了，「何」郎之才是不可能「盡」的。書中字字珠璣，道人所未道，言人所未言，文字飛揚跳脫，思路遨遊四表，實乃傑作。

　　回想當年高雄中學的日子，記得光國是一個謹言慎行，循規蹈矩的模範生。讀了他的手稿後，才知記憶中的印象是多麼的不可靠。光國原來是這麼一位瀟灑倜儻之人。他書中一切獨到的見解，雖不見得會人人都同意，但必會引起一番討論。學術的進步便在大家不停地討論中，不停地創新。我深覺榮幸，光國以此書列入我所編的叢書之中。但願光國兄不要就此停筆，讀者便有福了。

周寧森

1999年冬於新澤西州

自 序

多少年來，圖書館學界人士一直都心存著一個最根本的問題：圖書館學有沒有理論(Theory)？

在圖書館學系所的課堂上，筆者當過學生，也教過學生。親身體驗，不知多少次聽到學生們抱怨課程的枯燥無味，所學全是一些「做甚麼」和「怎麼做」一類不用花腦筋的課。他們都有一股好奇心，很想探勘這些課程的背後究竟是一道紙糊的牆，抑是一道鋼筋為心的水泥牆。他們很想瞭解圖書館學「是甚麼」和「為甚麼」的大道理。圖書館學雖然不是一門純理論的學科，可也絕不是無中生有，石頭開花。它的背後自有它的理論根據。

不必諱言，圖書館學是一門偏重實用的學科。這個「偏」的問題，早在1890年就已被一位美國圖書館專業館員E. C. Richardson發現。他曾嚴厲地批評當時的圖書館學教育「只教方法，不顧理論。」❶ 1923年，由美國卡內基公司資助出版的《Charles C. Williamson報告》，也指出當時圖書館學的課程太偏向業務技術，欠缺原理和理論。因此，圖書館教育的重「行」，不重「知」似乎就成了一種傳統。可是，不重「知」，並不表示「不能」知，或「反對」知。凡事要「做」就必須要「知」，而且應該「知」。在我國歷史上最重「知」而又懂「知」的思想家莫過於墨子。他很有科學頭腦，無論待人治事，處處都以「理」(Reasoning)當先，處處要問「為甚麼?」

---

❶ 周寧森《圖書資訊學導論》，臺北，三民，民國80年，頁19。

他認為凡人一旦知道了「為甚麼」做，才知道「做甚麼」和「怎麼做」。道理實在最簡單不過。

在學問上談「知」，可不是一樁容易的事。就因為學問的「知」的不易，即使圖書館學這一領域，先進一如美國者，書架上也難找到幾本令人滿意的理論專書。這個原因在哪裏呢？也許在圖書館學所牽連到的理論範圍太廣，寬廣得劃不清界線；太遼闊，遼闊得使人視線模糊。若非有心人細心地去探索挖掘，即使近在眼前，也會覺察不出來的。這本書取名《圖書館學理論基礎》，旨意就在表示它是一本相關理論的集錦。只因它涵蓋面廣，若要想剖析出全部有關的理論或說理，那卻是萬萬不能。本書所撰述的只是筆者個人認為比較重要的核心部份。

筆者在《文獻計量學導論》序文中曾感嘆「讀得書來方恨少」，如今寫這一本書時，更發現「事非經過不知難」，其他且不提，光是構思、找資料、撰稿就花費了三年七個多月。在這一段日子裏，下班回到家，一頭就鑽進書房，沒有休假，也沒有週末。撰述之初，更是千頭萬緒，不知應從何處開始，也不知應在何處收場。好在，世事總有個源頭，也會有個歸根。在筆者心目中，圖書館事業，從古到今以至將來，是一個依靠資訊紀錄(Information Record)而生存的有機體。因此，本書一開始就討論圖書館的「源頭」。

理論(Theory)既不是定律，也不是法則，它只是一種「說理」。定律是不變的，而「說理」，也就是理論，卻常會隨著物質文明和知識水平的進步而更易。當人類沒有登上月球之前，科學家們說地球是圓通通的，那只能算是一個非常可信的理論。可是，當我們透過太空人，從月球上遙望地球，看不見高山，也不見谷底，方使我們確信地球大致是一個圓形的球體。這是一本「圓通通」說理的書，它的對象

是圖書館。書中很多理論都出於筆者個人管見，還望海內外識者不吝批評指教。

每一位寫書的人，都有他寫著的動機。美國圖書館學界著名學者 Michael Buckland 寫他那本 *Library Services in Theory and Context* 的動機是由於懊惱與沮喪❷。而筆者撰寫這本書的動機則純粹為了好奇和興趣。

記得很小很小的時候，在一個萬里無雲，月亮當頭的晚上，母親叫我捧一小盆水，放在院子裏的石板地上，並且還叫我準備好一個小鐵盒和一支小木棍。等到一切準備停當，她要我二眼瞪著水盆裏的月亮。沒有多久，只看見月亮一點一點地變小，天色也慢慢地越來越暗。這時候母親叫我趕快敲打鐵盒。我敲著打著，哪知，月亮又一點一點地恢復了它原有的渾圓明亮。我問母親：「月亮怎麼會不見了又出來了呢？」她輕笑著對我說：「天上有一條大兇狗，正要吞吃月亮，可是被你噹噹的一敲，嚇得牠把吞下去的月亮又吐了出來，所以月亮又亮了。」當時我心裏真高興，我嚇跑了兇狗，救了月亮！長大了，才知道那種現象叫月蝕，是地球運行到太陽和月亮的中間，將照射到月球上的太陽光給擋住了的緣故，哪裏有甚麼天狗？

寫這本書的時候，心裏也帶著童年那份天真、不懂事、又喜歡亂發問的心情，為掛懸在自己心底多年的問題，尋找答案。雖然所「找到」的答案，不一定都完整正確，但仍感到滿心歡喜。

筆者躋身圖書館界數十年，深感做一名圖書館人的榮耀。緬懷過去，無限追憶，其中有二件事特別值得一記：第一件事是二度返臺在母校臺灣大學圖書館學系客座。二度客座，不僅使筆者獲得了教學相

---

❷ Buckland, Michael. *Library Services in Theory and Context*. NY: Pergamon Press, 1983.

長的機會，而且還結識了臺灣圖書館學界中的頂尖學者和一批敬業好學的青年才俊。第二件事，便是寫點東西出版。頭一次回臺是1983年，第二次返臺半年是1993年；協助筆者達成心願的包括行政院青輔會、國科會、美國 Fulbright Foundation、前臺灣大學文學院長侯健博士、前臺灣大學圖書館學系主任兼圖書館館長陳興夏兄、現任臺灣大學圖書資訊學系暨研究所李德竹博士和現任臺灣大學圖書館館長兼教授吳明德博士；1993年，返臺大客座時，吳明德主任撥給筆者一間配有一臺高性能電腦和裝有冷氣的專用研究室，使筆者能在課餘及假日，順利完成《文獻計量學導論》一書。至今回想起來，對一向怕熱的筆者來說，那間研究室實在是吳主任的無限恩德，值得大謝特謝。寫書出版，則全靠筆者高雄中學時代的學長和鄉長周寧森博士的推薦和臺北三民書局的支持。連同本書，一共出了三本。假如沒有寧森兄的垂愛，相信一本也出不了。筆者謹借這個機會，對幫助過筆者的各機構及各位學者，致最敬禮。

俗話說得好：「無根樹不長!」這本書只是圖書館學理論原野上的一棵芽。希望它的問世，能夠誘引出更多更成熟的理論作品，使我們圖書館學這一門學科更落實、更活潑；有生氣、有意義。現在就讓我們齊心合力來為圖書館學的理論紮根。

何光國

1999年12月15日識於美國馬里蘭州波多馬克市艾文莊

謹以此書，敬獻給全國當代及

未來的圖書館專業館員

圖書館學理論基礎

目　次

圖　次

表　次

第一篇

概　論

　　1984年的夏天，美國地質學家 Roberta Score在南極的冰層上面發現了一塊黑灰色的石頭，這塊形狀普通的石頭卻是一枚天外來的殞石。經過數年的研究測試，美國太空總署終於在1996年8月，信心十足地公開宣佈震撼世界科學界的重大發現：那塊殞石來自火星(Mars)，而且殞石中還存有原始微生物的化石。根據另外一批專家們估計，大約在230億年前，火星上已有了原始生命的存在。值得驚訝的是在同一個時期，這類微生物也正在地球上滋長衍生❶。

　　宇宙的奧秘，當然不會因這小小的一枚殞石而豁然敞開。不是嗎？科學家們對下列五個基本問題，幾千年來仍舊一籌莫展：

　　①宇宙為甚麼會產生？
　　②宇宙是由何物造成？
　　③人類出於何時又源於何處？
　　④人類思想如何從腦部發生？
　　⑤宇宙中是否會有其他有知生物存在？

　　目前，科學家們能夠做到的，只是憑藉著挖掘出土的化石，根據現在的科技知識水平，試著做各種「合理」的推斷和解釋。宇宙種種，深邃莫測，其奧秘處遠遠超出廿世紀人類才智之外❷。「我們每天活著對宇宙幾乎一無所知。」❸這種「不知」和「不能解」的事實，也許我國的老子(570 BC-?)最清楚。他說：「道，可道，非常道」；「道者，萬物之奧。」老子的「道」指的就是宇宙中萬象萬物，

❶ *The Washington Post*, 1996.11.8, p.1.
❷ Horgan, John. *The End of Science, Facing the Limits of Knowledge in Twilight of the Scientific Age.* New York: Addison-Wesley, 1996, p.308.
❸ Sagan, Carl. "Introduction," *A Brief History of Time*, by Stephen Hawking. New York: Bantam Books, 1988.

指「大自然」(Nature)❹。在老子的眼裏，宇宙萬物萬象皆自然天生，它無邊無際，無始也無終，一切的道理，都早已存在宇宙間，只待世人去發現。老子還說:「名，可名，非常名。」這一句只在強調宇宙萬物，憑人類的智慧，不可能窮究其名。即使發現了一些事物或現象，而為之名，那也只不過是其中微不足道的極微小的一部份而已。

在過去廿個世紀的時光裏，人類文明顯然已有了千萬里的長進。可是，這些長進與大自然的浩瀚深厚相較，真是渺小微薄得可憐。在近代科學界中，愛因斯坦(Albert Einstein, 1879–1955)可算得上是一位非常了不起的科學家和思想家。他那著名的公式$E=mc^2$，幾乎毀滅了整個世界。然而，真正講起來，這個公式只能算是他捷足先登的重要發現(Discovery)，而不是發明 (Invention)。公式中的因子，如E (Energy，能量)，m (mass，質量)，c (光速) 早都存在宇宙中。他的「功勞」只不過是將這三種因數理論化地聯繫在一起而已。據說十八世紀裏的英國科學家牛頓(Isaac Newton, 1642–1727)，有一天在他母親的農莊裏，目睹一枚蘋果從樹上掉下來❺，而使他連帶地思考，為甚麼月亮不也像蘋果一樣，從天上掉下來呢? 費了廿一年的時間，他反覆思考這個問題，終於完成了萬有引力定律(Law of Gravity)❻。其實，蘋果下落與雨點擊地，道理完全一樣的。假如牛頓的智商再高幾個百分點，也許不等到他見到蘋果從樹上掉落下來，早就發現了地心

---

❹ 對「道」一字的解釋，我國學者見解不一。有的將之視為萬物的準則，有的則指向倫理。

❺ 傳說牛頓在蘋果樹下納涼，突然一枚蘋果恰巧掉在他的頭上，而使他發現萬有引力定律。這個傳說是不正確的。請參看Hawking, Stephen W. *A Brief History of Time: From the Big bang to Black Holes*. New York: Bantam Books. 1988. p. 5.

❻ Asimov, Isaac. *Understanding Physics*. New York: Barnes & Noble Books, 1993, pp. 37–52; 靳建國譯，Bertrand Russell原著《我的信仰》(*What I Believe*)，臺北，遠流，1992年，頁70。

引力的定律了。何況，萬一他錯過了蘋果掉落的那一瞬間，那豈不是今天的我們，最多像我國唐代大詩人王維(701–761)一樣，只知吟哦「雨中山果落，燈下草蟲鳴」，而不知道那些果子往下掉，還隱藏著那麼一套大道理？當然，廿一世紀的我們，就更不可能見到數十上百顆的人造衛星正在二三百哩外高空的固定軌道上，環繞著地球飛翔了❼。

　　「太陽之下，沒有新東西。」在美國著名心理學家傑姆士(William James, 1842–1910)的心目中，像牛頓及愛因斯坦這些偉大科學家，都是一批生逢其時，為新理論催生的「知識媒婆」而已。

一、理論(Theory)

　　世界上最早發展口語，懂得說話的人，很可能就是我們中國人。可是把「說話」以及後來「書寫」等類行為(Behavior)，當作一門學問來推敲研究，並且還能演繹出一套理論，講解出一套道理來的卻是西方學者。也許這正合上了我國近代著名哲學家馮友蘭先生所稱中國哲學「不為知識而求知識」的弱點❽。我們中國人對很多的事，都只知其然，不知去鑽研其所以然，甚至不知問「為甚麼？」殊不知，「問題常滋養理念，理念建造知識」❾。

　　當然「說話」和「書寫」僅是人類生活中溝通訊息的二種方式。但是人們「為甚麼」要說話？「為甚麼」要書寫？「為甚麼」要這麼

---

❼　中國大陸於1999年11月20日清晨在甘肅酒泉衛星發射中心成功地發射了中國第一艘無人試驗飛船；俄美二國從1961年4月開始，迄今共發射了203次，共有738名太空人被送上太空從事各種科學試驗。《北京晚報》，1999年11月21日。

❽　馮友蘭《中國哲學史》，香港，太平洋圖書公司，1968年再版，頁9。

❾　Penzias, Arno. *Ideas and Information*. New York: Simon & Schuster, 1989, p. 162.

做,「為甚麼」又不那麼做? 這些都是哲學問題。這類問題必須靠哲學方法來解決❿。哲學方法並不是佛門禪語「不可說,不可說。」而必定是一種邏輯的,理智的和科學的道理。這個道理便是我們所稱的理論。

「理論」(Theory)一詞,在實質上,與「定理」(Theorem)和「定律」(Law)都有相當大的差異。就以「定理」一詞來說,它是指可用數學或實驗方法來證明的一種屢試不爽的理論。例如,牛頓的「萬有引力定律」(Law of Gravity)。而「定律」一詞最妥當的解釋,應該是「最權威性的理論」⓫。這種理論不一定可以利用數學或實驗方法求得證明。如文獻計量學中的「布萊德福分布律」(Bradford's Law of Scattering),電腦科學裏的「莫爾定律」(Moore's Law)等等。「定律」也必須證明,只是不如「定理」那樣要求嚴謹。最好的例子莫過於「莫爾定律」。1965年,美國 Intel 公司共同創辦人莫爾(Gordon Moore)預測微處理機(Microprocessor)中電晶體(Transistor)的密度將會每二年增加一倍。直到目前為止,他的預測可說相當正確。假如這樣繼續的發展下去,2000年初,微處理機中的電晶體數將會達到五千萬至一億支左右。「莫爾定律」的對象是一個實體,而任何實體的微粒化早晚總會趨向極限,當電晶體微小到某一程度以後,再小便會不再實用(Practical)。莫爾自己也明白表示:「到了2010 或 2020年,我們將會發現使東西 (*電晶體*) ⓬繼續微小化的進度會日漸緩慢下來」⓭。為了解決這個問題,美國IBM公司已研製出一種以銅為原料

---

❿ 請參閱《胡適文存》中「新生活」,頁725。

⓫ 此為筆者個人的註釋。

⓬ 斜體字為筆者註釋。

⓭ Maney, Kevin. "Moore's Law Still Intact," *USA Today*, Money Edition, 1997.9.25.

的晶片(Chip)，希望能使電晶體繼續微化❶。

我們知道了「理論」的真實意義，現在讓筆者將理論劃分成二類。第一類為「先知先覺型」；第二類為「後知後覺型」。它們各有產生的步驟和目的。

① 「先知先覺型」理論：這類理論是「發明家」的理論。它始於「幻想」(Imagination)，後有「假設」(Hypothesis)，終於實驗或設計來證明「假設」的真偽。真者如居理夫人(Madame Marje Sklodowska Curie, 1867–1934)發現鐳；如仙農(Claude Elwood Shannon, 1916–)以「二值邏輯」成功地設計出電腦。偽者如亞里斯多德(Aristotle, 384–322 BC)的「地球為宇宙中心」的理論❶。「先知先覺型」理論的產生步驟可簡化如下：

幻想 ➝ 思考 ➝ 假設 ➝ 實驗（設計）➝ 結果
　　　　　　　（理論）　　（印證）　　（真或偽）

② 「後知後覺型」理論：這類理論是「發現者」的理論。它始於現象或事端的發生，然後發現者對現象或事端的發生產生疑問而引發思考，由思考而引起假設，由假設而求證。常真者，理論成為「定理」(Theorem)或「定律」(Law)，不常真但合理者，理論成為「學說」或「權威性理論」。成為「定理」者如牛頓的「萬有引力定律」；愛因斯坦的「相對論」。成為「學說」或「權威性學說」者則包括一切有關以「活人」為研究對象或因素的學說或理論，如人類學，心理學，經濟學，社會

---

❶ 同❶。

❶ Hawking, Stephen W. *A Brief History of Time: From the Big Bang to Black Holes*. New York: Bantam Books, 1988, pp. 9–10.

學，政治學，管理學，圖書館學等等。「後知後覺型」理論的
產生步驟可簡化如下：

現象 ➜ 思考 ➜ 假設 ➜ 實驗（設計） ➜ 結果
　　　　　　　　（理論）　　（印證）　　　（常真或合理）

在這個世界裏，為了生存的必要，人們時時刻刻都在為自己創造
假設（理論）和運用假設（理論）。假如人們潛意識裏沒有存著一些
有關生活上的基本假設，他將會感到寸步難行，無法平安地過日子，
至少，無法過得一如現在這樣的「好」。生活上的基本假設幫助我們
做決定，指引著我們如何應付已發和未發的種種事端，例如橫過馬
路，跨越溝壑，趕搭公共汽車，工作，購物，休閒，以及「見人說人
話，見鬼說鬼話」等。有智慧❻的人，常能因假設正確，而化險為
夷。我國歷史上有一則家喻戶曉的故事，那便是三國時代（220–
265）蜀國軍師諸葛亮使用空城計，嚇退魏國幾十萬大軍。諸葛亮的
「假設」是魏國大將司馬懿疑心極重，可以「以疑攻疑」的策略，利
用一個空城來打擊他的弱點，使他相信城內必有埋伏而不敢侵入。而
司馬懿的「假設」則認為諸葛亮一向謹慎多計，決不會用一個空城來
嚇阻他的大軍，城中必定設有埋伏，於是裹足不前。故事的結果是諸
葛亮如願以償，解救了陽平縣之危。不過，諸葛亮本人也冷汗一身。

不論是屬於日常生活上的假設，或是屬於科學上的理論，它們總
是隨著時代的進展和知識水平的升高，不停地在那裏改變和改進的。
而且，我們還應確信今日的假設或理論在將來一定會受到修訂，甚至
被部份或完全取代❼。例如，現代學者已逐漸發現愛因斯坦的相對論

---

❻　筆者將智慧一詞解釋成專業知識加經驗。

❼　Kelly, George A. "The Psychology of Personal Construction," vol. 1, *A Theory of Personality*, p. 15.

和宇宙論不夠完整。愛因斯坦認為宇宙只有一個，而且它還正在不斷地朝著一定方向往外擴張。然而，美國堪薩斯大學二位教授卻發現從160座銀河星系裏獲得的電波，經常發生絞纏的現象。這種現象說明二點：(1)宇宙發展方向不一致；(2)宇宙不止一個。旅美華裔諾貝爾物理學獎得主吳健雄博士(1913–1997)，在1956年也實驗證明楊振寧、李政道認為宇宙中的自然動向並非完全對稱的推理❶。從這二個例子，我們就不難瞭解，為甚麼所謂的理論(Theory)只是一種有教養的推測了。❶ 至於理論的利用價值，假如我們不談科學，只談生活，那麼最有用的理論應該是那些最具備實用性的一般性理論，而不是那些僅適用於特殊環境的理論❷。

若從另外一個角度來看，理論不僅不是定律，而且還不是一個單一的推理，它實是一連串相關事實的結合❷。人類面對著瞬息萬變，光怪陸離的世界，唯有合理和有教養的理論，為他們的思想和行為尋求出一條較為妥善安全的道路。

二、圖書館學的理論

根據前面的討論，我們似可將有關圖書館學的理論歸屬於「後知後覺型」。若欲研討有關圖書館學的理論，首先讓我們先瞭解一下甚麼是圖書館學？

---

❶　請參閱Hawking, Stephen W. *A Brief History of Time: From the Big Bang to Black Holes*. New York: Bantam Books, 1988.

❶　Littlejohn, Stephen W. *Theory of Human Communication*,5th ed. New York: Woolworth Publishing, 1996, p. 2.

❷　Kuhlthau, Carol C. *Seeking Meaning: A Process Approach to Library and Information Services*. Norwood, NJ: Ablex Publishing, 1993, xviii.

❷　Kelly, George A. "The Psychology of Personal Construction," vol. 1, *A Theory of Personality*, p. 15.

　　簡單地說，圖書館學是一門研究有關圖書館一切事務的專門學科。圖書館學的理論也就是那些圍繞著圖書館事務的一切有關說理。正如本書序文中說，圖書館學涉及的範圍太寬廣，太遼闊，寬廣得劃不清楚界線，遼闊得使人視線模糊。不過，若我們細心觀察，仔細推敲，我們仍能尋出它的來龍去脈。這也正是本書最大的企圖，為筆者最大的心願。

　　圖書館是社會文化演進中的產物。它與一國的社會組織，政治體制，經濟環境以及文化水平的變遷都有著絕對的關係。圖書館事務必定是「活」的，「變」的。每個社會有每個社會的圖書館，每個時代也有著每個時代的圖書館。時代永遠向前行。幾千年來，中外社會都不斷的在動，在變。而且，無論圖書館的形象或實質，也總跟隨著動和變。根據社會經濟體制，我們可以大略地將圖書館的發展歷程劃分成：農業(Agricultural)，工業(Industrial)，工業後(Post-Industry)，數位化資訊(Digitized Information)和數位化資訊後(Post-Digitized Information)等五個不同的階段。每個階段，都有著不同類型及內容實質的圖書館（如表一）。若我們討論圖書館學的理論，也應該針對這五個階段中不同類型的圖書館來申述。

表一　圖書館的發展歷程

大約時序	社經本位	圖書館模式	圖書館制度	作業方式	服務方式	服務對象
－1908	農業	影子圖書館	分散	人工	保管式	少數讀書人
1909–1946	工業	古老圖書館	集中	人工＋機械	守門式	多數讀書人
1947–1985	工業後	傳統圖書館	集中	機械＋人工	看門式	一般讀書人
1986–2050	數位化資訊	現代圖書館	分散	人工＋電腦	推廣式	個別讀書人
2051–	數位化資訊後	虛擬圖書館	集中	電腦＋人工	推銷式	個別讀書人

　　世界上由於每個地區的社會發展進度不同，經濟環境及科技水平各異，我們不難發現上述五種類型的圖書館在廿世紀甚至廿一世紀初還同時並存。現代絕大多數的圖書館皆屬傳統式，只有在經濟最落後，文化水平最低的地區才會發現「影子圖書館」(Shadow Library)。所謂「影子圖書館」是指沒有圖書館實務的藏書處所。而「虛擬圖書館」(Virtual Library)則指專門處理及提供「數位化資訊」(Digitized Information)服務的「無紙圖書館」(Paperless Library)❷，館中已不再見任何印刷型等有形資訊，只有那些看不見，摸不著的電訊型數位化資訊。

　　在十七世紀以前的農業社會裏，實在談不上有圖書館學，那時候經營圖書館靠人不靠方法。沒有方法的經營，就像瞎子騎馬，跑到哪裏算哪裏。這種現象，直到1887年才有了劃時代的轉變。該年美國哥倫比亞大學創辦了世界上第一所圖書館學系，招訓「任何」圖書館從業人員，研習經營圖書館的方法。可惜的是，研習課程過分重視方法，忽略了隱藏在方法後面的理論，因而受到連串的嚴厲攻擊。當時那種重「行」不重「知」的習氣，卻形成中外圖書館學教育界百年來一種非常不健康的傳統。於是，圖書館界人士常常問：「圖書館學是不是一門科學(Science)？」

---

❷　此為筆者用詞。在意義上，此詞與F. W. Lancaster於1978年提出的所謂"Paperless Society"大不相同。筆者強調資訊後社會(Post-Information Society)圖書館中所經管的資訊已完全數位化(Digitization)，那個時候，一切以文字為主的印刷型及其他任何有形資訊，如錄影帶，圖像等等，皆已列為古董，變成了珍藏品。而 Lancaster 的 Paperless Society 泛指一種社會生活型態。這種社會是很難實現的。

三、圖書館學是不是一門科學？

　　圖書館學是不是一門科學？或是不是應該成為一門科學？說起來都是一些邊際性，而且與圖書館學本身不甚有關的問題。推究引起問題和爭論的原因❷，非常可能是因"Library Science"一詞所觸發。假如真正是這麼回事的話，那麼闖禍的人，應該是那幾位於1926年為美國圖書館學會制訂圖書館學系立案法規的學者。實在講起來，圖書館學是否科學的問題並不重要，重要的是看我們圖書館學界是否有為圖書館學創立理論的決心。何況，在中國，"Library Science"從未被譯為「圖書館科學」，而是「圖書館學」呢。

　　類似圖書館的結構大約出現在二、三千年前。它的出現或可說是由於人類對資訊紀錄具備一種收藏貯存的天性所使然。這個單純的天性，不僅大大助長了人類生存的契機，而且更成為人類文明進步的主要源泉。假如人類沒有這份天性，也許叢林深處仍是「牠」們的家。在現代人的眼光裏，貯存資訊紀錄是生活所必須。世世代代，人類就依賴這些資訊紀錄來積累和傳播知識與智慧。而圖書館恰巧就身在其中，專門做著收集及組織這類資訊紀錄，並積極地，主動地從事資訊紀錄的傳播工作，使貯藏在那些資訊紀錄裏的知識與智慧，能夠迅速、確實、通暢地傳遞給尋求它的人。圖書館學是一門研討「人」與

---

❷　有關圖書館學是否「科學」的辯論，請參閱⑴賴鼎銘著《圖書館學的哲學》，臺北，文華圖書館管理資訊股份有限公司，民國84年，頁18–24；⑵Karetzky, Stephen. *Reading Research & Librarianship: A History and Analysis.* Westport,CO: Greenwood Press, 1982;⑶Houser, Lloyd and Alvin M. Schrader. *The Search for a Scientific Profession: Library Science Education in the United States and Canada.* Metuchen, NJ: Scarecrow Press, 1978; ⑷Ranganathan, S. R. *Five Laws of Library Science.* New York: Advent Books, 1989 (reprint), pp. 355—359.

「物」如何交往溝通的專門學識。在圖書館中工作的專業人員，為了做好這份工作，就必須識透「人對人」，「人對物」和「物對物」的溝通功夫。問題是「為甚麼?」

圖書館學中的「人」，並不單指圖書館員和讀者，還指一切資訊紀錄中的資訊製造者，他們包括著作者，音樂家，畫家，雕塑家，演講者，舞蹈家，新聞人物等等。而「物」則囊括一切進入圖書館，各式各樣的資訊紀錄和各式各樣的設備。客觀地說，無論資訊紀錄的「裏」（資訊內容）「外」（資訊載體）全都是「死」的。然而，「人」卻是「活」的。「死」的東西好對付，惟獨「活」的人難纏。「人」皆聰明絕頂，不僅主意多，而且往往還「見異思遷」，「說一是二或三、四」，尤其可怕的是主觀意識特別強。任何事物，有了主觀意識就再也不要想躋身科學之門了。因為科學只容許客觀意識㉔。問題還是「為甚麼?」

假設我們計算人數，以人身為單位，不論高矮胖瘦，是男是女，或老或幼，那麼：

$$一個（人）+ 一個（人）= 二個（人）$$

設若我們照用同樣的假設，而每個人多加上他們大腦裏一個極短時刻的主觀意念(Idea)，我們用 Δa 來代表第一個人極短時刻的主觀意念，Δb 代表第二個人極短時刻的主觀意念，那麼，第一個人加第二個人就不再等於二個人了：

$$（第一個人+\Delta a）+（第二個人+\Delta b）\neq 二個（人）$$

因為，第一個人的主觀意念不等於第二個人的主觀意念，$\Delta a \neq \Delta b$。雖然人仍舊是二個，可是，如今卻變成二個腦袋二個主觀意念二個心了。假如我們將 $\Delta a + \Delta b$，它的結果可能是：$0 \leq (\Delta a + \Delta b) \leq n$。（假如

㉔　請參看本書第四、五二篇。

這二個人都是沒有主觀意念的白痴，那麼他們二個人的意念加起來必然等於0，於是只有在這種假設下，第一個人加第二個人，才會等於二個人。n 為一有限量）❷這個道理若挪用到圖書館實務上，我們自會很容易地發現圖書館服務是一門充滿了主觀意識和矛盾的工作。

①假設有二位讀者，第一位讀者的資訊慾望為 $\triangle a$，第二位讀者的資訊慾望為 $\triangle b$，而 $\triangle a \neq \triangle b$ （意指二位讀者的主觀資訊慾望不相同），於是：

（第一位讀者 $+\triangle a$）＋（第二位讀者$+\triangle b$）

$\neq$（二位讀者$+2\triangle a$）

或（第一位讀者 $+\triangle a$）＋（第二位讀者$+\triangle b$）

$\neq$（二位讀者$+2\triangle b$）

解釋：（第一位讀者的主觀資訊願望）＋（第二位讀者的主觀資訊願望）

既不等於二位讀者+第一位讀者主觀資訊願望的二倍，

也不等於二位讀者+第二位讀者主觀資訊願望的二倍

因為每人的主觀資訊慾望都不相同。

②假設一位是館員，另一位是讀者。館員的主題知識水平為 $\triangle a$，讀者的主題知識水平為 $\triangle b$。$\triangle a \neq \triangle b$，所以

館員 $+\triangle a \neq$ 讀者 $+ \triangle b$

這個公式說明若要求得館員和讀者在資訊供應和需求的觀念一致，並非僅僅是「一位館員等於另一位讀者」，而是「一位館員的主觀意識與一位讀者的主觀意識『相同』」。這裏所謂的主

---

❷　人的智慧是無法量度的。筆者利用數學公式來抽象說明「人心難測」的道理。

觀意識可能是各自持有的主題知識，也可能是雙方待人接物的態度，也可能是雙方的語言和表達的能力，也可能是根深柢固的成見或偏見等等。總之，因為每個人持有的主觀意識不同，而常引起館員與讀者意識思想不能暢通。在「一主觀意識對另一主觀意識」的環境下，圖書館資訊服務想使讀者的主觀資訊需求獲得百分之一百的滿足實非一椿容易的事。

從這二個簡單的例子，我們當會發現在圖書館的活動圈子裏，主觀意識和主觀行為都非常濃厚。我們很難將它視為一種純以客觀意識行為為標榜的科學。圖書館學雖然不是科學，但它也有獨特的研究領域和範疇。我們大可不必「關起門來流淚」，更不必削足適履，硬著頭皮稱圖書館學為科學。否則，那就活像魯迅筆下的阿Ｑ，平生無大志，只「想做個體面的人」。身為圖書館人，我們實不應該自貶身價地輕視這一門傳襲了二、三千年，專以敷揚人類知識為圭臬的專門行業。

四、本書結構

本書結構，遵照著圖書館為一「緊隨著資訊紀錄形式蛻變的一個成長有機體」的大原則，從資訊紀錄的誕生到它們將來的變形，循序漸進，分成六篇予以解釋：

①圖書館學哲學基礎：我們探討中外圖書館的緣起，資訊紀錄的產生，圖書館衍生了二、三千年的生存邏輯和大道理，以及圖書館的基本本質與功能。這一篇因為資料多，需要交代的也不少，佔的頁數也較其他各篇都多。

②圖書館發展的歷史性：圖書館為社會產物。它的成長模式與一

國的社會組織、政治體制、精神文明和經濟環境，都有著十分密切的關係。從這一篇裏，讀者將會發現中國圖書館的發展，比英美都早，只是在成長途程中走上了另一條路而已。中國公立圖書館的「官辦、官派、官管」，可說是舉世無雙的特色。

③圖書館學知識論：筆者從「知」的道理談到「主題知識」的形成。筆者認為「知必有知者」和「知必有知的主題」。筆者主張的「紀錄世界」與包伯(Karl R. Popper,1902–1944)的「第三世界」(World 3)的觀點大不相同，筆者也不同意布魯克斯(Bertram C. Brookes)的三段論。從這一篇裏，讀者將會深深地發現在「紀錄世界」裏，圖書館員不僅有他們生存的條件，圖書館也有它屹立不衰的大道理。

④圖書館學資訊基礎：在這一篇裏，筆者指出圖書館的資訊基礎建立在「語意資訊」之上。「語意」為一切資訊和通訊的根本，更是圖書館作業和服務的憑據。中國漢字漢文與西方各國的語文有很大的區別。透過這一篇，讀者將會發現中國語文的特點和它特別生動可愛的地方。

⑤圖書館學通訊基礎：這可說是相當重要的一篇。筆者先從「通訊」的意義開始，再逐步延伸到幾種代表性的通訊模式，最後，才討論專屬於圖書館的通訊理論。一般的通訊理論都針對「人對人」的通訊，而圖書館的通訊理論，還牽涉到「人對物」和「物對物」的雙向通訊。筆者認為圖書館作業和服務成功的關鍵，端賴圖書館員是否心裏有一套完整健全的通訊系統。它代表圖書館作業及服務的「理性」面。一所沒有「理性」的圖書館是不可能成功的。

⑥新經濟與未來圖書館發展：這是本書的結論篇。圖書館是一門

「科技敏感」行業。它們永遠追隨著科技，利用科技的成果來增進作業與服務的效率。傳統上圖書館是一個不以營利為目的的經濟個體，然而它的一切活動仍受著社會經濟環境的影響和控制。廿世紀末葉，躍進的電腦和通訊工業為世界帶來了以智慧與專業知識為本位的新經濟(New Economy)環境，同時，也為圖書館事業的生存帶來了空前的危機。不過，我們的結論卻是樂觀的。圖書館的生存邏輯既然奠立在「資訊紀錄」之上，只要人類一天存在，他們便會不斷地創造新「資訊紀錄」，而社會上也就不能少了圖書館和圖書館專業館員。

　　這是一本「本土化」的圖書館學理論專書。它的對象是在校的各級圖書館系同學、圖書館事業中的知識工作者和社會中喜歡多瞭解一點圖書館的人士。本書雖然是筆者大膽地嘗試著為圖書館學創造一些說理，主要的用意還是想透過它，在圖書館學術界漾起理論思考的漣漪。同時，也讓我們圖書館人和讀者一起來認識：圖書館學並非一門「學徒式」的枯燥技藝，而實為一門擁有豐富理論基礎為後盾的專業學科。

第二篇

圖書館學哲學基礎

　　哲學(Philosophy)一詞，源自西方。哲學理念始於對某種事物或現象作持續性和技巧性的思考(Thinking)❶。中國近代哲學家馮友蘭先生說：「中國沒有哲學，只有思想家。」❷原因就在中國思想家對問題的思考既欠缺持續性，又不懂得思考的技巧。而且，他們的思想太接近政治經驗，一切思考皆以「人」為中心，孔子的「因人論事」便是一例。中國先賢先聖們思考從來就不注重邏輯，也不重視有關知識理念的研究❸。思想與哲學在意義上的重要分野是它們的方法和目的。思想沒有方法，也沒有目的。哲學則不但有方法，且有明顯的目的。方法代表一種處理程序，一種邏輯。而目的則是判斷和決定。任何判斷和決定，都必須要有方法，要合乎邏輯。否則，結果必然謬誤。

　　科學方法是邏輯的。哲學方法是直覺的，「直覺使吾人得到一個經驗，而不能使吾人成立一個道理。一個經驗之本身，無所謂真妄；一個道理，是一個判斷，判斷必合邏輯。各種學說之目的皆不在敘述經驗，而在成立道理。」❹圖書館生存在這個地球上，少說也有二、三千年。在這一長段的時間裏，不論它曾經過多少次的變化，多少次的災難，它們能夠生氣澎湃地活到廿一世紀的大門前，其中必定有它生存的條件、邏輯和目的。我們研討圖書館學的哲學，也不能只敘述圖書館的生存經驗，而是研究它的哲學方法，研究它的根本，研究一切有關圖書館生存的大道理。

　　圖書館的生存條件是「人」和「資訊紀錄」❺(Recorded Informa-

---

❶　Ferre, Frederick. *Philosophy of Technology*. NJ: Prentice-Hall, 1988, p. 2.

❷　馮友蘭《中國哲學史》，再版，九龍，太平洋圖書公司，1968，頁1。

❸　Dawson, Raymond. *The Chinese Experience*. NY: Charles Scribner's Son, 1978, p. 71.

❹　同❷。

❺　早期的「資訊紀錄」只作狹義印刷型文字紀錄解，如今則包括一切有意義(Meaningful)和有價值(Valuable)的資訊紀錄。詳解請參看「甚麼是紀錄?」

tion)，生存邏輯為「資訊紀錄」的處理，而生存目的則是「資訊紀錄」的被「人」利用和推廣。圖書館之能夠生存，完全靠有「人」和有「資訊紀錄」，而圖書館的一切作業與服務，也都以處理和利用各型各類、有形或無形的「資訊紀錄」為依歸。一旦將來「人」或「資訊紀錄」消失了，圖書館也就會失去它繼續生存的意義。我們曾經說過，「人」創造紀錄，也必須利用紀錄。紀錄是人類知識與經驗的結晶和累積。它們代表「人類昨天」的文明，也是「人類明天」文明的墊腳石，只要地球上有人存在，他們必定會繼續不斷地創造「資訊紀錄」，必會繼續不斷地利用「資訊紀錄」。只是時日的變遷，科技及物質文明的發展，或會使「資訊紀錄」的形象格式及人們利用「資訊紀錄」的方法，或和我們現在所熟悉的不大相同而已。

我們若想知道圖書館的生存大道理，那我們就別無選擇的必須研究「圖書館的根本」。它包括：

①圖書館的緣起 (Theory of Library Origin)

②圖書館的生存邏輯(Theory of Logic of Living)

③圖書館的定義，本質與功能(Library Ontology)

④圖書館的發展趨勢(Library Trends)

在這一篇裏，我們只分別討論前三項，圖書館未來的發展趨勢則留待最後一篇。

一節。

第一章　圖書館的緣起

　　總算有幸，圖書館在這個危機四伏，物換星移的世界裏已活了好幾千年。它的長命，倒不像那花木成年依靠著大自然中的春風細雨，而是仰賴人類和資訊紀錄之間那一層彼此相互利用和需求的微妙關係。圖書館的生存必須要有「人」和「資訊紀錄」(Recorded Information)這二個基本因素，缺一不可。人會思想，也必思想。思想產生暫存的記憶(Memory)和近似永久的紀錄(Records)。人類從紀錄中擷取知識和經驗，而形成了「知識生知識」，「經驗長經驗」，「智慧增智慧」的一個永無休止的大循環。人類就在這個大循環裏翻翻滾滾，滾出了洞穴，翻上了天。

　　在這個從思想構成智慧的大循環過程中，人類不斷地思想，不斷地追求新知識，不斷地尋找新經驗，不斷地衍生出日新又新的智慧，他們的目的，說穿了，只不過是想改善他們的生活環境，滿足他們物質享受上的無厭慾望而已。然而維繫著這個大循環中每個重要環節，使它們能夠不停的循序轉動者，除了圖書館以外，實無第二者。

思想　→　資訊紀錄　→　智慧　→　慾望滿足

　　幾千年來，社會上若沒有圖書館或類似圖書館的機構，在那裏辛勤謹慎地為那些世代累積的知識與經驗所砌組成的資訊紀錄，做著徵集，整理，組織，利用和推廣的工作，相信現在我們所見到的科技和

生活水平，也許還要再等上數十上百個世紀才能實現。因此，我們說圖書館是人類文明進步的大功臣也不過分。人類的思想和經驗產生資訊，資訊載體(Media)的出現，產生了資訊紀錄，資訊紀錄的貯存、處理、組織、利用和推廣而產生圖書館。於是，我們不妨肯定地說，沒有人類的存在，資訊不會產生，也不會有紀錄的出現，當然，也就不可能出現圖書館。人類是紀錄的創造者，也是紀錄的使用人，圖書館只是知識世界中匯集人類思想智慧結晶的一個特殊空間和地點，是一個非常重要的穿針引線人。它的主要任務，是幫助紀錄使用者迅速確實地尋獲到他所需要的資訊紀錄，無論這個紀錄是何種形式，也無論它近在眼前，或遠在天邊。

為了瞭解圖書館出現的根源，我們不妨先討論一下紀錄創造者究竟從何處而來。

第一節　中國人的傳奇

誰都想知道「人」從哪兒來？可是，直到廿世紀的尾端，仍舊無人知曉。也許，永遠也無人能揭開這個謎。《聖經》上說神造世界，也造了人。這種說法因為太過神奇，且無法證明其真偽，最多只能當作一種學說或理論。其實，有關「人」從哪兒來的學說或理論，數百年已堆積了不少，而且，經常會有新「發現」。例如，人類學家一致認為「人」必定是由最原始的微生物進化而來，根據1996年11月出版的*Nature*雜誌最新報導，地球上最早的微生物可能在三十八億五千萬年以前❻。比起從火星飄來的那一塊殞石上的微生物化石的時間要晚二百億年。

---

❻　*The Washington Post*, 1996.7.11, Sect. A, p. 7.

　　總之，「人」的真正出處是一個難解的謎。化石人類學家相信距今五千萬年以前，人類和猴子，猩猩同宗，同屬靈長類(Primates)。大約三千萬年前左右，也就是在新生代(Cenozoic Era)時期❼，靈長類中突然出現一支「新」動物。這類動物，有較長的手臂，靈巧的雙手和一個大腦袋。根據化石人類學家最新在烏干達(Uganda)出土的化石推斷，大約二千萬年前，這一支動物，體積相當龐大，棲身樹蔭叢中，可以直立，但需利用四肢爬行❽。大約又過了一千五百萬年，到了中世紀(Miocene Epoch)時期，猩猩和人類才開始分道揚鑣，各奔前程。1891年，化石人類學家發現Java Man（爪哇人）。這類原始人大約生活在130萬年以前。民國18年12月2日，北平地質調查所在北平房山縣周口店發現了「北京人」的頭骨❾。專家們說，那位「北京人」被埋在地下，至少已有五十萬年❿⓫。

　　1996年，一隊美國南加利福利亞大學(University of Southern California)和中國貴州大學的科學家，利用當年最先進的探測儀器和檢驗技術，從新檢驗周口店出土的各種化石、遺骨和石灰岩洞的土質沉澱，再度證實「北京人」的出現，至少該在四十萬年以前⓬。「北京人」一直都被視為亞洲人種的原始祖先。假如這個推斷沒有錯，那麼中國人的出現當在四十多萬年前，而「北京人」的後裔則是中華民族的老祖宗了。

---

❼　新生代約在65,000,000年前，連續 11,000,000年，*Encyclopedia Britannica*, 1995, v. 9, p. 77.

❽　" Miocene Primates Go Ape," *Science*, vol. 276, 1997.4.18, p. 355.

❾　「北京人」的頭蓋骨在第二次世界大戰時期遺失，迄今下落不明。《北京晚報》，1999年10月14日。

❿　錢穆《國史大綱》，臺北，國立編譯館，民國42年，上冊，頁2。

⓫　Eichborn, Werner. *Chinese Civilization, An Introduction*, tr. by Janet Seligman. London: Faber & Faber, 1969, p. 21.

⓬　*USA Today*, http://www.usatoday.com/news/nds13.htm, 14:19:57, 1996.1.5.

從人類學的觀點來看，人類的出現雖然是生物界演進中出現的奇蹟，然而，他們能夠脫穎而出，綿延生存了幾十萬年，而未被自然淘汰，就更是奇蹟中的奇蹟了。

人，聰明，但他們卻不是那些生食穴居的原始人。一、二十萬年前的原始人，既不懂得如何思考，也不知如何記憶，不知道甚麼是今天，甚麼又是明天。說穿了，他們根本不知道他們和猩猩，人猿，甚至其他的動物有甚麼兩樣。就這樣，日出又日落，日落又日出，不知又經過了多少個萬年，他們才逐漸地有了記憶，懂得了思考，懂得了從行動中獲取經驗，於是那種無知和沒有靈性的日子，才算漸漸終止。在這一長段的日子裏，生存是他們唯一的奢侈。在舊石器的漁獵時代❸，世上除了石刀石斧以外，尚不見有其他任何的紀錄。即使到了所謂的新石器時代（距今大約一萬二千年前），人類在經驗和智慧上的明顯進步，只表現在「一切的石器都磨得極為平整銳利」❹。磨石之後，又出現石斧。在現代人的眼睛裏，雖然這是一件極簡單的工具，但是在那個時期卻是繼「拳斧」之後一種了不起的改進。當時的人就靠這一把銳利的石斧，將他們帶出了潮濕的洞穴，使他們能夠砍樹造屋，群居而終於形成部落和村鎮。人類就這麼樣的一步一步往前行。

中華文化始於何時，學說紛紜。從出土文物中，雖然不能證實中華歷史中曾有一位名為「黃帝」的存在，然而，在中國甘肅，山西發掘出土的彩陶和在山東濟南附近出土的黑陶，皆可肯定中國也和古歐洲與古中東各國一樣，曾經有過一個舊石器時期和一個新石器時期。

---

❸　石器時代(Stone Age)約始於2,500,000年前，止於距今約10,000年前；詳請參閱*Encyclopedia Britannica*各版。

❹　Hays, Carlton J.; Parker T. Moon; John W. Wayland 原著，李方晨增訂《世界通史》，四版，臺北，東亞書局，民國55年，頁22。

筆者參考美國哈佛大學著名中國歷史學者費正清(John King Fairbank, 1907–1991)教授的*China: A New History*⑮、臺灣中華書局出版的《辭海》中之「中外歷代大事年表」⑯，和《漢語大詞典》中之「歷代帝王紀年，干支紀年，公元紀年對照表」⑰，將中國的古代史編年劃分如表二⑱（表中中文為筆者提供）。

　　寫到這裏，我們可以大約地知道在二萬多年前，中華民族的祖先們已在黃河中游的平原地帶開始發展。錢穆教授認為中華古史始於虞夏(2200–1767 BC)⑲。在商朝(1766–1123 BC)以前，中國各朝代更替的時間卻不甚明確。而多數中外學者，則根據殷墟中出土的甲骨及甲骨上所刻劃的象形文字和符號為證⑳㉑，認為中國的有史文化，始於商朝那六百多年的時間內。這也就是說，中國人在大約距今三千七、八百年前，才開始懂得利用「文字」或符號記事。假如這個估計正確，那麼埃及人要比我們早一、二千年發明文字，並懂得利用「文字」或符號在泥牆上畫記號以記事㉒。

　　自從中國人開始有了文字，懂得了畫咒使鬼嚇得「夜裏嚎哭」㉓，懂得了利用文字記事和創造紀錄以後，他們就像一匹匹脫韁

---

⑮　Fairbank, John King. *China: A New History*. Cambridge: Cambridge University Press, 1992 (1997 5th Printing), p. 31.

⑯　《辭海》，臺北，中華書局，1980年，下冊，附錄，頁48。

⑰　《漢語大詞典》，附錄，「索引」，頁23–35。

⑱　John Fairbank對石器時代(Stone Age)的劃分與*Encyclopedia Britannica*的劃分略有不同。該百科全書將石器時代分成舊石器時期(Paleolithic Period)，約2,500,000年前至200,000年前；中石器時期(Mesolithic Period)，約200,000年前至10,000年前；新石器時期(Neolithic Period)，約始於一萬年前，直到有史文化開始。詳請參閱*Encyclopedia Britannica*各版。

⑲　錢穆《國史大綱》，臺北，國立編譯館，民國42年，上冊，頁6。

⑳　錢穆《國史大綱》，臺北，國立編譯館，民國42年，上冊，頁18。

㉑　黃仁宇《中國大歷史》，臺北，聯經，民國82年，頁5–6。

㉒　余協中編著《西洋通史》，臺北，啟明書局，民國47年，頁28。

表二　中國古代史編年表

大約距今年數	時期或朝代名稱
公元前1,000,000–200,000年	舊石器時期(Lower (Early) Paleolithic Period)
公元前400,000–200,000年	靈長動物 —— 北京人 (Homo Erectus-Peking Man)
公元前200,000–50,000年	中石器時期 (Middle Paleolithic Period) 早期人類 (Early Homo Sapiens)
公元前50,000–12,000年	人類出現 (Homo Sapiens) 漁獵時期 (Beginning of Hunting)
公元前12,000–2000年	新石器時期 (Neolithic Period)
公元前8000–5000年	農業開始 (Beginning of Agriculture)
公元前5000–3000年	仰韶文化 —— 彩陶時期 (Yangshao Painted Pottery)
公元前3000–2200年	龍山文化 —— 黑陶時期 (Longshan Black Pottery)
公元前2700–2400年	黃帝
公元前2400–2200年	唐
公元前2200–500年	銅與青銅時代 (Bronze Age)
公元前2200–2206年	虞
公元前2205–1767年	夏
公元前1766–1123年	商
公元前1122–771年	西周
公元前770–227年	東周
公元前770–425年	春秋
公元前403–227年	戰國
公元前221–209年	秦
公元前206年–公元8年	西漢

野馬，翻山越嶺地向前奔馳。在時代途程上所留下的，全是那些引領著新生的一代又一代，繼續向前馳騁的片片蹄跡。

---

❷　朱自清《經典常談》，臺北，漢京文化事業，民國72年，頁1。

第二節 「紀錄」的產生

人類優於其他動物的地方極多，其中最能顯示人類特色的便是他們有靈性，懂得思考和記憶。特別重要的，是他們有理性，知道如何將自己的思想，記憶和經驗，利用種種當時最先進而又最方便的方法保留下來，而成為我們所謂的紀錄。追想起來，人類若沒有這份創造紀錄、保存紀錄和利用紀錄的天性和才能，他們將不可能有今天這種上天下海的能耐，非常可能地，他們還仍舊生活在叢林深處，和人猿，猩猩毗連為伍。

我們都明白，口語的發展遠在符號及文字之前❷。最早的人類，傳遞訊息只知喊叫而無語言，後來逐漸知道了利用手勢作為傳遞訊息的媒體，以後又從聲音的抑揚頓挫及音節的結構，而產生口語。可是，口語只能傳近，不能傳遠，而且，口傳的說話又常常走樣，也不能幫助記憶。日子久了，便想出結繩的方法，以繩節的大小，鬆緊，多少以及塗上不同的顏色來表示各種不同的意思，這種方式的紀錄被稱為「繩書」❷。

「繩書」最大的缺點在意思的表達因過分簡單而不能正確完整。於是，又有圖像符號的發明。終於，到了黃帝的時代，有一位長了四隻眼睛的史官倉頡，仿照鳥獸的足跡而造成象形文字❷。殷墟出土的

---

❷ 請參閱Jespersen, Otto. *Language: Its Nature, Development & Origin*. New York: Macmillan, 1949;黃尊生《中國語文新論》，香港，弘文出版社，民國67年，頁15。

❷ 吳哲夫《書的歷史》，臺北，行政院文化建設委員會，民國73年，頁10–12。

❷ 朱自清《經典常談》，臺北，漢京文化事業，民國72年，頁1;有關中國古代文字的發展，請參考鼎堂「古代文字之辯證的發展」，《中國語文研究選集》，香港，文新書屋，1976，頁71–99。

甲骨，上面刻劃的多屬象形。後世的人，為了便於書寫，而將象形文字逐漸簡化，而有所謂的小篆，隸書和楷書的相繼出現。如今更有所謂的繁體，簡體和電腦中運作的「二位數字」(Binary Number)。

圖一　繩書

圖二　象形文字

　　倉頡造字的故事雖然難以相信，但是，文字發展的邏輯倒是正確的。文字的發明，使人類思想的表達因它們的意義固定而有了標準。可是，假如單有文字，而無記載文字的工具和載負文字的材料，那麼，人類的思想和經驗仍舊不能廣佈和累積。再一次根據發掘出土的資料顯示，古時人們所利用的載體皆取自自然，如石塊，石壁，樹皮，樹葉，洞壁，獸皮，獸骨，泥塊，甲骨等等。記載的方法則有雕刻和塗畫。到了春秋戰國時期(770–227 BC)，人們有了青銅器皿，木

簡，竹簡，帛縑等作為記事的材料，記載的方法則除了雕刻以外，還新加了書寫和繪畫。

根據商殷甲骨文字記載，可知「商代耕稼種植牧畜建造關於人類生事各方面之文化程度，已頗像樣。」❷依照這樣的說法，顯然我國文字紀錄的累積始於商代，西周(1122–771 BC)建立的「守藏室」中，貯藏的全是刻有卜辭的甲骨。西周的「守藏室」是中國第一所王室圖書館，從這一點上，也許可以幫助我們瞭解，紀錄的存在是產生圖書館的必要條件。有了這個粗略的概念，我們便可開始詳細地討論「紀錄」的本質。「紀錄」是積累人類智慧及文明的寶物聖品，也是維繫著圖書館生命的氧氣，是圖書館賴以為生的根本。

---

❷　錢穆《國史大綱》，臺北，國立編譯館，民國42年，上冊，頁20。

第二章　圖書館的生存邏輯

三千多年以來，紀錄的形式(Format)，材料(Material)和內容(Contents)歷經更迭。這些改變一方面代表人世間物質文明不斷的在進步，另一方面，也正描繪出一幅幅非常動人逼真的人類精神文明進步連環圖。種種紀錄皆是物質與人類心靈的結合。圖書館能夠繼續生存，必定有它獨特的生存邏輯和道理。這個邏輯和道理就完全建立在紀錄之上。我們似乎可以這樣的肯定：

①紀錄的產生，使圖書館「生」。
②紀錄的需要組織及整理，使圖書館「存」。
③紀錄有機性的成長累積，使圖書館「活」。
④紀錄的消失，使圖書館「亡」。

紀錄有機性的成長累積，絕不僅指紀錄實體(Physical Body)的不斷增加，而是指紀錄中記載下來的人類的思想，知識和經驗在不斷地更新。中國人的紀錄沒有停頓在商代的甲骨卜辭，西洋人的紀錄也沒有止於中東亞述人的泥片，幾千年來，它們一直都隨著人類豐碩的智慧及成果，繼續不斷的累積下去。

第一節　甚麼是「紀錄」？

很多學者認為人類有了文字，才開始有「紀錄」(Records)。其實

不然，我們還可以更大膽一點說，人類懂得利用眼、耳、口、鼻、觸等五官，勘探周遭環境和獵取訊息的時候開始，就已有了「紀錄」。只不過這些「紀錄」都貯存在他們的大腦裏，除了本人之外，無人知曉他們的腦子裏究竟貯存了些甚麼。我們稱這種「紀錄」為「印象」(Impression)。由於每個人的生活環境，文化水平，以及五官功能的完整和健全的程度上有區別，各人所獲得的「印象」也會各不相同。這些「印象」不是照片，也不是錄音或錄影，而是經過大腦「過濾」(Filtering)以後，留下來的局部「印象」。有些「印象」我們牢牢地記著了，有些「印象」我們不想記，更有些「印象」我們很想記又記不著。凡經過選擇後存留在腦裏的「印象」都屬於主觀「印象」，它所形成的「紀錄」，也為主觀「紀錄」。這種主觀「紀錄」的另一個名稱，便是「記憶」(Memory)。我們都知道「記憶」有個大毛病，它不能永遠保留回「憶」的東西，還常常故意(Intentional)或無意地(Unintentional)走樣，它們的可信度極低。

說起來，「記憶」實在是一件非常有趣的事。若細心觀察，我們當會發現，植物雖然沒有感應和神經系統，牠們似乎也具有某種程度的「記憶」。例如，早春的鬱金香、初夏的薔薇、秋天的桂花、冬天的梅花等等，花開年年，時節分明；樹在新春發芽，秋後葉落，年年如此，也非常的有時序。當然，像這種有規律的變化，完全是一種自然現象。但是，從抽象非科學一點地去想，這種所謂的自然現象，實因花木之有「知」。而這種「知」，也就是我們所稱的「記憶」。假如牠們沒有「記憶」，牠們就不會年年準時開花、發芽，說不定牠們會不擇時的胡亂開花、胡亂發芽。前面說過，「記憶」還常常會故意或無意地走樣。以生活在花房裏的花樹為例來說吧，牠們就經常地被欺騙而不按時序地胡亂開花、胡亂發芽。牠們受騙的原因又在哪裏呢？

原因就在牠們沒有腦神經系統，不會思考(Thinking)。思考不能全靠
「記憶」，還必須依賴其他條件。花樹的「記憶」只有溫度、土壤、
水分和陽光，只要溫度適宜、土壤肥沃、水分和陽光充足，產生「光
合作用」(Photosynthesis)，便會使牠們開花發芽，牠們哪裏還顧及到
時令。假如花樹也有眼睛，也有視神經，又能思考，若看到玻璃窗外
冰雪紛紛，縱使氣溫調控的花房，又豈能瞞騙得了牠們，使牠們開
花？

　　比較起來，花木的「記憶」就不如動物了，哪怕是魚缸裏的金
魚，牠們的「記憶」也比花木強很多。金魚有二隻大眼睛(有視神
經)，每天見到飼養主人，牠們總會游到一定的地方，追嚼食物。家
庭中飼養的狗的「記憶」又比金魚強多了。狗有眼睛，會察言觀色，
而且還有一隻嗅覺特別敏銳的鼻子，可以很容易地辨識出主人；一隻
訓練良好的警犬，可以追蹤罪犯，還能夠在行李堆中嗅出毒品。從這
些個簡單的例子，我們便不難聯想到「記憶」和訊息的獲得大有關
聯。有眼睛的金魚比沒有眼睛的花木強，有眼睛又有鼻子的警犬，又
比僅有眼睛的金魚強。總之，訊息獲得越多，越能夠幫助思考，越能
夠幫助做決定。有關這一點，稍後還有較詳細的討論，暫且擱下不
提。

　　我們相信萬物皆能有記憶，然而，只有「萬物之靈」的人的「記
憶」才最完整，才最能夠保持長久，因為只有人才會想心設法地利用
各式各樣的方法和材料，將世世代代人的「記憶」記錄了下來。我們
稱記錄著「記憶」的材料為「紀錄」。

第二節 「資訊紀錄」的意義

「紀錄」一詞始於何時，無法考證。東漢文學家王允(27-100)㉘的《論衡》中曾說：「古昔之遠，四方辟匿，文墨之士，難得紀錄。」王允所說的「紀錄」應該是指利用文字記載事物的意思。所謂記載，它是指一種錄製感覺、思想、觀念、及經驗的方法和手段。而文字在當時則是用來代表感覺、思想、觀念、及經驗的一種重要「表達媒體」。可是，光有表達媒體和錄製方法，還不能構成「紀錄」，它必須還要有載負表達媒體的材料，我們稱這種載負「表達媒體」的材料為「載體」。任何材料都可成為「載體」，例如，稍前我們曾經提到過的古人所用的石塊、石壁、樹皮、樹葉、洞壁、獸皮、獸骨、泥塊、甲骨，以及稍後中東亞述人用的泥片(Clay Tablet)、埃及人用的葦草紙(Papyrus)、中國人用的竹（簡）、木（簡）、帛縑、和紙等等。我們可以明白地說，構成「紀錄」必須要具備下面三種基本要素：

①訊息
②表達媒體
③載體

現在就讓我們來分別討論這三種元素。

一、訊息

「訊息」這個名詞很麻煩。它的麻煩倒不是難寫或難讀，而是意

㉘ 王允生年採自胡適著《中國中古思想史》，長篇（上），臺北，遠流，1986年二版，頁31。

義難掌握，與這個名詞意義相同或相近的就有訊號、信號、消息、謠言、新聞、情報、信息和資訊。有的是由於使用的地方不同，如消息、謠言、新聞，多用於大眾傳播界，訊號、信號和資訊則多用於資訊學。也有是因地區性的「約定成俗」，如大陸將Information一詞譯成情報和信息，而臺灣和香港則譯成資訊㉙。從詞意的結構講起來，它們在層次上理應有嚴格的分別。在《圖書資訊組織原理》一書中，筆者曾為它們劃分界線，說明「資訊原料」(Data)、「資訊」(Information)、「知識」(Knowledge)之間層次上的差異，以及「定形」與「定型」資訊之間的不同㉚。我們可以將它們的結構層次圖示如下：

訊息源 → 訊息 → 資訊 → 知識

雖然這些名詞在詞意的結構上，地位不同，可是它們卻有一個最明顯的共同特點：無論是訊號或信號、消息或謠言、新聞或情報、信息或資訊，它們的背後都隱含著某種特別的意義，這種特別的「意義」就是圖書館學理論中特別強調，而且獨一無雙的「語意資訊」(Semantic Information)。此是後話，暫且撇過不提，現在先讓我們討論一下訊息的源起。

人類之異於禽獸，除了他們有人性㉛以外，最主要的是他們還靈心慧性，聰穎靈敏。而造成人類具備靈性的原因只有一個，那就是人

㉙ 由於海峽兩岸隔離了好幾十年，在名詞及術語方面，有很多的不一樣。例如根據王振鵠、胡述兆合編《圖書館學與資訊科學海峽二岸名詞對照表》，大陸地區多將Information一字，譯成「信息」和「情報」，而臺灣則譯成「資訊」，香港也用「資訊」。又據政治大學圖書資訊研究所所長楊美華博士，「情報」一詞「近來大陸地區為避免和軍事情報混淆，而以『信息』代之」。

㉚ 何光國《圖書資訊組織原理》，臺北，三民書局，民國79年，頁11–39。

㉛ 讀者若有興趣瞭解「人性」與「獸性」如何劃分，請參閱拙著《圖書資訊組織原理》，頁174–175。

類懂得利用五官搜捕訊息，經過思考和行動後再舉一反三地創造出新訊息。

一般地說，訊息的來源可以歸納成「現象」(Phenomenon)、「經驗」(Experience)和「理念」(Perception)三類。現象的發生，可能成於自然(Natural Phenomenon)，也可能出於人造。無論是自然或人造，現象本身雖然是訊息的源頭，可是卻決不能構成為訊息，除非這些現象被人類的五官覺察到或捕捉到，而使他們興起一種「感應」(Sensation)之後，才有所謂訊息的產生。讓我們用一個簡單的例子來說明這個道理。凡到過美國國家黃石公園，並懂得中國山水畫的中國或日、韓二國的遊客，對那一條國畫似的瀑布山泉，必然會產生一種特別深刻的印象和感應。沒有到過黃石公園，同時，也沒有看到過中國山水畫的人，決不會將那一線瀑布和中國畫扯連在一起。這個例子提出四點：

①人（遊客）
②瀑布
③懂得中國山水畫（的遊客）
④瀑布與中國山水畫

瀑布是一種自然景觀，一種「現象」；懂得中國山水畫是一種「經驗」；瀑布與中國山水畫扯連在一起是一種「理念」。現象、經驗和理念都各自成為這位遊客的訊息源。然而，見到瀑布、懂得中國山水畫，最後將這條瀑布與中國山水畫扯連一起，而創造出一種新理念的，卻是這位能見、也會聯想的遊客。假如這位遊客是位盲者，哪怕那條瀑布再流上千萬年，他也永不會興起美國黃石公園裏有那麼「一條像中國山水畫的瀑布」的感應（訊息）。人皆主觀❷，即使同樣的

訊息源，透過了五官過濾(Filtering)的結果，每個人都會心生不同的感應，也就是說，會產生不同的訊息。根據這個道理，由於「現象」本身既不能自己興起感應，又不能產生訊息，我們說「現象」為訊息源，倒不如說人類的五官直覺為訊息源較妥。歸根結底，不論訊息的源起是屬自然或為人造，只有人類才是它們真正的捕獲者，才是真正的訊息創造者。

再說，原始訊息源(Primary Sources of Information)可說都具備被動而且客觀的特性。然而一旦它們被人或物❸所捕獲，經過了捕獲者個人的「過濾」程序(Filtering Process)❸，原來的客觀訊息便成為捕獲者的主觀訊息(Subjective Information)。凡從「現象」獲得的訊息皆屬於外在的訊息(External Information)，這類訊息都是客觀的訊息；從「經驗」和「理念」獲得的訊息都屬於內在訊息(Internal Information)，這類訊息都是主觀訊息。當這些主觀訊息成為訊息源的時候，它們又都變成了客觀訊息。訊息的產生與捕捉，只是客主易位而已(見圖例)。若從另外一個角度來看，從「現象」獲得的訊息也是直接的訊息，其他二類皆為間接的訊息。無論是客觀或主觀，直接或間接，它們都是訊息的來源。

---

❸　主觀的形成多因環境所使然。這個環境包括教育水平，生活環境和個人的經驗及靈性等。

❸　指一切能夠捕獲訊息之物，如望遠鏡，錄音影機，收音機，雷達等等。

❸　簡單的說，「過濾」就是一種「選擇」過程。以人為例，他對任何現象都不可能捕捉全貌。有意或無意地他選了這而忽略了那。

例: 訊息產生背景之一: 遊客遊賞桂花園

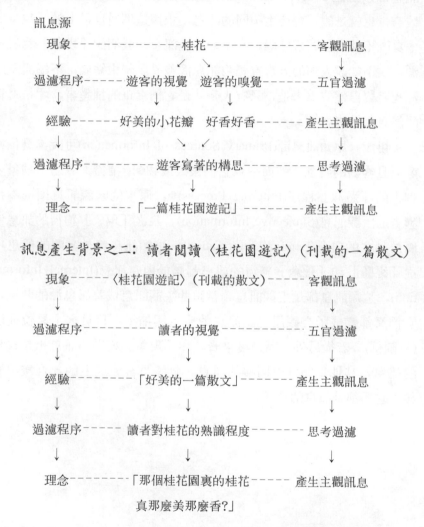

訊息源

現象------------桂花------------客觀訊息

過濾程序-----遊客的視覺　遊客的嗅覺------五官過濾

經驗-----好美的小花瓣　好香好香-----產生主觀訊息

過濾程序--------遊客寫著的構思--------思考過濾

理念--------「一篇桂花園遊記」-------產生主觀訊息

訊息產生背景之二: 讀者閱讀〈桂花園遊記〉(刊載的一篇散文)

現象-----〈桂花園遊記〉(刊載的散文)-----客觀訊息

過濾程序--------讀者的視覺--------五官過濾

經驗--------「好美的一篇散文」-----產生主觀訊息

過濾程序-----讀者對桂花的熟識程度------思考過濾

理念--------「那個桂花園裏的桂花----- 產生主觀訊息
　　　　　　真那麼美那麼香?」

　　上面這二個例子，還可以沒有終止地繼續不斷地延伸擴展下去。
這二個例子雖在說明訊息產生的條件和環境，然而，也想指出，除了
現象、經驗、理念可以作為訊息源產生主客觀的訊息以外，過濾程序

中的種種主觀因素也可產生訊息。這些因素主要包括記憶(Memory)、推理(Deduction)、決定(Decision) 和結果(Results)。

　　人類由眼、耳、口、鼻、觸等五官捕獲的現象，無論它是自然現象或是人造現象，都會經過「一回生，二回熟」的階段。從理論上講起來，「一見傾心」倒是常事，「一見就熟」恐怕就不可能，否則，在馬路上碰到的就不可能會有陌生人了。先「生」後「熟」是一種邏輯。這種邏輯與「記憶」(Memory)相關。在我國的思想家中，荀子(298–238 BC)對這個邏輯瞭解得最透徹。《荀子‧正名篇》說：

> 形體色理，以目異；聲音清濁，調竽奇味，以口異；香臭芬鬱，腥臊酒酸奇味，以鼻異；疾養滄熱，滑鈹輕皇，以形體異；說故喜怒哀樂愛惡，欲以心異；心有徵知，徵知則緣耳而知聲可也；緣目而知行可也。然而徵知必將待天官之當薄，然後可也。五官薄之而不知，心徵之之而無說，則人莫不然謂之不知此所緣而以同異也。

　　句中所稱的「天官」，就是人體「耳、目、鼻、口、形能❸❺」五官。天官的功能是「以目異」、「以耳異」、「以口異」、「以鼻異」、「以形體異」和「以心異」。胡適先生將「心」比喻為「知識的根據」❸❻。人雖然以五官獲得了訊息，這些訊息還必須要利用某種「根據」來辨識驗證。這個根據便是貯存在腦子裏的「記憶」，也就是荀子所謂的「心」。

　　「記憶」是人類「思考」的根據，是思想的參考資料庫。可是，

----

❸❺　「形能」的「能」讀成態。「形能」指觸覺。請參閱王先謙撰，王念孫註《荀子集解》，臺北，藝文印書館，民國66年四版，頁531。

❸❻　胡適《中國古代哲學史》，臺北，商務印書館，民國75年六版，頁51。

「記憶」屬於個人，它的最大缺點，便是「私有」和內容結構的飄忽不定，會使人常常忘記和常常錯記，用它來吵架可以，若用它來作為研究的參考，那它的價值和可信度便會被大打折扣。與「記憶」相背而立的便是公開的定型紀錄。定型紀錄是人類思想及文明進步的瑰寶，也是圖書館最珍惜的資訊和知識的來源。圖書館就靠它們生存。

訊息的捕獲看似簡單，其實，所牽連到的過濾程序卻是非常抽象而且複雜的。現在就讓我們利用下列數學公式來表示這個過程。假如我們用 I 來表示原始訊息源，(ΔI) 表示經過過濾程序時訊息流失(Information Loss)部份，ε 表示錯誤不真的訊息，I′則表示原始訊息經過過濾程序後產生的第一手訊息：

$$I' = I - (\Delta I + \varepsilon) \qquad ①$$

I′為由五官從訊息源 I，捕獲的第一手訊息。這第一手訊息等於原始訊息減去「過濾」時訊息的流失 ΔI，及錯覺 ε 部份。若公式中不減去(ΔI+ε)，那麼我們可以肯定，第一手訊息的總值必小於原始訊息：

$$I' < I \qquad ②$$

從 I 處捕獲的訊息I′必比原來的訊息少的主要原因有二點：(1)由五官搜捕訊息，常會受到環境的限制，而無法獲得完整的訊息。例如，太遠的說話（原始訊息）聽不清楚，這是聽覺受到距離上的障礙；在月色朦朧的夜晚，看人（原始訊息）看不清楚，這是視覺受到光線不足的影響；在正常環境裏，凡五官有缺點的人，如一雙近視眼所獲得的訊息，就決定不如一位雙眼銳利得像老鷹一樣的人獲得多。可是，縱使多，卻仍不會完整。這又是甚麼道理呢？這個道理就建立

在「過濾」的關鍵上；(2)人的「過濾」程序❸，是使捕獲的訊息不能完整的第二個主要原因。為了方便解釋，且讓我們用一場職業籃球賽為例。在美國，只要有被譽為廿世紀最佳球員Michael Jordan出場的籃球賽，球場必定爆滿。然而，場內「看」賽球的人，有觀眾，有體育記者，有裁判，有教練，有後備球員，有啦啦隊員，有治安人員，還有叫賣的小販。在觀眾群裏，更有老有少，有男有女，有胖有瘦。上萬的人，有上萬雙眼睛，可是每雙眼睛的焦點都不會相同。當然，絕大多數的眼睛都集中在Jordan的身上。有的欣賞他的投籃姿勢，有的卻留心觀察他躲閃穿梭及上籃的技巧，有的卻喜歡看他上籃時捲動的舌頭，當然，也有些觀眾將注意力落在Dennis Rodman那個怪人的怪異的頭髮和紋身上。此外，記者、裁判、教練、球員及小販的眼睛，都各有所屬。這些人雖然都在同一個球場裏，由於每個人的主觀意識不同，也就是說，每個人看球的目的都不相同，於是他們所獲得的有關球賽的訊息，也就僅限於他們各自關心的那一小部份。也就因為每個人都只擁有那一小部份有關球賽的全部訊息，散場以後，朋友們聚在一起，才有聊天的動機和材料。這個動機就是想將每個人知道的零星一點點，再加上一些吹噓和誇張，湊合在一起而成為那場球賽的「全貌」❸。

　　現在再讓我們回到公式①，式中的 ΔI 便代表那「零星一點點」，而 ε 則代表那不實的「吹噓和誇張」。

　　綜合以上的討論，我們可以大略地瞭解任何訊息在傳遞過程中，

---

❸　在這裏我們只提出「人」的「過濾」程序，其實「物」也有「過濾」的程序，如「噪音」(Noise)會使訊息在傳遞中受到損失而不能完整。這一點在通訊基礎一篇將會討論到。

❸　其實要想獲得任何現象或事端的全貌，也就是說，有關現象的完整訊息，實不可能。

都必有流失。有的流失屬於先天和自然環境，如人的五官功能有限，不可能獲得全面的訊息；有的流失，則屬人為，如昔日的學徒制度，做師傅的，為了保障自己的利益或安全，總會「藏一二手」❸。如今，雖然已難再見到學徒，教育制度卻仍然存在。假如教育方式不得當，縱使老師不藏私，學生的收穫也必定有限。

　　談到這裏，我們又牽扯出另外一個非常有趣味的論題。假如上述①②二式為真，那麼，學徒或學生所能學得的學識或經驗，代代相傳下來，豈不是越來越少，最後終有一天會等於零？將來到了某一個時期，人人豈不都變成白痴？然而，事實告訴我們，人類文明總是向前進步的。廿世紀的人能夠上天下海，就證明我們的知識及智慧一天比一天高。原因又在那裏呢？在「知識論」一篇，我們會有較詳細的解釋，現在讓我們的注意力再回到①式。該式中有二個最重要的變數：ΔI和ε。我們說ΔI是人類思考或行動時必經的「過濾」過程。由於每個人的才智和生活環境不同，每個人對訊息的選擇也都不相同。這一點正是我們在概論一篇裏提到牛頓和王維的故事，雖然他們二人都看見果子掉落地上，牛頓想出了萬有引力的道理，而王維卻吟哦出一首詩。

　　根據我們的原理，牛頓與王維對事態具有不相同的思想系統和「過濾」程序。他們各有所「見」，而各有所「知」。這個道理淺顯一點地說，就好比同一位教師教導出來的學生，有的成績好，有的就比較差。可是，學業成績好的學生，一旦走出了校門，在事業上並不一定就會同樣的高人一籌。總之，一個人的才智和成功要靠自己思考的「過濾」過程和系統。由五官捕捉到的訊息，究竟非常有限，在這樣的情況下，只有「過濾」系統才能幫助他不致流失訊息中的精華。

---

❸　不願傾囊相授的意思。

　　不論是好是壞，每個人都有他自己的「過濾」系統。那麼「過濾」系統究竟又是甚麼呢？簡單一點說，就是訊息的另外二個重要來源：「經驗」和「推理」。從「經驗」獲得的訊息，是我國荀子所謂的「徵知」。在我國先哲中，對「經驗」和「推理」這二種訊息源瞭解得最早而且最徹底的，恐怕只有墨家一流了。墨辯論訊息的來源共有三種：「聞」、「說」、「親」。「聞」，又分二種：一種是傳聞，是「聽」來的消息。這也就是稍前我們所說的由「聽覺」所引起的直接感應。第二種是經上所指的「身觀焉」，這也就是我們所謂的由「視覺」獲得的直接感應。而墨學的精采出眾則在「說」、「親」。由「推論」得到的訊息為「說」，由親身「經驗」得到的訊息為「親」。「推論」是來自人的靈慧，來自人的舉一反三；「青出於藍」，是來自經驗，是來自研究成果和心得，是我國墨子所謂的「說」，也是英國哲學家羅素(Bertrand Russel, 1872–1970)所謂的「相關事實的連接」❹。「經驗」則是徒弟從師傅那裏學到的技藝，是工作的人從工作中吸取到的教訓，是實驗室研究出來的成果，是專題研究中獲得的心得。

　　綜合以上各點，我們可以明瞭訊息的來源共有四種：五官直覺感應、記憶、經驗和推理。凡經過五官、記憶、經驗、和推理過濾之後所獲得的訊息，皆為主觀訊息。不過，有一點應該說明，凡眼、耳、口、鼻、觸等五官捕得的一切訊息皆是我們所指的「現象」。例如說，由讀者雙眼觀察到的圖書館排架上的圖書，書脊上的索書號；由學生親耳聽到教師講解的課程內容；由舌頭嚐到的味道；由嗅覺嗅出的氣味；由手接觸到某物所得的直接感應等等，都是客觀的「現象」，凡由客觀「現象」所獲得的直接訊息，都是客觀的訊息。可

---

❹　Russell, Bertrand. *Human Knowledge: Its Scope and Limits.* NY: Simon & Schuster, 1967, pp. 421–508.

是，當讀者根據索書號發現排架上同一書號的圖書，這時他所獲得的
訊息，便成了讀者的主觀訊息；同樣的道理，當學生聽講時，對教師
講解的內容，產生出一種相同或相異的反應的時候，教師講解的內容
就變成了他自己的主觀內容；一旦舌頭嚐出了甜、酸、苦、辣的時
候，那就成了嚐者的主觀訊息。我們特別強調「主觀」與「客觀」訊
息的不同，用意在指出人皆具有特別強烈的主觀意識。這種結果，使
得一切有關人性行為的研究和理論，也就是說，一切非自然科學的研
究和理論，都不能成為真正的科學(Science)❹。

二、表達媒體

人類總希望將他們所獲得的感覺、思想、經驗、及觀念完完整整
地傳達給其他的人。同時更希望他所傳達的感覺、思想、經驗、及觀
念能夠百分之一百的被瞭解。要想達到這個願望，首先必須要有「收
訊」一方能夠瞭解的標準的媒體，其次便需要有迅速確實的傳遞方法
和工具。筆者稱前者為「表達媒體」。「表達媒體」是構成紀錄
(Record)的三種基本要件之一。有關傳遞方法和工具的問題，因與紀
錄的構成並無直接關係，我們將它留在圖書館學通訊理論基礎一篇中
再討論。

我們可以這樣說，人類若無適當合用的表達媒體的發明和發展，
我們絕不可能見到今天的高樓大廈、QE2❷、Concorde❸、微電腦、
數位電視機、數位錄影機、網際網，以及廿一世紀裏的真正數位化資

---

❹　有關這個結論或會引起辯論。筆者認為科學與非科學之間的最明顯的區別
　　便是前者的「累試不爽」，而後者則「累試累變」；若論結果，前者絕對，
　　後者偶然。
❷　英國伊麗莎伯皇后二號豪華客輪(RMS Queen Elizabeth 2，或簡稱 QE2)。
❸　英國航空公司目前世界上最豪華迅捷的客機。

訊社會(Digitized Information Society)。它對人類文明的貢獻也許僅次於人類本身。

表達媒體的主要功能，不僅欲求代表的語意能夠穩定，還要求得百分之百的被瞭解。「瞭解」是一個模糊詞(Fuzzy Word)。當受訊者收到一封書信，他對信中所言能夠瞭解多少？老子說：「禍兮福之所倚，福兮禍之所伏」❹，又有多少人對這句話能完全悟透？總之，一位受訊者對傳遞的訊息有多少的「瞭解」，可說是一個程度上，也就是一個百分比的問題。假如我們將訊息收受者對所傳訊息的瞭解程度設定為K，那麼，我們便可將瞭解程度的上下限以0<K≤1來表示。我們認為天下只有大愚的人的理解能力小於0，K<0；只有大智的人的理解能力大於1，K>1。一般人都在0與1之間。

從遠古到廿一世紀的頭一年，人類用來表達自己感覺、思想、理念、經驗的媒體種類並不多。最重要的只有口語、文字、「二位字」(Binary Number)等三種。其他如手勢、表情、繪畫、雕刻等等，雖然直到現在仍與前述三種表達媒體，共用並行，不過，這些媒體的使用都有它們的特殊場合和限制，並不普遍，而且，它們被瞭解的程度，也差別極大。例如，一幅抽象畫，就很難使觀賞者對畫者的真正表達目的建立起一個共識。聽說美國某動物研究所裏的猩猩也會「畫」，實在講起來，猩猩可能會「塗」的成分遠超過「畫」。「畫」代表一種嚴密的思想結構，而「塗」則是法國哲學家及數學家笛卡爾(René Descartes, 1596–1650)所謂的Automata，一種毫無意義的自動的動作。猩猩若早會思想，早懂得思想結構，也許生活在那鐵籠子裏的不是牠們而是我們人類了。

❹ 祝康彥、楊汝舟《老子道德經》，臺北，黎明文化事業股份有限公司，民國69年，第五十八章。

　　為了把握討論的重點，且讓我們的注意力集中在口語、文字、二位字等三種表達媒體之上。

㈠口語

　　笛卡爾曾說人類是唯一負有思想的動物，而且也是唯一具有語言的動物㊺。可是，笛卡爾和其他學者一樣，沒有任何人知道人類何時開始有語言。就以我國來說吧，最早發現的文字是將近四千多年前商殷的甲骨文。然而，商殷時代實已表示中華民族已經進入了高度發展的階段。同樣的情況，也適用於口語。一般學者都相信口語開始於文字之前。這種先後秩序，可以事實來證明。如今仍有很多偏荒地區的土人，他們已有相互交談的口語，卻尚無文字。我們討論語言的產生，只有說理，而無根據。至於說理，學者也是莫衷一是，意見不一的㊻。不過，所得的結論似乎一致，那就是先有口語，後有文字。

　　人類需要語言來表達自己的感覺、思想、理念和經驗，在語言沒有發展出來以前，原始人類只有靠呼叫，表情和手勢。可是，呼叫的聲音遠了聽不到；表情和手勢在黑暗中又看不見。當時若想溝通思想，實在是一樁非常困難痛苦的事。日子久了，他們懂得利用高低不同的音節來表達自己的意識，以後慢慢地又從聲音中，體會出抑揚頓挫和快速徐緩的不同，將各種音節固定而形成特殊的意義。大約從新石器時代(12,000–2,000 BC)開始，「人類也就從有聲無言的時期，進步到有言無文的時代」㊼，於是語言便產生了。

　　根據學者推測，史前人類即使懂得了說話，在語言和語意上，一

㊺　Guttenplan, Samuel. *Mind and Language*. London: Oxford University Press, 1977, p. 83.

㊻　請參閱 Jespersen, Otto. *Language: Its Nature, Development & Origin*. New York: Macmillan, 1949, Chapter 21 "The Origin of Speech."

㊼　吳哲夫《書的歷史》，臺北，文建會，民國73年，頁10。

定都非常簡陋。喻為簡陋，是因為那時的語言既缺乏字彙，又沒有文法，一切對話都限於面對面。因為「語言是一種聲音系統性的組合，它們只對一特定文化的人具有意義」❹，所說的「話」也只有近族的人才懂得了。由於口語具有這種地區性的特性，似乎每個族群和部落都有屬於他們自己的語言，他們的「話」很少能夠正確的傳遠，這種以口語為主的社會，是一個標準的自我封閉的社會❹。「話」的致命缺點便是它不能幫助說話人將他的感覺、思想、理念和經驗記憶下來，往往說過就忘，即使追憶起來，也很少能像朗誦一樣的一字不訛，即使現在，我們幾乎都有一個共同的認識：「說『話』不算數」和「說『話』不能當真」。「『話』不算數」是指說的「話」缺少憑據，不能持久；而「說『話』不能當真」，則指說的「話」意義不穩定，不值採信。於是，史前時代的老祖先們發現思想表達時憑據和語意穩定的重要，便大約地逐漸由口語，而「繩書」，而繪圖，而標記，而符號，終而文字，廿世紀中葉又有了所謂的「二位數字」，我們將它簡稱為「二位字」。

(二)文字

古老的傳說，大約距今五千多年前，黃帝時代有位名叫倉頡的史官，仿照鳥獸的腳跡而發明了象形文字。可是，根據清朝光緒廿五年(1899)出土的甲骨，中國最古的文字，大概是商代的甲骨文，距今只有三千三百多年。甲是龜的腹甲，骨是牛胛骨。大約公元前1300年左右，也就是商代盤庚時期，那時的人，鑽灼甲骨，以卜吉兇，卜完了就在上面刻字記錄，而稱為甲骨文❺❺。甲骨文、金文❺、籀文等都算

---

❹　Pyles, Thomas. *The Origins and Development of the English Language*. New York: Harcourt, Brace & World, 1964, p. 3.

❹　同❹，頁54。

作古文字⑤。有關中國文字起造的源頭，我國近代國學大師朱自清解說得相當清楚，特摘錄如下⑩：

> 象形字本於圖畫。初民常以畫記名，以畫記事，這便是象形的源頭。但文字本於語言，語言發於聲音，以某聲命物，某聲便是那物的名字，這是「名」；「名」該只指聲音而言。畫出那物形的大概，是象形字。「文字」與「字」都是通稱；分析的說，象形的字該叫做「文」，「文」是「錯畫」的意思⑤。「文」本於「名」，如先有「日」，才會有「日」這個「文」；「名」就是「文」的聲音。但物類無窮，不能一一造「文」，便只得用假借字。假借字以聲為主，也可以叫做「名」。一字借為數字，後世用四聲分別，古代卻用偏旁分別，這便是形聲字……象形字、假借字、形聲字，是文字的發展邏輯的程序，但甲骨文裏三種字都已經有了。

無疑，文字和聲音是分不開的，文字是代表語言的符號，而每種語言似乎都有不同的文字，每種文字又代表不同的意義。這種結果，不僅使文字和語音必須符合，而且也使得文字具備深刻的文化和歷史背景⑥，以及強烈的地域特性。據西方學者估計，我國共有528種方言⑰。不要說美國人不懂中國話，不認識中國字，就連中國人自己，

⑩ 朱自清《經典常談》，頁4。
⑤ 錢存訓《中國古代書史》，香港，中文大學，1975年，頁5–6。
⑫ 「金」是銅器，銅器上的銘文稱為金文；鐘鼎上的銘文稱為鐘鼎文。
⑬ 朱自清《經典常談》，頁4。
⑭ 朱自清《經典常談》，頁6–7。
⑮ 《說文解字·文部》
⑯ 潘文國、葉步青、韓洋《漢語的構詞法研究》，臺北，學生書局，民國82年，頁8。
⑰ Gernet, Jacques. *A History of Chinese Civilization*,2nd ed. tr. by J. R. Foster &

往往也聽不懂中國人說的話，不懂得（識得但不明其意）中國人寫的字。例如，被譽為吳語[58]文學第一部傑作的《海上花列傳》，全文採用蘇州土話，採用代表蘇州土話的文字，無論語氣和語意都與以普通官話為準的漢字大不相同。該書有這麼一段：

> 倪七月裡來裡一笠園，也像故歇實概樣式，一淘坐來浪說個閒話，耐阿記得？

不懂蘇州話的讀者，對這段話的意思，只有瞎猜。假如將原段改成國語和漢文，它應該是這樣的[59]：

> 我們七月裡在一笠園，也像現在這樣子坐在一塊說的話，你記得嗎？

英國哲學家包伯(Karl Popper, 1902–1994)將文字的描繪(Descriptive)和爭辯(Argumentative)的功能，視為語言(Language)[60]的最高功能[61]。他說：「語言的描繪功能，使事實觀念規律化；語言的爭辯功能，使描繪的事物，受到批判」，結果使人類的知識獲得進步[62]。可是，我們實應瞭解，語言，特別是文字部份的作用並非僅僅為了描繪

Charles Hartman. Cambridge University Press, 1996, p. 12.

[58] 吳語指蘇州口語。

[59] 張愛玲註釋《海上花開》，臺北，皇冠文學出版社，1992年，頁11。

[60] Karl Popper所說的「語言」(Language)實際上指口語的語言(Spoken Language)和書寫的語言(Written Language)，也即文字。

[61] 根據Karl Popper的註解，K. Buhler是第一位將文字劃分成低功能和描繪功能的學者。他本人在研究批判理論時，才發現描繪功能與爭辯功能的區別。請參閱Miller, David ed. *Popper Selections*. Princeton, NJ: Princeton University Press, 1985, fn, p. 389.

[62] Miller, David ed. *Popper Selections*. Princeton, NJ: Princeton University Press, 1985, pp. 71–73.

和爭辯，更重要的是我們透過「載體」，能將它們所代表的感覺、思想、理念、經驗保存下來，然後再一代又一代的傳下去，使知識衍生知識，使後人得福。

文字的發明，一方面固然使得口語的語意穩定，另一方面，卻扣緊住了文字本身的發展，文字實際上僅是代表口語的一種符號。它不能離開所代表的口語而單獨生存，它必須和口語吻合。基於這麼樣的微妙關係，幾千年來，中外文字，除了字形幾經變化以外，它們所代表的意義卻很少更動。以英文為例，我們只發現文字結構上稍稍簡化（請見下例）。

英文古字一例

十五世紀	現代	改變
Colonie	Colony	y 取代 ie
Historie	History	y 取代 ie
Libertie	Liberty	y 取代 ie
Joiefull	Joyful	y 取代 ie，並除去一 l
Appollogie	Apology	y 取代 ie，並除去一 l 和一 p
Principall	Principal	除去一 l
Spirituall	Spiritual	除去一 l
Journall	Journal	除去一 l
Dreame	Dream	除去 e
Booke	Book	除去 e
Arte	Art	除去 e
Constitutiones	Constitution	除去 es
Answeres	Answer	除去 es

Workes	Work	除去 es

(Source: *Early English Books, 1475–1640: Selected from Pollard & Redgrave's Short-Title Catalogue*, Ann Arbor, MI: Xerox University Microfilms, 1973.)

　　我國的文字發展則比較複雜，僅僅名稱就有好幾種，有隨載體而得名者，如甲骨文、金文、陶文、銘文❻❸；有以形象得名者，如鳥書；也有以功用而得名者，如篆書、隸書、行書、楷書和草書等等；它們與現代漢字的最大區別在字形、筆劃和「多音多義」❻❹。不過，一般的趨勢，在形式上均由隨意轉向固定；在書寫上由緩慢轉至快速。「這種演進是由於人類之間的交通日漸頻繁，表達思想的文字及工具，乃趨向簡單而便捷」❻❺❻❻。

　　人類有了文字，接著來的問題便是要怎麼樣才能將文字記在載體上。西方古人用雕刻，用羽毛桿，用粉筆；而我國則除甲骨文是「契」和金文是「鑄」以外，還有在竹木簡上用筆「書」的和在模子上先刻後「印」的。在這些方式中，當然書寫算最便捷。雖然如此，漢字一筆一劃地書寫起來，不僅不方便，而且也快不了。幾千年來，人類就靠書寫的方法，在白紙上記上黑字。直到廿世紀60年代，人們才開始知道利用鍵盤將文字「打」進電腦，然後再經過電腦在白紙上印出黑字。這種「打」進去、「印」出來，與我們所熟悉的印刷，甚至打字，都有很大的不同。印刷和打字，意義上與我國古時的「拓

---

❻❸　有關甲骨文、金文、陶文、銘文的說明，請參閱錢存訓著《書於竹帛》，臺北，漢美圖書有限公司，1996年，頁21–59。

❻❹　請參閱曹聰孫《古書常見誤讀字字典》，北京，語文出版社，1987年。

❻❺　錢存訓《中國古代書史》，香港，中文大學，1975年，頁175。

❻❻　中國地沿廣闊，語言和文字尚未完全統一，尤其少數民族仍舊通行他們自己的文字和語言。即使沿海廣東和江浙各省，方言和相對的文字都與官話和相對的楷書不同。1949年，中國大陸開始將楷書簡化，而通行簡體字。然而臺灣卻仍沿用以楷書為標準的繁體字。

印」相仿，只不過速度加快，品質增高了而已。現在我們利用電腦作中間介體，文字透過鍵盤，變成了「二位字」進入電腦處理系統，經過整理編輯以後，再以「二位字」輸入相應週邊設備，最後才貯存或印製出來，而印出的文字就像經過魔術師的手一樣，隨心所欲地可大可小，可長可扁，可紅可綠。而且，假如有一臺多媒體的微電腦，「打」進去的文字，還能於分秒間從地球的另一邊「印」出來，真是神奇之極。

文字 → 鍵盤 → 二位字 → 電腦處理機 → 二位字 → 週邊設備 → 文字

若我們稱各國文字的發明，是表達媒體的第一次地區性的大革命，那麼「二位字」的發明，就應該算是表達媒體第二次世界性的大革命。「二位字」的出現，加上最近五十年來電腦和通訊技術的起飛，使世界經濟強國的社會結構從工業社會跳進了數位化資訊社會，「二位字」也已與書寫文字展開一場史無前例「有我無你」的優勢鬥爭。它的最終目標是使人類放棄幾千年來在紙上書寫文字的習慣，使他們走向「無紙資訊」(Paperless Information)❻的社會。

㈢二位字

談到「二位字」，我們便不得不提及二位大功臣：一位是十九世紀中葉「無師自通」的英國邏輯數學家布耳(George Boole, 1815–1864)，另外一位便是廿世紀裏的通訊學泰斗、資訊學鼻祖仙農(Claude Elwood Shannon, 1916–)。

---

❻ 此為筆者個人用語。「無紙資訊」(Paperless Information)的社會與「無紙社會」(Paperless Society) 在意義上完全不同。前者指一切資訊皆成為網上交流的電訊。以書寫為本位的文字也已全部轉變成能夠在網上輸通的「二位字」，數百年後，可能不再是「二位字」，而可能會是另外一種文字本位。

布耳於1815年出生於英國Lincolnshire。他的數學老師是他的父親，一位普通的生意人。十六歲時，布耳為了幫助家計，在村莊裏的一所小學教課。到了廿歲，自己開辦學堂招生。每當課餘，便潛心鑽研牛頓的*Principia*、十八世紀法國數學家Pierre-Simon Laplace的*Traite de mecanique celeste*和十九世紀Louis Lagrange的*Mecanique analytique*。1838年他開始以"Researches on the theory of analytical transformation"不斷地向*Cambridge Mathematics Journal*投稿。1847年，他發表了*The Mathematical Analysis of Logic, and Logic Operators: AND, OR, NOT*為二位數值的邏輯理論奠下了基礎。

在布耳發表二值邏輯理論九十一年後，一位美國年輕數學家仙農在麻州理工學院提出了一篇以二值邏輯為理論根據的計算機設計碩士論文。那篇論文❻❽，為布耳的二值論作了實驗證明，成為資訊技術飛躍精進的催化劑，而且還引起了一場改變世界的滔天數位革命(Digital Revolution)。

文字和二進位數字的大不同點，是在它們的結構和實際運用上。人類相沿用了自己所熟習的文字好幾千年。凡是認得字和會寫字的人，都會隨心所欲的書寫。可是書寫二位字卻不是那麼方便容易。因為，它不是文字，而是0和1二個數目字。根據理論，無論是何種樣的資訊(Information)，都可以0和1來表示。例如我們用英文寫"Socrates is a man."❻❾這句話，只需從26個英文字母中挑選出正確的字母，然後再將它們有規律地組合排列起來，最後再加上字與字間的空位(Space)，就組成了「蘇格拉底是一個男人」這一個句子。可是，若

❻❽　Shannon, Claude. *A Symbolic Analysis of Relay and Switching Circuits*. Cambridge, MA: MIT, 1938.

❻❾　取自Gates, William. *The Road Ahead*. New York: Viking, 1995, p. 29.

將那句英文，改換成0和1二位數字，那就比我們用手寫或打字困難得多了，而且還保證會錯誤百出。但若由電腦來辨識，那就既容易又準確。下面便是由0和1二位數字組成那一句英文的例子❼，它們一共有17組，每組是8位數，每組代表一英文字母。如第一組 01010011 代表大寫的 S，最後的一組01101110 代表小寫的英文字母 m，其中有三組數字相同，它們各自代表一個空位。這種每8位數一組的組合方式，是用來代表一個特定的文字或符號或空位，假如用在數目上，又另外有一套排列組合的方式。這一點留在後面再講，現在讓我們簡單地剖析一下二位數字的理論基礎。

01010011　01101111　01100011　01110010　01100001　01110100

01100101　01110011　00100000　01101001　01110011　00100000

01100001　00100000　01101101　01100001　01101110

　　二位數字的原理源自布耳的二值邏輯，然而將這個理論用在電路的開關上則是仙農的功勞。仙農在老師Vannever Bush❼的指導下，根據電路開關的理念，作出計算機的設計。以電流(Electric Current)的開或閉，分別來代表1和0二數。以前述Socrates為例，大寫S的二位數字為：

0　1　0　1　0　0　1　1

比照電流的開關，上面的二位數就成了：

關　開　關　開　關　關　開　開

---

❼　真正機讀格式的排列，字與字間並無間隔。例中每8位數一間隔只用來說明每字數位組合的模式。

❼　Vannever Bush是MIT電機系教授。於1930年初他曾成功的設計製造出一臺機械式類比電腦(Anglog Computer)。取名為"Differential Analyzer"，專門用來計算微分方程。一般說來，類比電腦皆屬特別功能的電腦。

　　一開一關代表1和0，都是代表一個單位(Unit)的數目字，電腦術語中稱0和1為bit(比特)。8個bit（比特）湊成一個byte(位元)，每個英文字母、空位、標點符號，都有一個專有的位元，位元中0和1的排列也有一定的先後秩序。其實，位元中0和1有序的排列組合，與我們中文字每個字都有一定筆劃，道理如出一轍。唯一不相同的地方，中文講究筆形，也就是那「橫、豎、撇、點、趯、捺、勾」，而二位數則只有1和0。二位數字的簡便也就不言而喻了。

　　前面我們說過，每個英文字母、空位、標點符號，都有一個專有的位元。例如，大寫的 S 為01010011，小寫的 s 為01110011。而這些所謂的位元，說穿了，它們並不是 S 和 s，而是一個「二進位數」，每個「二進位數」的數值都代表一個相對的英文字母、空位或標點符號。這個數字與英文字母、空位或標點符號的對照，舉世統一遵照ASCII (American Standard Code for Information Interchange —— 美國標準資訊交換碼)的規格。

　　我們需要知道二進位數與十進位數的計數方法有很大的不同，前者採用的基數(Base)為2，後者為10，雖然二種方法所得的數字，假設都是2，3和4，但是計算和表達上卻截然不同：

$$
\begin{array}{llll}
\text{二進位數（}N_2\text{）：} & 1 & 10 & 11 \\
& \underline{+1} & \underline{+1} & \underline{+1} \\
& 10 & 11 & 100 \\
\text{二位數值：} & (2) & (3) & (4)
\end{array}
$$

$$\begin{array}{cccc}
\text{十進位數（} N_{10}\text{）:} & 1 & 2 & 3 \\
& +1 & +1 & +1 \\
\hline
\text{十進位數值:} & 2 & 3 & 4
\end{array}$$

現在讓我們再看 S 和 s 這二個字母所屬的二進位數：01010011 和 01110011。我們用二進位數的方法算出它們的相對值，這個相對值便是它們在ASCII編碼中的代號。

$$N_2(S) = (01010011) = 0 \times 2^7 + 1 \times 2^6 + 0 \times 2^5 + 1 \times 2^4 + 0 \times 2^3 + 0 \times 2^2 + 1 \times 2^1 + 1 \times 2^0$$
$$= 0 + 64 + 0 + 16 + 0 + 0 + 2 + 1$$
$$= 83$$
$$N_2(s) = (01110011) = 64 + 32 + 16 + 2 + 1 = 115$$

從ASCII表中，我們找到83號為大寫的 S，115號為小寫s。同樣的道理我們可以很容易地從ASCII表中找到其他的字母和各種符號。

時下一般微電腦多採用以8bits為一位元的矽晶片(Chip)。對英文字來說8bits已可應付，可是對聲音和影像來說，位元組中的bit數量越多，聲音和影像的複製(Reproduction)越逼真。市場上比較昂貴的多媒體微電腦已能處理16至64bits的位元，這類微電腦中的微處理機(CPU)可以一次處理2個至8個位元組。在速度上，這類電腦要比一次只能處理一個位元組的微電腦要快上二至八倍。

中國的漢字與英文無論是在組織或結構上，都有絕對的不同。在某些地方，漢字與英文的26個字母用意倒頗相似，它們都是組成字詞的基本元素。如英文裏的TODAY 一字是由T、O、D、A、Y這五個字母組合而成，而漢字的「今天」一詞卻由「今」和「天」這二個單字組成。可是，這二種文字的相同性就到此終止。TODAY中只有"A

"可以有獨立的意義，其他的幾個字母則不具獨立的意義。然而，「今」和「天」二字卻都具有獨立的意義，雖然個別的說起來，它們的意義十分的含糊不清。在語法上，「今」字在此為一形容詞，「天」為主詞。「今天」不是「明天」，也不是「後天」，更不是「天天」。任何英文單字都是由26個字母中挑選出來的字母組合排列而成，漢字可就不同了，可用作一個漢字或詞的單元字根者，若以中華民國71年9月2日及12月20日公布為準，僅常用者就有4,808字，次常用字有6,341字[72]。可是，以二位數為基數，每位元組只有8個bits，最多只許有2^8=256種不同的選擇。若僅用一個位元組來編漢字碼，顯然不足，因而不得不另外創製一種稱為「雙位元組編碼系統」[73]。這種編碼系統是利用兩個ASCII碼所組成。無形中將8bits一位元，擴增到16bits一位元，而拼組選擇的可能，也從2^8=256增加到2^{16}=65,536。臺灣早先並無統一規格的編碼，各家自由發展，而有所謂的「Big-5」、「通用碼」、「公會碼」、「倚天碼」、「王安碼」和「IBM5550碼」[74]。例如，一個「好」字，它的相對編碼就有下列各種：

---

[72]　根據《漢語大字典》，常用字為2,500字，次常用字為1,000字。

[73]　《倚天中文系統使用手冊》，16版，臺北，倚天資訊股份有限公司，民國79年，頁1-9。

[74]　IBM5550碼適用中，日，韓三國文字。《倚天中文系統使用手冊》，16版，臺北，倚天資訊股份有限公司，民國79年，頁8。

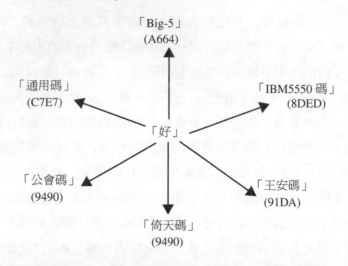

綜括的說，數千年來人類用來表達自己的感覺、思想、理念、經驗的媒體，隨著物質及科技的進步，已有了不少次的改變，而且這些改變總是朝著簡便、迅速和確實的方向前進。在口語、文字、二位字這三種重要的表達媒體中，雖然我們不知道口語最早始於何時、何地，但是公認它的出現當在文字之前，至於二位字的出現則可確定在1946年。該年美國賓州大學(University of Pennsylvania)一群電機系的學生，在John Mauchly 和J. Presper Eckert二位老師領導下，研製出世界上第一臺以二位邏輯值為基礎，命名為ENIAC (Electronic Numerical Integrator And Calculator)的數位電子計算機(Digital Computer)。假如我們將表達媒體的發展歷程予以圖示，也許下面圖三可以代表：

				手勢
			手勢	口語
		手勢	口語	文字
	手勢	口語	文字	二位字
吼叫→	手勢→	口語→	文字→	二位字→ ?????
	表情	表情	表情	表情	表情
		繪畫	繪畫	繪畫	繪畫
		雕刻	雕刻	雕刻	雕刻

圖三　表達媒體演進趨勢

　　根據考古學家的研究，大約8000 BC我國就已開始農業的發展，假定我們大膽地將這個時期定為中國口語發明的時期，那麼從口語進展到商朝發明文字（大約1500 BC），其間相隔約6500年，從文字進展到二位字（1946年），中間人約又相隔了3500年，我們發現重要表達媒體改革的時間似有成倍數遞減的趨勢。假如這個推斷正確，那麼到了公元3600年和公元4500年左右，人類應用的表達媒體，又會分別發生第三次和第四次的革命。到了那個時候，表達媒體究竟會是甚麼個模樣，那我們就不用去揣測了。

三、資訊載體

　　「資訊紀錄」的第三個基本元素便是貯存「表達媒體」的載體。所謂載體，它是泛指用來貯存人類感覺、思想、理念、經驗的一切物體。凡能夠用來貯存和保留訊息的物體，如一塊大石頭、一棵樹、一張紙、一片3.5磁碟、一片可以錄製的光碟(Writable CD)、一卷錄影帶、一卷膠卷、一張畫布等等。其他如紙、磁碟、磁帶、錄音影帶等，都可稱為載體。有史以來，人類在改善載體的工作上，作了不少

努力。如今，我們知道的載體種類已經不少（參見表三），隨著科技的演進，它們還會不斷地增加。對一般資訊使用者來說，他們經常遭逢到的困難，倒不在載體的種類多，而在它們使用上的複雜。在使用上，除了紙類載體千年如一日外，其他非紙類的載體，卻不停的在改變。這些載體不僅需要特別的設備，還要特別的檢索技巧。就以光碟來說吧，不同廠商的出產品，幾乎都有不同的檢索步驟。幸虧「窗櫺文化」(Window Culture)❼❺使得檢索方法漸趨統一。可是，目前網際網上的各種遊移資料，由於各個搜尋引擎(Search Engine)所掌握的資訊來源不同和編目分類的雜亂無章，而使這類自譽為「立即」(Real Time)的訊息，實際上變得毫無意義和價值。

資訊載體透明了人類物質文明的水平。古老時代，物質環境簡陋惡劣，人們只有利用石頭、石壁、泥牆、骨骼、樹皮等當作訊息的載體。在世界的另一邊，「石頭的故事」往往可以追溯埃及人的文明遠到幾百個世紀❼❻。埃及人大約在公元前3500年，從葦草(Papyrus)的枝幹上，剝取三角形的葉子，將它們潤濕以後，互相拼合在一起，小葉加在大葉上，然後再將它們壓平，乾後即成為葦草紙❼❼。我國在商代(1766–1123 BC)利用青銅器皿、甲骨、竹片、木片等作為記事、卜辭的載體。戰國時期，人們開始利用價錢比較昂貴但很輕便的帛和縑記事。東漢和帝元興元年(105)，蔡倫發明了造紙術。從此，世界文明便開始快速的向前發展。英國哲學家培根(Francis Bacon, 1561–1626)稱讚中國說：「火藥、印刷術和指南針三大發明改變了世界。」可是，他卻忘了，中國還發明了造紙術。若不是中國人發明造紙術，若沒有

❼❺　此為筆者個人的看法。中英皆為筆者個人用詞。

❼❻　海思、穆恩、威蘭合著，沈剛伯校訂《世界通史》，上冊，臺北，亞東書局，民國55年，頁8。

❼❼　同❼❹，頁31。

表三　中外資訊載體之發展

載體名稱	發明時期		發明者
	歷史紀年	公元紀年	
石壁，洞壁，石塊	仰韶文化時期前	6000 BC	
葦草紙(Papyrus)	仰韶文化時期	3500 BC	埃及人
泥塊(Clay Tablets)	龍山文化時期	2800 BC	中東蘇馬連人
陶器	黃帝	2700 BC	中國
青銅器	虞	2200 BC	中國
甲骨	商	1700 BC	中國
竹，木	周	1120 BC	中國
帛，縑	周桓王20年—周定王7年	700–600 BC	中國
紙	東漢和帝元興元年	105	蔡倫
照片(Picture)	清道光30年	1850	
縮影資料(Microform)	清咸豐3年	1853	John Benjamin Dancer
唱片筒(Phonograph Records)	清光緒4年	1888	Thomas Edison
幻燈片(Slide)	清光緒10年	1884	George Eastman
電影片(Motion Picture)	清光緒22年	1896	David Cook
錄音磁帶(Audio Tape)	清光緒25年	1899	Valdemar Paulsen
幻燈卷片(Filmstrip)	清光緒32年	1906	Keystone View Co.
錄影碟(Vediodisc)	民國16年	1927	John Logic Baird
數位電子計算機(ENIAC)	民國35年	1946	美國賓州大學電機系學生
唱片(32 1/2rpm-Phono Records)	民國37年	1948	Columbia Record Co.
唱片(45rpm-Phono Records)	民國37年	1948	RCA Co.
錄影帶(Vedio Tape)	民國40年	1951	Bing Crosby Enterprise
錄音帶(Audio Cassette)	民國52年	1963	Philips Co.

1853年後西方載體發展的主要資料採自：Ellison, John W. & Patricia Ann Coty, ed. *Nonbook Media: Collection Management and User Services*, Chicago: ALA, 1987.

中東的商人將這套造紙的方法輾轉傳播到歐洲，若歐洲不能大量地生產紙，德國的有錢人又豈會在1450年投下巨資，讓瀕臨破產、窮困潦倒的古騰伯(Johann Gutenberg, 1394–1468)繼續研製他的活字印刷術？若沒有活版印刷術的成功，人類的知識和經驗又怎會如滾雪球般的增加和累積？從資訊載體的發展歷程，我們發現自從蔡倫造紙開始，經過了一千七百多年，直到1850年才有另一種載體的出現。在那一段漫長的日子裏，也許正是那薄薄的輕巧的紙，維繫住人類的一線生機。

　　從十九世紀末葉開始，資訊載體的變化既大且快。筆者僅將重要載體分別以紙前、有紙、紙後三個時期列述如下，供讀者參考。

㈠紙前時期的資訊載體

1. 中國古代資訊載體

　　我國古時，就像埃及、中東、歐洲地區一樣，人們多就地取材，將石塊、洞壁、獸骨、獸皮、甲骨、陶片等等，當作記事載體。

　　①石頭：石頭天生質地堅固，容易獲取，很可能是最早的一種記事載體。古時的「摩崖」（一種刻在山石上的文字）、「碑」（刻有文字豎立的長方形石頭）、「碣」（刻有文字豎立的圓頭形石頭），便是很好的例子。石頭的缺點在體積笨重，搬移很不方便。

　　②甲骨：廿世紀裏，我國曾多次發掘出土，上面刻有文字的甲骨（甲是龜的腹甲，骨是牛胛骨）❼❽。根據考古學家的研究分析，甲骨的使用步驟大致為先收集一堆甲骨，然後再加以磨製，成為可以用作占卜的甲骨。每逢王事、慶典、征伐、天

----

❼❽　朱自清《經典常談》，臺北，漢京文化事業有限公司，民國72年，頁4。

時、農作等活動，必先占卜，然後再將卜辭刻在甲骨上，最後收藏保管。甲骨的缺點在取得困難，不易使用。

表四　甲骨出土紀錄

出土年代	數量	出土地點
1939	17,088片	河南安陽小屯村
1971	21片	河南安陽小屯村
1973	7,000片	河南安陽小屯村
1996	20,000片	黃河流域某地❼❾

③竹簡、木簡：《中庸》裏說：「文武之道，布在方策。」「方」是木書的簡稱，「策」則指竹書。這句話的意思就是說：「周文王和周武王所說的道理，都記在木書和竹書上。」

　　「簡」是用竹或木製成狹長的一根條片。竹簡的製法是先將竹子截切成圓筒，再將竹筒劈成竹片。根據王國維的《簡牘檢署考》說：「古策有長短，最長者二尺四寸，其次二分而取之，其次三分取之……」，長短並無一定規格。有了竹片，為了防腐生蟲和便於書寫，還將竹片經過去皮和烘烤，所謂「殺青」的手續。

　　「木簡」的製作過程則比較簡單。先將木材鋸成條片，一面磨光，木片乾燥後，便可書寫。「簡」的特點是狹長條形。

❼❾　根據臺灣出版《宏觀報》，民國85年9月3日第六版轉載中國新華社報導，「在大陸黃河流域一個距今約三千年的窖穴中，發現近二萬塊刻著象形文字的牛胛骨及龜甲片，有序地疊放在一起。大陸考古學家經過研究後指出，該穴是世界上最早的圖書館。考古學家表示，這個公元前十五年至十二世紀商朝遺址的窖穴，藏書數量多，規模大，有編號，而且甲骨文獻皆分不同時代分藏」等。但對發現窖穴的地點，卻無說明。而且，這一則報導有關穴內甲骨安排各點，尚待進一步證實，不便輕信。

書寫時，右手執筆，左手按住簡，由上而下，寫完一片，再寫第二片。這種方式，使我國書寫文字養成了由上而下，由右而左的習慣❻。竹、木簡的最大缺點是容納的字數非常有限。一部書，往往要用上好多簡。根據《墨子·貴義篇》，墨子周遊列國，裝書三車同行。《墨子·天下篇》載說，惠施的藏書需要五輛車裝載，而被譽為「學富五車」。《史記·滑稽列傳》中也有這麼一段，說漢代東方朔公車上書給皇帝，一篇奏牘，竟用了三千片竹簡，需要兩個人抬！竹、木簡的另外一個大缺點，便是編製成「策」書的繩子常易脫斷，而造成「脫簡」、「錯簡」的現象，常常造成古書脫漏或文句前後次序顛倒的弊病❻。

④縑帛：縑帛是絲織品的通稱。它包括帛、素、繒、縑等。利用這類材料編製成的書稱為「帛書」、「縑書」、「素書」。據說我國早在商殷時代，就已有了養蠶織絲的知識，但是何時開始用作書寫的載體，卻無確論。在《論語·衛靈公》中有「子張問行……子張書諸紳」。「紳」為絲織的束腰帶子❻；在《周禮》卷30中有「凡有功者，銘書于王之大常。」「大常」為絲織的旗❻。《墨子》中也曾提到「書于竹帛」。可見戰國時代(403-227 BC)以縑帛作為書寫的載體已經非常的普遍了。

以縑帛作載體，優點在它們的柔軟、輕便，可以隨意折疊和捲束，而且字數容量大，運輸起來，也不需用車，攜帶保存

---

❻　吳哲夫《書的歷史》，臺北，行政院文化建設委員會，民國73年，頁16。
❻　謝灼華主編《中國圖書史與中國圖書館史》，武漢，武漢大學圖書情報學院，1985年，頁37。
❻　參曉錢穆《論語新解》，臺北，東大圖書股份有限公司，民國77年，頁554。
❻　請參看《漢語大辭典》，卷二，頁1369。

都很方便，只是它們的價錢昂貴，而有「貧不及素」的感慨。古代繰書帛書因易腐朽，幸存者極少。1973年從湖南長沙馬王堆三號漢朝墓穴中發掘出帛書共有廿多種，共12餘萬字，用黑墨書寫，字體為小篆和隸書，據推測，大約是公元前二世紀(漢武帝天漢年間)或更早時期的產品❸。

2. 西方古代資訊載體

在西方，資訊載體的發展，好像不如我國的複雜，他們沒有像我國的「摩崖」，也沒想到利用竹木製簡。不過，他們也有利用洞壁和石頭的紀錄。

①洞壁：據載一位考古家的小女兒，偶然在西班牙一個名叫阿特米勒(Altamira)的洞頂上發現色澤鮮艷的牛群、馬、野鹿、和很多被追擊的野豬。這個洞穴中的畫，據估計至少有一萬年以上。此類壁畫，在埃及也時有發現，推測的時間大約都在公元前3000年左右。埃及的廟宇和墓堂的壁上或泥牆上，大半都有反映當時社會生活的圖畫❽。

②石頭：埃及是西方文明的重要發祥地。早在公元前3500年，埃及人發明了西方各國語言中作為基礎的24個拼音字母，而且還喜歡把他們的文字刻在用石頭作成的紀念物品上，包括墓碑、墓穴。

③葦草紙(Papyrus)：葦草(Cyperus Papyrus，屬於 Cyperaceae莎草科)繁生於尼羅河三角洲及西亞一帶。草莖高約15呎，根深3呎。現在多用作裝飾。低種葦草僅60cm，為室內植物。幾千

---

❸ 謝灼華主編《中國圖書史與中國圖書館史》，武漢，武漢大學圖書情報學院，1985年，頁38。

❽ 余協中編《西洋通史》，臺北，啟明書局，民國47年，頁33。

年前的埃及人利用葦草做紙的部份，並不是它的莖，而是它的葉。稍前，我們曾說過，葦草紙的做法是將葦草的葉子潤濕、拼合、壓平、曬乾而成紙。其實這種紙，並不是我們所謂的紙，而是將草葉加工後的「葉紙」。我們稱葦草紙為紙，似乎犯了「魚目混珠」的錯誤。幾千年前埃及人就懂得利用加工的草葉記事，他們也該算得上是僅次於中國人的聰明人了。

④泥片(Clay Tablets)：與埃及文化幾乎同時的蘇美人(Sumarian-s)，也知道利用石頭記事。可是，他們居住的地方位於美索不達亞平原(Euphrates Plain)，也就是現今伊拉克和科威特的所在地，那個大平原是世界上有名的「無法設防的平地」，那兒有的是沙和泥土，卻很難找到一塊石頭，而且也不長葦草。大約在公元前三、四千年，他們竟異想天開的將事物記錄在泥塊上，然後把它烘乾或曬乾。當時他們使用的記事工具為鑿子，鑿出來的文字是一種楔形體。這種字一直被稱為楔形文字(Cuneiform)。泥塊的優點是泥的供應無缺，而且保留的時間也比較長。它的缺點是不如石頭的堅實，容易破損，而且「泥菩薩過不了江」，同時，體積又重，不便攜帶，文字容量也少。1830年在Nineveh發現的一片鑿有Annals of Sennacharib 的泥塊，約一呎高，五吋厚❽，現存於大英博物館。我們似可想像得到，距今數千年前，在蘇馬連人中，一定也有不少像惠施一樣「學富五車」的賢者。

　　紙前時期，無論中外，人們在生活上都非常的艱苦，在思想上尤其閉塞。那個時候，因為沒有適當合用而且價廉的資訊載體來傳布知

---

❽　Harris, Michael H. *History of Libraries in the Western World.* Metuchen, NJ: Scarecrow Press, 1984, pp. 10–11.

識和經驗，識字的人鳳毛麟角，因而社會中便自然地造成知識壟斷一流。在中國，他們包括封建社會中的王親貴族和極少數有教養的士大夫；在西方，則是那些王室貴族和宗教界的僧侶。這種現象一直等到紙的出現，才算打破了這種知識為社會中少數人獨霸的傳統，更重要的是它方便了知識和經驗的傳播，為人類開拓出一條開放思想的大路。以歐洲為例，從公元四世紀到公元十一世紀，為歐洲的「黑暗時期」(Dark Age)，年年戰爭，遍地烽火。根據西方學者的研究，中國造紙術是在十一、二世紀，經過阿拉伯傳到歐洲的。在十四世紀左右，歐洲已有多處大規模的造紙工廠[67]。紙的出現，加上古騰伯設製活字印刷術的成功，加速了歐洲宗教文化的復甦，也使他們很快地步入了所謂以基督教文化帶頭的「中古文明」(Medieval Civilization)。難怪，德國宗教改革家馬丁路德(Martin Luthers, 1483–1546)曾歌頌紙和印刷術是「上帝最高貴最宏大的恩典」[68]。

(二)有紙時期的資訊載體

根據1933年中國出土發現，世界上第一次真正見到紙(Paper)的可能是西漢年間(206–73 BC)的中國人。公元105年，也就是東漢和帝元興元年，蔡倫製造出了一種新的紙。它不是早先的麻紙、縑紙，也不是帛紙，更不是埃及的「葦草紙」，而是利用「樹皮、麻頭及敝布、魚網」製成的新產品。當時的皇帝劉肇看到這種新產品，非常高興，冊封蔡倫為侯，並鼓勵全國採用[69]。可是，鼓勵儘管鼓勵，當時社會

---

[67] 根據西方學者研究，我國的造紙技術是於唐玄宗天寶年間(751)傳到中亞細亞，於唐德宗貞元年間(793)，再傳到今日的伊拉克首都巴格達，最後再傳到歐洲。請參閱*Encyclopedia Britannica*, Micropedia, 15th ed., 1985, v. 9, p. 126.

[68] Eisentein, Elizabeth L. *The Printing Press as An Agent of Change*. Cambridge University Press, 1979, p. 702.

中的高層人士對它並不十分熱衷，喜歡用它的只有那些買不起縑帛的窮人。這種「紙賤帛貴」跟著人走的社會心態，可從後漢有位名叫崔瑗所寫的便條中看出來。崔瑗在送給他朋友葛龔十卷《許子》紙抄本的時候，附上的一張便條說：「今送《許子》十卷，貧不及素，但以紙耳。」**⑧**

　　就這樣，一直經過了150年，到了晉代，紙的優點才漸漸被人發現。晉代的傅咸在他的〈紙賦〉中讚說：「夫其為物，厥美可珍。廉方有則，體潔性貞。含章蘊藻，實好斯文。取彼之弊，目為此新。攬之則舒，捨之則卷。可屈可伸，能幽能顯。」晉人左思在〈三都賦〉中也說：「遂構思十年，門庭藩溷皆著筆紙，偶得一句，即便疏之。」於是「豪貴之家，竟向傳寫，洛陽為之紙貴。」**⑨**雖然如此，到了東晉末年(404)，在時間上，與蔡倫發明造紙的時間已相隔了將近300年，朝廷中仍有不少迂腐官僚，上奏仍用簡而不用紙，因而使得當時的皇帝桓玄大怒而下令說：「古者無紙故用簡，非主於敬也，今諸用簡者，皆以黃紙代之。」從這一小段故事，可看出桓玄本人還不失為一位頗有遠見的皇帝，可惜，手下的一班臣僚卻昏庸得竟然分不出紙與簡的利弊。難怪，桓玄只當了一年皇帝，就被劉裕打敗而亡。

　　以現代人的觀點來看，我們實在無法想像一個沒有紙的世界會是甚麼樣的一個世界？當然，我們所強調的並非指紙為一可用的「物」，而是指它可以用來記事造成紀錄。近二千年來，我們不就是依靠這些紙類的紀錄，增進了我們的知識，落實了我們的經驗，而使我們能享受到今天的文明成果嗎？

　　⑧　見《後漢書‧蔡倫傳》。
　　⑨　謝灼華主編《中國圖書史與中國圖書館史》，武漢，武漢大學圖書情報學院，1985年，頁75。
　　⑨　同**⑨**，頁75。

表五　出土的中國古紙

時間	地點	數量	原料	估計入土時間
1933	新疆·羅布卓爾·漢代峰燧亭遺址	1 片	麻質	西漢宣帝（73–49 BC）
1957	陝西·西安·灞橋·一古墓	88片	大麻、貯麻	西漢武帝（140–58 BC）
1977	甘肅·居延·漢代肩水金關遺址	2 片	大麻	一片約在漢宣帝甘露二年（51 BC） 一片約在漢平帝建平（6–2 BC）

　　紙類的資訊紀錄，包括一切手抄、筆錄、打字、印刷的各種文件、檔案、文獻和圖書資料（有關中國圖書型制的發展，請參閱表六）。站在圖書館的立場，我們的重點是放置在「具有參考和利用價值」的圖書資訊。這是後話，暫且別過不提。

表六　中國圖書型制發展簡表

裝訂方式	書籍材料	裝潢式樣	載錄方法	流行時期
簡、策	竹、木	韋編、絲編	手抄、雕刻	上古—東晉
卷軸	縑帛	卷軸	手抄	春秋—六朝
	紙	卷、軸、褾帶	手抄	東漢—宋初
卷軸至冊葉過渡時期	紙	葉子、經摺裝旋風裝	手抄、雕版印刷	唐朝
冊葉(雙頁單面)	紙	蝴蝶裝（紙葉外摺）	雕版印刷	五代—元朝
		包背裝（紙葉內摺）	雕版印刷、活字版	南宋—明中葉
		線裝（紙葉內摺）	雕版印刷、活字版	明—現代
冊葉（單頁雙面印）	紙	平裝、精裝	鉛活字、照像影印、石印等	清末—現代
冊葉（單頁雙面印）	紙	平裝、精裝	鉛活字、照像影印、複印、電腦排印等	現代

　　總之，對人類文明來說，紙所作的貢獻是無與倫比的。比較起紙前時期那些不重即貴的載體，紙的出現，真使那些必須利用載體的人如沐春風，感到無比的舒暢。更重要的，便宜的紙，使社會中的窮人，也有了識字、寫字、甚至著書立說的機會。雖然如此，我們也不能說以紙為本位的資訊載體就沒有絲毫缺點。相反，它的缺點還不少。否則，我們也就不會有各種非紙類載體的陸續出現了。現在就讓我們從訊息表達及訊息蒐集的觀點，將它的重要缺點略述如下：

1.訊息表達不夠完整

　　從訊息源的觀點出發，紀錄於紙類載體上代表訊息的表達媒體，

並非僅文字一種，其他還有圖像、照片等等。文字只不過是對一特定文化社區的人具有意義的一種特殊符號。寫著者將各種不同的符號予以有秩序和有意義的組合在一起，便變成了一句話、一篇〈阿Q正傳〉（著者魯迅）、一首〈春夜〉（著者蘇軾）、一本《紅樓夢》（著者曹雪芹）、一集《神鵰俠侶》（著者金庸）。這些由文字砌成的作品與一幅畫或一幀風景照片，都只有一個目的，那就是著者、畫家、攝影家希望利用詞藻、畫意和意象美的結構，將他們的意念，透過識者的視覺以引起他們的感應和共鳴。可是，視覺只是五官之一種，這就是說，紙類資訊載體的共同缺點便是它們的唯視特性。這種唯視的毛病，早在幾百年前就被《紅樓夢》的著者曹雪芹所發現。他在該書第四十回「史太君兩宴大觀園」間接又間接地寫出「唯視性」的不真：

> 談笑之間，已來至沁芳亭子上。……賈母倚柱坐下，命劉姥姥也坐在旁邊，因問他：「這園子好不好？」劉姥姥唸佛說道：「我們鄉下人到了年下，都上城來買畫兒貼。時常閒了，大家都說：『怎麼得也得畫兒上去逛逛。』想著那個畫兒也不過是假的，那裡有這個真地方呢？誰知的今兒進這園裡一瞧，竟比那畫兒還強十倍！怎麼得有人也照著這個園子畫一張，我帶了家去，給他們見見，死了也得好處。」

「竟比那畫兒還強十倍！」這句話可透明了紙類載體的先天缺點，那就是親目所睹的園境，要比畫中的園境要真得多。其實讀《紅樓夢》的讀者心中又何嘗不想親眼看到林黛玉、薛寶釵和賈寶玉究竟長得甚麼個模樣？紙類載體中所記錄的資訊都有不可能「全真」的缺點，「欠真」的主要原因一方面固然是著作者、畫家、攝影家都有他們自己主觀的表達意識和方法，另一方面，筆者運用的文字是方的，

人的感覺、思想、理念和經驗卻是圓的。不論著作者、畫家、攝影家等資訊創造者想甚麼方法，他們都不能將圓中的空隙填滿。簡單地說，這就是「詞不達意」的現象。再說，記錄訊息為了適應紙類載體的基本條件，總會折折扣扣地將訊息的真象掩蔽了一部份，而不能完全確實地拱脫出真象來。西諺說：「圖畫是一首無言的詩。」詩的本身就屬意境之作。意境假多真少。圖畫又豈可能百分之百的真？

名教授南懷瑾先生從語意學的觀點也說❷：「意思是人類的語言不能表達全部想要表達的思想」，這正是文字的大缺點。借重文字這種表達媒體，人類不可能達到「書盡言，言盡意」。原因就是前面所說，紙類載體唯視的特性掩蔽了訊息的真象。甚麼才是「訊息的真象」呢？讓我們再用南先生的一段話來描繪❸：

> 聲音完全相同的一句話，在錄音機中播出，和面對面加上表情動作的說出。即使同一個聽的人，也會有兩種不同的體會與感覺。所以世界上沒有一種語言能完全表達意志與思想。而把語言變成文字，文字變成書，對思想而言，是更隔一層了。

訊息的完整與否，要看所傳遞的訊息❹是否能滿足五官的感覺。一般紙類載體的先天缺點，就在它們的唯視特性，凡記錄在紙類載體上的一切資訊，只能「看」，不能「聽」，也不能「嚐」、「嗅」或「摸觸」❺。從眼睛獲得的訊息是直覺的、片面的、模糊的和主觀的。例

---

❷ 南懷瑾《談歷史與人生》，上海，復旦大學出版社，1998，頁221。

❸ 同❷，頁221；南先生利用孔子在《易經・系傳》中的二句話「書不盡言，言不盡意」來說明他本人認為宋儒朱熹對四書五經的註解 「不完全是對的」；引用的那一段話原不涉及有關訊息的討論。筆者倒認為他的解釋正可用來說明文字不能完全表達一個人的思想的原因。

❹ 此處專指語意訊息(Semantic Information)。

❺ 盲者專用的紙類點（凸）字資料(Braille Materials)例外。

如，書裏寫著有兩人正在閒聊，並寫有他們談說的語句，可是，既聽不到他們談話的聲音，也看不見他們談話時的表情。文字所表達的意義是平面的，唯有加上聲音和表情，才能使意義多維立體化，才能顯示出「訊息的真象」。五官訊息為本書理論重點之一，在其他各章多少還會重複的討論到。

2. 訊息容量有限

稍前，我們曾說我國漢代有位東方朔，他呈給皇帝的一篇奏牘共用了三千片竹簡。他用那麼多竹簡的原因，就是每片上能寫的字很少（平均每片容納約25字）。後來有了紙，就不再需要這種笨重的載體了。我們以現在一般中文書籍為例，每頁字數大約在600與800之間，若將一頁紙上的字寫在竹簡上，大約需要24至32片竹簡。東方朔那一篇奏牘，若用紙來寫，大概只需125頁左右。125頁紙可比三千片竹簡輕得多了。可是，在文字的容量上，紙比竹簡也只能算「五十步笑百步」，仍然不十分理想。現在一冊中文書每頁約600字，每冊平均都有300至400頁，它們平均厚度為每冊3/4吋；一百萬冊書，大約需要62,500呎的直線空間。若換算成排書架，少說也需要3,472個，每個6層，每層3呎寬的書架。若加上排架間走道的空間，一百萬冊圖書的佔地面積就需31,000平方呎。對圖書館來說，一百萬甚至一千萬冊圖書，也只是時間遲早而已。藏書需要極大的空間，間接地也說明紙類載體容量有限是它的一個嚴重缺點。

3. 訊息檢索不易

這似已成了一個真理：「戰爭是科學的催生劑」。廿世紀裏，若沒有前五十年中的兩次世界大戰，若沒有繼之而起以美俄二國為首的冷戰，後五十年的科學和工業技術，就絕不會有現在這樣的發達。美俄

二國在1980年前的比鬥，催動了西方國防科學和工業技術的快速發展，因而引發資訊呈現輻射線式的擴張，以紙類載體為主的圖書資訊數量也隨著急遽增加。這種結果，使得資訊使用者對資料的追蹤和檢索感到非常困難。

為了幫助讀者解決資料追蹤和檢索的問題，英美各國出版的圖書資料，無論是單冊圖書、期刊或叢集，都有附載詳細索引(Index)的良好傳統。一般性的索引包括關鍵字詞(Key Word)、關鍵片語(Key Phrase)、主題(Subject)、著者(Author)、人名(Name)、地名(Place)等，關鍵字詞包括重要名詞和專有名詞，主題之下，還常分子主題和次子主題，著者和人名之下，也有類似的安排。這些索引的真正用意實為「重點導讀」，是著者幫助讀者把握重點，將重要的內容貫通聯繫，使讀者對某一專題能有較為完整的認識和瞭解❸。除此之外，從1970年開始，資訊界更致力發展線上檢索(Online Retrieval)，80年代開始，更是一切資訊檢索電腦化，一切資訊走向數位化(Digitization)。

4.訊息不易保存

古時，人們用簡常發生脫簡、錯簡的現象，現代的人，雖已以紙代簡，可是紙類圖書容易損毀及遺失的嚴重程度，實不亞於二千年前。唯一略勝古人者是如今印刷術發達，圖書複本多。不過，談到訊息的長久保存，不能依賴紙類載體的說法是可以肯定的，例如，酸性紙，經過空氣氧化，極易碎裂。

---

❸ 從編織索引的構思上，我們似可察覺出中西方在教學和研究工作上有著基本上的差別。中國人讀書一向主張「從頭背到尾」，要學生死讀死記，不讓學生有喘息思考的機會，也不容許學生對讀和記的東西提出異議。美國教育，重點在使學生對論題的瞭解和體會，並且鼓勵發問，背書是下下策。

廿世紀中各種非紙類資訊載體的絡繹出現，目的之一，也就在解決紙類載體不能永遠保存的弊病。對人類文明的持續來說，保留人類的思想、經驗和智慧，遠重於保留人體形骸。同樣的道理，我們為了保留資訊內容，並且讓它們容易地被追蹤和檢索，那麼值不值得永遠保留紙類載體，那就不是一個難以解決的問題了。紙類載體因存在著前述的矛盾，於是非紙類資訊載體就有了發展的好機會。

㈢非紙類資訊載體

人類五官雖不能製造訊息，卻是獵取和搜集訊息不可或缺的重要工具。凡五官性能最健全的人，必能獲得最完整的訊息。但是，紙類載體所能提供的訊息只有一種，那就是可以「看」得懂的文字、圖像、符號等。例如，紙上明明印著「荷風送香氣，竹露滴清響」（孟浩然詩）這十個字，雖然我們一看就明白它們的意思，可是，我們既沒看到荷花，也沒聽到竹葉上露珠滴落地上的清脆聲音，更沒有嗅到由風吹送過來的荷花香，除了文字和它們所代表的意義以外，其他甚麼都沒有，有的只是我們各自憑空的意會和想像。

十九世紀末葉以來，非紙類載體的相繼出現，一方面固然是由於物質文明進步和科技發達的必然結果，另一方面，也就是資訊科技界想心設法，希望能夠利用各種不同性質和功能的新載體，來彌補上例所描繪的紙類載體訊息不能確實周全的大毛病。此外，也欲利用新資訊載體來解決紙類載體訊息容量受限、不能長期保存和不便快速追蹤檢索的困難。下面就讓我們對圖書館中常見到的幾種非紙類載體作一簡略地介紹。

1.縮影資料(Microform)

這個名詞是縮影單片(Microfiche)、縮影捲片(Microfilm)、縮影卡

片(Microcard)、不透明縮影卡片(Microopaque)的通稱。縮影資料，可說是紙類載體時代中最早出現的一種特殊功能的資訊載體。它的「縮影」原理十分簡單，透過攝影鏡頭，將原來的文字或符號縮小15至90倍以上，製成8mm、16mm、105mm寬的影片，通常100呎長。捲在圓滾(Reel)上的稱為縮影捲片，捲在匣子裏的稱為匣式縮影片(Cartridge Film)。後者需特別設計的閱讀／複印機(Reader-printer)。此種閱讀機的索引系統可以控制匣式縮影片的卷頁數，檢索起來非常迅速方便。縮影資料的好處，本身體積小巧，而且既可在閱讀機的反光板上閱覽，也可複印出來。

縮影資料為英國科學家John Benjamin Dancer發明。早在1839年，他就已開始縮影方式攝製文獻。這種技術的走上商業化，全靠一位名叫George McCarthy的銀行行員個人鑽研的結果。他在1925年設製出一臺縮影機獲得了專利，他便利用那臺縮影機為銀行攝製各種檔案及交易存根。到了1928年，柯達公司向McCarthy購得製造權，開始大批製造推銷。1935年，該公司攝製並發售《紐約時報》(*The New York Times*)縮影捲片。從那時開始，縮影資料便成了貯存訊息和傳播訊息的重要資訊載體。

1970年間，由於攝製技術和閱讀複印機不斷改進，美國各大圖書館都大量購置縮影版期刊，準備用來取代難以經營和管理的紙類過刊。同時，在1969–1972年間，美國反對越戰風潮迭起，各大學圖書館僅防萬一，都積極將卡片目錄攝製成縮影資料目錄，妥善保存。豈知，這一行動卻觸發了70年代後期COM Catalog❼（電腦輸出縮影資料目錄）的興起。它的製作過程簡示如下：

---

❼ COM Catalog的全名為Computer Output Microform Catalog。有縮影捲目錄和縮影單片目錄二種。

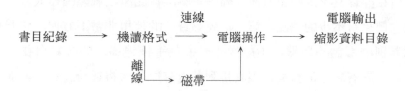

80年代初期，COM Catalog在美國圖書館界極為流行。這種情況直到80年代中期微電腦及光碟的出現和很快的普遍化，才慢慢將COM Catalog淘汰。

縮影資料優於紙類載體最明顯的地方，是前者的資訊容量大，佔用的空間比印刷品類要少90–95%[98]。以縮影單片為例，假如文字或圖像的縮小比率為42：1，那麼，一片4"×6"的縮影單片，便可容納208頁，每頁寬11吋，長14吋的文件；若縮小比率為48：1，那麼，可容納同樣大小的文件270頁[99]。

名稱	縮小比率	容納量	每頁大小
縮影單片	42：1	208頁	每頁11×14
(4"×6")	48：1	270頁	每頁11×14
	42：1	325頁	每頁8.5×11
	48：1	420頁	每頁8.5×11
縮影捲片	24：1	1,800頁	每頁11×14
(16mm寬)	48：1	7,200頁	每頁11×14
(100 呎長)			

[98] Ellison, John W. and Patricia Ann Coty, *Nonbook Media: Collection Management and User Service*. Chicago: ALA, 1987, p. 144.

[99] Saffady, William. *Introduction to Automation for Libraries*, 2nd ed. Chicago: ALA, 1989, p. 33.

在貯存文字的數量方面，縮影資料確實比紙類載體強得太多。可是它們也有不少的缺點。第一，縮影資料的使用非常不方便，它們必須特別的閱讀複印機，不能像「一書在手任逍遙」的輕鬆自在，而且，縮影資料中的資料，因其排列前後有序，檢視費時。第二，從反光板上閱讀，會影響視力，讀者多心不甘情不願，對縮影資料非常反感；第三，縮影資料中的文字或圖像代表的意義，仍舊不能完整，也就是說，除了「看」得懂外，卻「聽」不到，「嚐」不到，「嗅」不到，也「摸」不著。在獲取訊息的一面，縮影資料與紙類載體都有「唯視」的缺點。雖然在資訊容量上，它們超過紙類載體甚多，可是，若比起現今微電腦的硬碟(Hard Drive)和光碟 (Compact Disk)來，那又是小巫見大巫了。

2. 光碟(Optical Disk)

在廿世紀最後的十年裏，資訊載體的發展可說相當驚人，而在這方面表現得最有成績的便是光碟。這種載體是以光感原料貯存資訊，並利用光源，通常皆為激光(Laser)，來載錄、閱讀和播放訊息。光碟的種類很多（請參看圖四），且功效各異。市場上最早出現的為影碟(Video Disk)。我國旅美資訊學者陳劉欽智博士，倡風氣之先，於1985年，以中國西安出土的文物攝製成的「秦始皇帝」光碟集⑩為背景，到世界各地講解光碟與電腦配合操作的效果，極受歡迎。當時，

---

⑩　「秦始皇帝」光碟集的英文名稱為"Project Emperor I: China's Treasure Revealed via Videodisc Technology."有關該集的介紹請參閱(1)Chen, Ching-chih. "Interactive Videodisc Technology & Hypermedia Information Delivery: The Case of Project Emperor I," in *Proceedings of IVACOM 88 Conference on La Video Interactive et ses Applications*, held in Besacon, France, 10/25–10/27, 1998. (2) Goldie, John. "Project Emperor I: Exploring Artifacts via Videodisc, Optical Insights, " v. 2, no 1 (winter, 1988), pp. 7–9.

每片光碟可以貯存經過索引的圖像畫面54,000張。

在這麼多種的光碟當中，對圖書館最有關聯，而且使用又最多的，恐怕只有「唯讀記憶光碟」(CD-ROM: Compact Disc-Read Only Memory)。它首次受到圖書館界的重視是在1985年元月，美國圖書館學會召開冬季年會時，美國TLC (The Library Corporation) 公司公開展出它所設製的BiblioFile。BiblioFile貯存著美國國會圖書館機讀格式的編目紀錄。雖然該公司大力宣傳，第一年的銷路並不理想，全美國只有250個圖書館訂戶。也許是慧眼識英雄吧，當時還剛起步的美國微軟公司(Microsoft Inc.)卻讚譽CD-ROM是廿世紀的「新葦草紙」，為一種革命性的資訊貯存載體⑩，並且預言現代人會像古埃及人利用葦草紙一樣，利用光碟作為記錄生活活動的載體。直到十四年後的今天，這個預言尚未實現，可是，它們對圖書館所造成的影響則是不可否認的。

光碟之被重視，原因很多，最重要的是因它能配合電腦使用。假如沒有這個特點，它們的命運也不會比縮影資料好得了多少。其次，當然是它們的驚人容量。例如，一片直徑4.75吋的CD-ROM的容量，約等於450片3.5吋，容量1.44MB的磁碟。難怪，一片CD-ROM便可對付一整套32冊《大英百科全書》還足足有餘。從資訊容量上說，一片光碟就有650MB，這樣子的優點是不容輕視的。若從使用上，因為它能配合電腦運作，在資訊檢索上，也比使用縮影資料方便很多。我們一直相信，光碟在資訊載體作用上，僅是「一切資訊數位化」到來以前的一種過渡性載體。在廿一世紀裏，資訊的供應將透過世界性網際網來自全球各地。對圖書館來說，筆者稱這種「將來的現象」為「分散的書庫」，圖書館本身擁有一個小小書庫，其他大大小小的書

---

⑩ "CD-ROM: The New Papyrus," Microsoft publication, 1986.

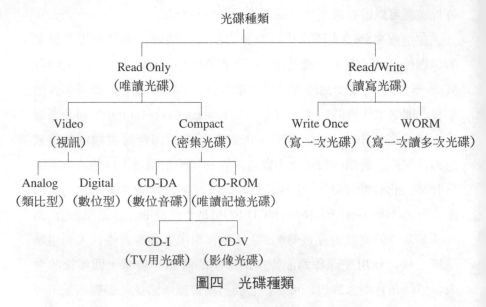

圖四　光碟種類

庫（資訊供應者）則散處世界各地，它們都由網際網牽連著，隨時供應「立即」(Real Time)的「線上數位化資訊服務」(Online Digitized Information Services)。假如我們細心一點去觀察，我們便會發現如今一些所謂的「電子圖書館」(Electronic Library)，已經開始揚棄光碟，走向網際網，從四面八方擷取、閱讀、複製所需資訊。我們深信由於光碟的資訊容量巨大、容易處理和利用，它們遲早將會用來取代縮影單片、縮影捲片，成為過刊、絕版圖書、以及各類檔案、圖像、文獻等之主要貯存載體。下列是光碟的基本優點：

①貯存密度高
②資訊貯存費用低(Bit/Cost)
③適於長期保存
④準確度高錯誤小

⑤體積輕小，攜帶方便

⑥資訊複製容易

⑦隨機檢索，快速容易

⑧使用便利(User Friendly)

⑨能與其他資訊載體配合運用

⑩能與電腦配合運作

表七　唯讀光碟規格、貯存容量與應用

名稱（單位）	CD-Audio	CD-Interactive (Connect to TV)	CD-ROM	CD-Video	Video Disc
啟用時期	1979	1985	1983	1987	1970s
貯存容量					
音響（分鐘）	72	65		60/每面	30/每面
影像（分鐘）	72	65		60/每面	30/每面
畫面（每張）		6,000			54,000
文字(MB)		650	600 to 800		324
編碼					
音響	數位	數位		數位	類比／數位
影像	數位	數位		類比	類比
畫面	數位	數位		類比	類比
文字	數位	數位	數位		數位
語意內容	音律	影像，音響，文字	文字，符號	影像，音響	影像，音響，文字
光碟直徑	4.75", 3.5"	4.75"	4.75"	4.75", 8", 12"	12", 8"

資料來源: Ching-chih Chen <Hyper Source to Optical Technologies>, Chicago: ALA, 1989, p. 4.

3. 電腦(Computer)

實際上講起來，電腦並不是一種資訊載體，至少它的主要功能不

在貯存資訊。可是，目前的非紙類資訊載體，如光碟，假如沒有電腦硬體和軟體的配合運作，光碟雖有龐大的資訊容量也是枉然。所謂電腦硬體是指電腦的機件部份，而軟體則指相容的電腦作業程式。自從1946年世界有了第一臺數位電腦開始，半世紀內，它已歷經五代的轉變（如表八）。第一、二兩代的電腦對圖書館作業沒有影響，它們的影響始於微電腦(Microcomputer)的大量出現。但是在微電腦大量出現以前，還有一段影響深遠的小插曲值得一提：

> 1974年的春天，*Electronics*雜誌宣佈Intel公司的8080號晶片——（功能）比裝置在Traf-O-Data機中的8008號晶片要強大十倍。8080比8008大不了多少，可是，它卻多裝了2,700支電晶體……對我們來說，假如一個小小的電晶體能夠有那麼大的功能，顯然那大而笨重的機器(指大型電腦)的末日即將來臨……但是電腦製造商卻沒有看到微處理機對他們將會是一種威脅。甚至Intel公司裡的科學家們也未能預見它們的潛力。對他們來說，8080只不過代表晶片技術上的一次改進。短時間內，電腦界確實沒有錯。8080只是又一次小小的進展。但是我們所見到的，卻遠超過那一片新的晶片。我們見到的是完全適於我們每個人的一種不同類型的電腦——個人的，便宜的和適用的。我們也最清楚，這新的晶片因為便宜，不久到處都會用它。[102]

上面的一段是摘譯自*The Road Ahead*，該書為Bill Gates自述，於1995年出版。從這一段裏，我們似可了然為甚麼他42歲就成為世界首富！

---

[102]　Gates, William. *The Road Ahead*. New York: Viking, 1995, pp. 14–15.

表八　數位電腦之演進

歷程	時段	電腦處理機之演變	註
第一代	1946–1958	真空管時代 (Vacuum Tubes)	1946年ENIAC，18,000支真空管，重約30噸；1951年UNIVAC I，第一臺操作數目與數據電腦，Harvard Mark III，記憶貯存量增加。
第二代	1959–1964	電晶體時代 (Transistors)	1947年發明電晶體，10年後IBM和Control Data Corp用來取代真空管，執行指令每秒10萬次。
第三代	1965–1970	積體電路時代 (Integrated Circuit)	Main Frame, Minicomputers: 利用 Large-scale Integration (LSI) Processor: 將上千支電晶體及相關配件裝置在小如嬰兒指甲的晶片 (Chip)上。 優點：快速，可靠，高容量，價廉。
第四代	1971–1980	微形積體電路時代 (Microminiaturized Circuit)	微電腦出現。Very large-scale Integration (VLSI) Processor容許在0.3平方英吋的晶片上裝置數百萬支電晶體。使電腦功能多元媒體化。
第五代	1981–	人工智慧發展時代 (Artificial Intelligence)	繼續發展Machine Reasoning和邏輯程式語言。目前對電腦工商業影響不大。

　　在廿世紀的最後10年，電腦逐漸走向多元媒體而成為「多媒體微電腦」(Multimedia Computer)。這類電腦可以處理圖像、音響、影像和數據。同時，由於視訊及訊號(Video and Signal)壓縮技術的進步，一片4 3/4吋的CD-ROM已可貯存大約70分鐘的影像節目[109]。一臺微電

---

[109]　"Computers: Trends in Computer Technology: Changing Role of Computers," *Britannica Online*

腦若想聯合操作這些不同媒體的資訊載體，第一，它必須要有足夠的隨機記憶(Random Memory)，其次，它還需具備操作這些載體的能力和速度。例如，一套Windows 98中文版，就需130,263,370位元(bytes)的貯存空間，操作時至少還要有640,000位元的活動地盤。一張普通的彩色照片，需要佔據將近60萬個位元，38頁中文也需167,000位元。如今，一臺中等售價二千美元左右的「多媒體微電腦」，Pentium III Processor 860MHz Computer，它的重要配備就包括下列各項：

①133MHz bus

②128MB 133Hz SyncDRAM memory

③30 gigabyte 7200RPM hard drive

④12X DVD-ROM drive

⑤V.90 digital modem

⑥32MB TNT2 graphics card

⑦8MB SyncGraphics video memory

⑧Audio card and stereo speakers

⑨Digital scanner port

⑩Digital camera port

⑪Monitor

⑫Color printer

⑬Multimedia keyboard

⑭Mouse

由這些雜七雜八的配件，使我們想起十多年前陳劉欽智博士演示她設製的「秦始皇帝」光碟集時所需的那些配備，在十多年後的今天，它們都已微化成了「多媒體微電腦」的一部份。這豈不正是電腦

科技精進最真實的寫照？根據美國MSNBC，2000年7月15日的報導，美國Hewlett-Packard公司正與加州大學洛杉磯分校聯合研製一種命名為Rotaxane的新合成物。假如成功，現在以矽晶片(silicon chip)製造的電晶體將會小至一個分子(Molecule)，而以此製造的電腦將較現在最快的電腦還要快上一千億倍！

　　稍前，我們說過，電腦實不能算是資訊載體，不過它對資訊載體的發展卻有推波助瀾的功勞。事實非常的明顯，假如沒有電腦精確和快似閃電的讀、記和執行指令，CD-ROM、影像及音響等資訊載體的發展絕不會如此迅速，更不會一切資訊都快步走向數位化(Digitiza-tion)。反過來說，電腦為了適應不同種類資訊載體的快速運作，多少也是促使它的硬碟容量從最早64K bytes進步到現在的幾千億bytes的間接原因。

　　綜括起來說，世界上最先造紙和開始用紙記事的是我們中國人。從公元105年開始，經過了一千七百多年世界上才見到縮影資料。又再經過了一百多年，才有其他非紙類資訊載體的相繼出現。廿世紀的最後十幾年，可說是資訊載體發展最快速的一段時期。主要原因其實只有一點，那就是資訊表達媒體從文字、符號轉換到「二位字」。0與1二值邏輯實用的成功，使電腦微化、成本降低、功能加強，更重要的是資訊變換成二位數值以後，可以被壓縮(Compression)，相對地使載體容量大大增加。當然，除了科技的精進以外，我們也不能忽略消費市場，若沒有足夠的消費市場作後盾，任何產品，無論如何精美有用，都會夭折。二次大戰和美俄二國冷戰結束以後，世界經濟先進各國享受一段長時期的和平，人民經濟寬裕了，生活普遍的改善了，於是，跟隨而來的便是五官享受的追求。然而滿足五官享受的第一要件，便在資訊載體所載負的資訊必須完整和真實。然而，紙類載體的

表九　資訊載體與貯存容量比較

資訊載體	貯存容量（單位: byte）	說明
紙 (8"×11")	1,560bytes(中文) 2,450bytes(英文)	中文平均每頁26行，每行30字(共約780字) 英文平均每頁35行，每行70字母(共約2,450個字母)
縮影單片 (4"×6")	507KB–665KB(中文)，800KB–1MB(英文)	平均容納325至420頁
縮影捲片 (100ft)	2.8MB–11MB(中文)；4.4MB–17.6MB(英文)	平均可容納1,800至7,200頁
磁帶(2,000ft)	368MB	可容納118,000頁中文，150,000頁英文
CD-ROM	650MB	208,000頁中文；265,000頁英文
軟碟5.25" 軟碟3.5" Zip軟碟	160K, 180K, 320K, 360K, 1.2MB 720K, 1.44MB, 2.88MB Zip: 100MB; Jaz: 1–2GB	50頁至385頁中文，65頁至490頁英文 230頁至923頁中文；294頁至1,175頁英文 32,000頁至640,000頁中文；40,800頁至816,000頁英文
電腦硬碟	150MB to 6.4GB towards 10GB, 1TB(terabyte) IBM Ultrastar 72ZX drive 容量高過73.4GB	48,000頁至2,051,000頁；趨向3.2M頁至160M頁中文 61K頁至2.6M頁；趨向4.8M頁至40.8M頁英文

註：紙的容量因紙面尺寸大小及字型而有差異

1 gigabyte = 1 billion bytes = 1,000 million bytes

1 terabyte = 1 trillion bytes = 1,000 billion bytes

最大缺點，便是它所載負的資訊既不能完整，也不夠真實。因為它只能載負文字、符號，卻不能載負音樂和活動的畫面。於是，為了迎合消費市場的需要，像數位錄音帶、數位錄影帶、DVD電影光碟、數位照相機專用的CD底片和磁碟底片等等各類資訊載體，便接踵而至，層出不窮。也許，從表九，我們可以覺察到資訊載體在容量上歷經的巨大改變。這種改變必會繼續，永遠不停。

我們認為「資訊紀錄」的形成和它們的世代累積，便是圖書館興起和繼續存在的根本原因。世界上一旦沒有了紀錄，圖書館也就會像輕煙一縷，消逝得無影無蹤。

我們不厭其詳地從紀錄的創造者一直談到紀錄的結構，到此總算有了一個比較完整的解釋和交代。同時，我們也可以趁此機會對「資訊記錄」一詞作一合理的界定：

　　　凡利用表達媒體將五官所獲的直覺感應、思想、理念及經驗等
　　　訊息記錄於載體中者，通稱為資訊紀錄。

這也就是說，凡能稱為「資訊紀錄」者，它必須具有資訊、表達媒體和載體三者，缺一則不成紀錄，而且整個地說，凡是「資訊紀錄」，都必含帶著一種特別的意義。至於是何種「意義」，我們且留待後面再講。下面的一章，讓我們一同來瞭解一下究竟甚麼是圖書館？也就是讓我們來研究圖書館本體論。

第三章　圖書館的本質與功能

在這一章裏，我們的重點是想為圖書館「正名」，要確切地弄清楚甚麼是圖書館(Library)。我們耳熟能詳「名不正，則言不順」（《論語・子路篇》）這句古老的話。它是孔子的政治哲學主張，我們現在談圖書館，不談政治，我們不要孔子的「正名」，而要荀子主張的「智者為之分別制名以指實」的「正名」，我們要窮究圖書館的結構和它們的功能理序。

第一節　甚麼是圖書館?

說起來也真難以令人相信，有關圖書館的書籍長達數里，卻沒有幾本對究竟甚麼是圖書館作過明確透徹的界定和解釋。也許，學者專家認為誰都知道甚麼是圖書館，不足道爾。其實不然，為圖書館這個名稱作一合情合理的解釋，甚至加以適當的界定，是為了明白地說明這一機構的生存目的和發展的方向及指標，也就是為圖書館「正名」，使這個機構「名正，言順」。我們試將幾種對圖書館所作的界定列舉如下:

① 「圖書館就是將人類思想言行的各項記錄，加以蒐集、組織、保存，以便利用的機構」[104]

---

[104]　王振鵠等《圖書館學》，臺灣，學生書局，1980，頁43。

②「圖書館是用科學方法，採訪、整理、保存各種印刷與非印刷的資料，以便讀者利用的機構」[105]

③「圖書館是一個傳遞知識的機構」[106]

④「圖書館是透過出版紀錄傳遞資訊的一部份過程」[107]

⑤「圖書館是徵購、提供和保護各類知識及資訊的地方。同時，並提供讀者使用館藏的指導與協助」[108]

綜合上面五種不同的界說，我們對圖書館的結構與本質可以獲得概略的認識，那就是圖書館都必具備下列幾點基本元素：

①空間(Space)：指圖書館活動範圍

②館舍(Place)：包括一切不動產及設備

③館員(Librarian)：圖書館中工作人員

④組織(Organization)：行政及人事結構

⑤館藏(Collection)：包括一切資訊紀錄的徵購、組織（分類編目）、整理（典藏）和推廣（借閱和館內參考）

⑥讀者(Reader)：一切館內館外資訊索取者

⑦服務(Service)：圖書館主動提供的一切服務

只要一個機構具備上述七項基本元素，它便是一所圖書館。可是，事實上又是如何呢？雖然我們不否認任何圖書館都必須具備這七

---

[105] 胡述兆、吳祖善《圖書館學導論》，臺北，漢美，1989，頁1。

[106] Shera, Jesse H. *Sociological Foundations of Librarianship*. New York: Asia Publishing House, 1970, p. 34.

[107] Lancaster, F. W. *The Measurement and Evaluation of Library Services*. Washington, DC: Information Resources Press, 1979, p. 2.

[108] Crawford, Walt and Michael Gorman. *Future Libraries: Dreams, Madness, & Reality*. Chicago: ALA, 1995, p. 3.

種基本元素，但是任何圖書館若具備了這七種基本元素，卻並非是一所理論上的「真」圖書館。

我們都知道「人」都具備四肢五官及呼吸、血液循環、消化、神經等功能系統。可是，我們卻不能輕易地說凡具有四肢五官和前述功能系統者都是「人」。因為，與人類很相近的人猿、猩猩、猴子，甚至其他很多種類的高等動物，也都具備類似的肢體和功能系統，可是我們卻不當牠們是「人」。這又是甚麼道理呢？道理就在「人」有人性，禽獸只有獸性，「人」與那些動物之間有相同性終止的一點。思考和明辨是人性特質，禽獸不會思考和明辨，只會作直線性反應。

再說，「人」有生機。這個生機並非狹義的「活著」和繁殖，而是指生活有目的、有希望。動物「活著」既無目的也無希望。「人」還有一種特長，那就是有「活力」(Activities)。人不能獨居，他必須活動。古時人類靠步行、輪車，活動範圍很小，現代的人，出門有汽車、飄洋過海有大輪船、翻洲越境有飛機、登陸月球有太空船。一百多年前，送信靠快馬，一百多年後的今天，送信用e-mail、用電傳。由於交通和通訊環境的變遷，人類活動的範圍也就自然地越來越寬闊。寬闊了活動範圍，也增長了人類的活力。反過來看，其他動物的活動範圍不僅狹小，一切活動也只限於食與睡，一點都沒有活力。

「人」皆有慾望，慾望是人類不斷進步的主要推動力。若人人都「萬事皆空」、「事事有如浮雲」般的無慾，或者都像戰國時期韓非子(280–233 BC)心目中「古代男人不犁，因為有現成的水果足供充饑；女人不織，因為有足夠的獸皮可保溫暖。」●那麼，縱使生活在廿一世紀的大門前，我們也絕不可能在電視機前看到五千八百萬哩外火星

● Eichborn, Werner. *Chinese Civilization, An Introduction.* London: Faber & Faber, 1969, p. 23.

上石頭的模樣。比較起來，其他動物都是無慾的。

　　歸納起來說，一個真正的「人」除了具有四肢、五官及各種功能系統以外，他還必須具備特性、生機、活力和慾望這四種特質。總之，一個「人」若沒了生機、沒了活力，那麼這個「人」必定是個死人；假如一個「人」缺少慾望，這個「人」若不是超人隱士，則必是植物人。假如一個「人」沒有「人」應有的特質，「他」又怎能算是一個真正的「人」？

　　話說回來，一所真正的圖書館雖然沒有「人」的氣味，可是，它除了具備任何圖書館都必須具備的前述七種基本構成元素之外，也必須具備特性、生機、活力和慾望這四種特質。

一、圖書館需有特性

　　一般說起來，任何機構都有它的特性(Characteristic)。特性是一個非常顯眼的標誌，也是它代表一個機構的基本生存條件。數千年來，圖書館的基本生存條件便是資訊紀錄的徵集、組織、整理、貯存、推廣和運用，它們的生存條件和環境也就常常跟著資訊紀錄的演變而起變化。遠的且不提，例如，1980年以前，資訊紀錄皆以印刷型資訊紀錄為主，一般傳統式圖書館皆以徵集、組織及整理印刷型資訊紀錄為核心。它們的特性也就表現在印刷型資訊紀錄的主題性和以印刷型資訊紀錄為中心的定位性讀者服務上，館藏發展則以「預期」(Just-in-case)為主。然而80年代期間，資訊紀錄逐漸走向多元多能化，那時的圖書館都以貯存、處理及運用各種不同格式的資訊載體為主。這類圖書館的特性則表現在各種類型資訊的「即時」(Just-in-time)獲得及線上讀者服務的能力上，館藏發展也以「即時」獲得為原則。從1990年開始，包括圖書館在內的整個資訊及知識工商業界，

因受電腦及通訊技術的影響，都齊步走向資訊超級公路(Information Superhighway)，走向資訊數位化(Information Digitization)，圖書館的特性，也就從貯存及處理資訊紀錄轉變到「立即」(Real Time)捕捉、處理及運用線上及數位化資訊紀錄為重心的功能上，到這個時候，館藏發展的真意已經變得非常的模糊了。

數千年來，圖書館的生存邏輯，一貫就建立在「有形」(Visible)資訊紀錄的徵集、處理和運用之上。倘若在廿一或廿二世紀裏，一切資訊紀錄都變成了「無形」(Invisible)的數位化資訊紀錄，一切資訊紀錄都變成了看不見、摸不著、聽不到、嗅不到和嚐不到的「電訊」(Electronic Information)，在全球資訊通訊網路上來來去去，穿梭不停。到了那個時候，圖書館有「館」必有「藏」的理念將會受到當頭棒喝。屆時，雖然資訊紀錄仍舊存在，而無「藏」有「館」必定會成為新世紀裏資訊或知識工作機構的典範，「館」與「藏」的關係也就絕對不會像現在這樣的親密明朗了。

二、圖書館需有生機

「生機」二字絕非僅指短期的「活著」，實指「永遠地生存」，「永遠生生不息地屹立不倒」。在印度圖書館學哲學家藍根納遜(Shiyali Ramamrita Ranganathan, 1892–1972)的心裏，圖書館的生機顯現在書架上，看著圖書日積月累，不斷增加。他說⑩：

> 圖書館為一成長有機體。生物學上有一共識，唯成長者才生存。有機體一旦停止成長，便僵化死亡。第五律提醒我們，圖書館如同機構，具備所有有機物的特性。它取新棄舊，變體變

---

⑩　Ranganathan, S. R. *Five Laws of Library Science2*,2nd ed. Bangalore, Sarada Ranganathan Endowment for Library Science, 1989, p. 326.

形。除了突然停止蛻變，否則，依照生物學上的說法，它將會
受到緩慢持續的變化。這種改變雖然非常緩慢卻很有效果。

仔細閱讀藍根納遜的圖書館學五律中的第五律，發現他所謂的
「成長有機體」，實際上是強調圖書數量和所佔面積的增加。由於圖
書數量和相對體積增加的結果，而引起館內傢俱和設備的增加，閱覽
室的擴充，館員數量也就跟著水漲船高的往上升。可是，筆者的看法
卻與藍根納遜大不相同。筆者認為圖書館之能夠被稱為一成長有機體
的主要原因，是圖書資料中載負的主題知識(Subject Knowledge)在日
新月異，不斷地更新。換句話說，圖書館的成長和有生機，不靠貯存
圖書資料的數量，實依賴圖書資料中涵蓋的「新」內容，也就是
「新」的知識。「大」圖書館並不一定就是「好」圖書館，更不一定
會是一所「成長有生機」的圖書館。在這個大前提下，一所成長且有
生機的圖書館，必定擁有以下幾個特點：

①不斷增添新圖書新資料
②不斷擴充主題資訊和知識的範疇
③不斷汰舊換新
④不斷提供讀者「立即」(Real Time)最新最確實的資訊
⑤不斷引進最新線上和離線資訊檢索技術

「新」知識代表「活」思想。只有掌握和隨時能夠捕捉到「活」
思想的圖書館，才能「永遠地生存」，「永遠生生不息地屹立不倒」，
才能算是一所真正的「成長且有生機」的圖書館。

三、圖書館需要有活力

美國著名圖書館學教授西拉(Jesse Shera)曾說:「圖書館的建立為滿足社會之必需」⑪。甚麼是「社會之必需」? 社會必需「有教養」的人。那麼，人的「教養」又從何處而來? 簡單的說，它來自家庭、來自學校、來自自修。然而，無論它來自何處，圖書館總在他們的身邊，隨時準備幫助他們尋求「教養」之道。圖書館能夠掌握和提供的「道」，便是古今賢達、學者、科學家們記錄下來的寶貴知識與智慧，這些知識與智慧，供給社會中人資訊和娛樂，也提供給他們教育⑫。我們認為圖書館是社會大眾「教養之所」，它提供並協助社會中每一個人獲得所需要的知識與智慧。

「協助社會中每一個人獲得所需要的知識與智慧」這句話猛看起來，活像一則宣傳廣告，其實不然，它正是圖書館活動的最高目標，也是圖書館「活力」的根源。我們都知道圖書館的服務功能之一，便是「推廣」和「傳播」知識，使世人因接觸知識而受惠。各類圖書館利用壁報、海報和傳單的方式從事各種「推廣」和「傳播」活動，目的便是希望能夠吸引社會大眾跨進「教養之所」。然而，這樣的「推廣」和「傳播」範圍很小，而且離開「協助社會中每一個人獲得所需要的知識與智慧」的理想也太遠。

在近代中國圖書館發展史中，有一則有關韋棣華(Mary Elizabeth Wood)⑬女士的小史實，從這段小史實中，我們不難體會出「協助社

---

⑪　Shera, Jesse H. *Introduction to Library Science, Basic Elements of Library Science*. Littleton, CO: Libraries Unlimited, 1976, p. 42.

⑫　Ranganathan, S. *Five Laws of Library Science*. p. 81.

⑬　有關韋棣華女士在華興辦文華公書林(Boone Library)和沈祖榮先生襄助治館並設立中國第一所圖書館學教育機構 「文華圖書科」 (Boone Library

會中每一個人」的真正意義。韋女士於1899年從紐約來到中國湖北省
武昌市，在美國聖公會(American Church Mission)創辦的思文學校
(Boone School)擔任英文教員。1903年該校改升為文華書院(Boone
College)。因她本人在來華之前，為一具有十年經驗的圖書館員，她
立即發現圖書館在中國普及教育中能夠扮演的重要角色。1901年，她
首先在文華校園設立「八角亭」(Octagon)，陳列捐獲的大約3,000餘
冊英文書刊。再經過十年策劃，終於1910年創立文華公書林(Boone
Library)。韋女士任公書林總理，沈祖榮先生任協理。韋女士堅持這
所圖書館必須是一所「公用」圖書館●，並且採用一些在當時美國公
共圖書館所用的最新服務推廣技術，開辦免費講習吸引校外學生來使
用圖書館，並且還在武昌市區中各聖公會教堂設置閱覽室。1914年，
她和沈祖榮先生還創立了所謂的「巡迴文庫」(Travelling Libraries)，
「將各種適用書籍，每50冊至100冊，裝箱分別送到各個學校、機
關、工廠陳列，以便就近閱覽。」●韋女士和沈先生這種敬業熱忱，
昇華了圖書館員以傳佈知識普渡眾生的心懷，同時也明白地說明圖書
館「協助社會中每一個人」的真意。

　　在古老的社會，圖書館的設置只協助了社會中的少數人。主要原
因，是沒有圖書館服務應該普及的觀念，同時，也沒有普及的工具和
方法。那時圖書館的活動圈圈極小，縱使有普及之心，卻受著「鞭長
莫及」的環境限制。如今則一切都不相同了，資訊工業技術衝刺前進

　　　　School)等種種重要史實，請參看程煥文著《中國圖書館學教育之父──沈
　　　　祖榮評傳》，臺北，學生書局，民國86年，頁5-61；同書王梅玲、程煥文
　　　　合輯「韋棣華女士研究文獻」書目，頁425-426。
　⑭　Boettcher, Cheryl. " Samuel T. Y. Seng and the Boone Library School," *Li-
　　　　brary and Culture*, vol. 24, no. 3, 1989, p. 269.
　⑮　程煥文《中國圖書館學教育之父──沈祖榮評傳》，臺北，學生書局，民
　　　　國86年，頁23。

的結果，大大增加了圖書館的活動範圍，而且，也助長了圖書館的活力，「資訊到家」已經不再是科幻空想，等到資訊完全數位化了以後，圖書館傳播知識的功能，將可借重全球資訊網達到無遠弗屆的境地。這便是圖書館「活力」的真實表現。

四、圖書館需要有慾望

簡單地說，圖書館的慾望也就是圖書館的生存目的和理想。圖書館的目的是做好傳佈知識的工作，它的一切行為與活動皆以滿足社會需求，服務社會大眾為圭臬，圖書館人的信念是「社會中若多有一人走進圖書館，社會裏就會少一名犯罪的人」[116]，因為，我們的理想是協助家庭和社會，使人人變得「有教養」。西拉教授也說：「圖書館的功能是使文字紀錄對社會中每個人引起最大效益，透過他們而使整個社會獲得改進。」[117]

圖書館慾望達成與否，牢牢地繫於下列三個條件：(1)它是否能夠隨著資訊科技的進步，具備因時而遷、因地而移和因人而異的服務社會的特性；(2)它是否能不固守成規，針對資訊索求者的「立即」(Real Time)需要，迅速、確實和有效地提供「活」思想與「活」資訊，完滿達成他們索求資訊的心願；(3)它是否具備真實的「活力」，一切為社會，一切為人群，利用最新資訊技術和設備，主動地設法將資訊輸送給社會中每一個人。

綜合起來說，一所「真正」的圖書館，除去上述的四種特質之外，更重要的是如何使這幾種特質與構成圖書館形體的七種基本元

---

[116] 何光國〈使圖書館為社會工作〉，中國圖書館學會第三十八屆會員大會專題演講講詞，臺北，1990年12月。（參考本書附錄一）

[117] Shera, Jesse H. *Knowing Books and Men; Knowing Computers Too*. Littleton, CO: Libraries Unlimited, 1973, p. 197.

素，達到顛峰的協調與配合，使它們產生出一種澎湃的合力(Vec-
tor)，推使圖書館的功能發揮得淋漓盡致。假如我們稱圖書館的七項
基本構成元素，賦予了圖書館形體，那麼，前述圖書館的四種特質，
則給予了圖書館靈性。然而若要使得形體與靈性有效的配合而產生出
強有力的合力，則不能少了理性。這個理性又是甚麼呢？它便是一套
完整的圖書館通訊系統。

第二節　圖書館的功能

　　圖書館傳統的基本功能是提供圖書和其他類別的文獻給讀者利
用[118]。廣泛一點說，圖書館的基本功能便是提供並協助讀者獲得所需
的「資訊紀錄」。一方面圖書館是資訊紀錄的供應者(Information
Provider)，以它現有的館藏資源來滿足和支援讀者的資訊需求；另一
方面，圖書館也是資訊紀錄的轉運站(Information Depot)，它幫助讀
者從館外尋求所需的資訊紀錄。圖書館為了圓滿達成這兩種任務，第
一，它必須變成一個「成長的有機體」，不斷地增添各種「新」資訊
紀錄，「活」思想；第二，它必須增強「活力」，利用最新資訊技術和
設備，主動地幫助讀者搜尋所需的資訊紀錄。在這個理念之下，於
是，圖書館專業館員便成了資訊紀錄的「協調人」(Coordinator)和資
訊超級公路上的交通警察。

　　多年前，美國圖書館學會曾有一個口號：「以最低成本，供給最多
讀者最佳的圖書 (The best books for the most people at the least cost)。」

---

[118] Lynch, Clifford A. "Research Libraries, Information Professionals and the Networked Information Revolution, " in *LSU Libraries Schwing Lecture Series*. no. 61, September 29, 1994, p. 9.

這個簡單的口號，實包含了三個不同的要素：圖書資訊的價格（成本）、圖書資訊的使用率（讀者）和圖書資訊的品質（最佳的圖書）。為了便於解釋，且讓我們利用二位數值(Binary Value)來表示。我們知道以2為基數(Base)，三種元素，共有2^3=8種組合，也就是說，可有8種不同的情況。我們設定價格低者為1，高者為0；使用率高者為1，低者為0；品質高者為1，低者為0。最符合上面那句口號者應該是價格低，使用率高，和品質高。也就是說，三值之合為1+1+1=3。最不理想的情況則為0。這樣的關係可用下列距陣來表示：

情況	價格	使用率	品質	二位值之合
1	低（1）	高（1）	高（1）	3
2	低（1）	高（1）	低（0）	2
3	低（1）	低（0）	高（1）	2
4	低（1）	低（0）	低（0）	1
5	高（0）	高（1）	高（1）	2
6	高（0）	高（1）	低（0）	1
7	高（0）	低（0）	高（1）	1
8	高（0）	低（0）	低（0）	0

　　根據上面的距陣，我們很容易地發現第一種情況最理想，它的總值等於3；第八種情況最不理想，它的總值等於0。在這二種極端的中間總值等於2者為情況2，3，5；總值等於1者為情況4，6，7。它們的中位值為1.5。這個數值可以告訴我們一個大概性的理想與不理想的分界線。上面雖有八種不同的情況，我們實可再將它們歸併成四種：

理想程度	所屬情況	二值之合
最理想	1	3
尚理想	2，3，5	2
不理想	4，6，7	1
最不理想	8	0

當然理想程度的決定屬於主觀判斷，然而，利用簡單的統計方法，可以削減一點任性的主觀成份，使在作「退而求其次」的考慮時，能有比較公平合理的決定，尤其當品質一類因素，不可能精確量度的時候，統計方法就更可以減少主觀意識的偏差。以上表中所列不同的理想程度為例，假如最理想的情況不能獲得，那就退而求其次在「尚理想」的一組中去尋找。這一組中以第五類的圖書資訊比較理想，缺點只是價格較高。假如圖書館經費有限，那就選擇第二或第三類。

圖書館資訊紀錄的添購，總都力求價廉物美。原則上，品質高的圖書，使用的讀者必多。凡使用率高的圖書，縱使它們的價格稍貴，平均講起來，仍舊合算。例如一本原價350元的書，它的真正消耗與使用次數成反比：

圖書使用次數	圖書價格（元）
1	350
2	175
3	117
10	35
15	23
35	10

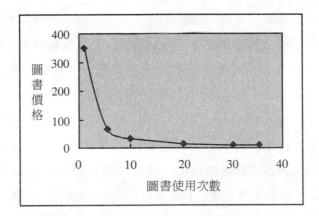

問題是一本書至少要用多少次，才算值回本錢？答案莫衷一是，美國的一批學者認為至少應在二次以上[119]。在傳統圖書館作業中，館藏算得上是一種相當有趣而又艱鉅的工作。廿世紀80年代以前的圖書館，都將印刷型館藏當作圖書館的招牌，圖書館中貯存圖書的數量和品質，就成了讀者品評的標準。在前節中，我們曾說過，圖書館館藏最能表現傳統式圖書館的「特性」(Characteristic)。例如，公共圖書館、商業圖書館、法律圖書館、工程圖書館、醫學圖書館、宗教圖書館、中學圖書館、大學圖書館等等。讀者只需從圖書館的名稱上，便可八九不離十地知道那所圖書館裏收藏些甚麼樣和甚麼水平的圖書。然而，從90年代開始，圖書館的真正特性，已漸漸地從印刷型館藏轉到光碟等非印刷型館藏和「線上館藏」(Online Collection)。館藏發展策略也從應付讀者的「預期」(Just-in-case)需要，轉變到「即時」(Just-in-time)的需要，再轉變到最近二年的「立即」(Real Time)需要。讀者這種資訊需求上的改變，可說是資訊工業技術進步一手造成。

---

[119]　Kent, Allen et al. *Use of Library Materials*. New York: Marcel Dekker, 1979, p. 10.

微電腦的出世，代表一個新資訊社會的蒞臨，同時，也稍稍地扯平了大館與小館之間館藏貧富不均的現象，尤其是在資訊「隔夜舊」的心理之下，印刷型館藏數量多，已不再是人人稱羨的得意事。相反，現在的圖書館，無論大小，都一致強調「看到甚麼便得甚麼」(WYSIWYG—What you see is what you get)，強調「立即獲得」(Real Time Access)資訊。所謂「看到甚麼便得甚麼」本是一電腦軟體術語，我們借用來說明圖書館啟用「線上目錄」(OPAC—Online Public Access Catalog)的主要功能。「圖書目錄」是讀者在圖書館中尋找圖書資料的指南針。在電腦操縱的「線上目錄」尚未出現以前，圖書館為了節省讀者的時間，曾用過卡片目錄、書式目錄、電腦輸出縮影資料目錄(Computer Output Microform Catalog)等等。「線上目錄」的最大優點不僅簡化了圖書館「技術服務」(Technical Services)部門中處理圖書的程序，節省了專業館員的工作時間，同時，它還能使讀者對館中有哪些圖書資訊瞭若指掌，對這些圖書資料的採購、編目、典藏和出納的真實情況也一目了然。這種結果，似乎正合上印度圖書館學哲學家藍根納遜(S. R. Ranganathan)「圖書館學五律」中的第四律❿：「節省讀者(和館員)時間」(Save the time of the reader (and the staff))，也就是說，節省讀者東尋西找（和館員處理圖書資料）的時間。

中外圖書館專業館員，對藍根納遜的「圖書館學五律」，相信都有極深刻的認識和體會。在五條法則中，第一至第三律講的是館藏發

---

❿　根據藍根納遜自己的解釋 （請參看 *The Five Laws of Library Science,* p.287），「圖書館學五律」中的第四律本是專指節省讀者找尋圖書的時間，並未直接涉及館員。然而在同書第311頁至323頁談及的各節，又明白指出節省館員作業及服務時間的重要。所以筆者在該律中加入「館員」。筆者認為節省館員的時間與節省讀者的時間同等重要。前者牽涉到工作效率和生產力(Productivity)，後者雖然也指效率，但多意謂給予讀者檢索圖書的工具，使他們獲得方便。

展及利用，第四律講的是圖書檢索和館員工作效率，第五律則是講圖
書館的生存環境和條件，這些法則都是圖書館應該做到的基本功能。
可是，事實又如何呢？在英國圖書館學者M. B. Line的眼中，恐怕正
好相反。他對這種現象有很幽默的評論⑫。筆者將他們二人所言對照
排列，然後加上筆者個人觀察圖書館經營一般的結果：

圖書館學五律	M. B. Line的評論	筆者觀察的經營結果
Books are for use （書為利用）	Books are for collecting （書為蒐集）	書是為蒐集，不是為 利用
Every reader his book （讀者有其書）	Some readers their books （有些讀者獲其書）	有些讀者不得其書
Every book its reader （書有其讀者）	Some books their readers （有些書獲其讀者）	有些書在書架上收集 塵埃
Save the time of the reader （節省讀者時間）	Waste the time of the reader （浪費讀者時間）	浪費讀者和館員時間
Library is a growing organism （圖書館為一成長有機體）	Library is a growing mausoleum （圖書館為一成長的華麗墓園）	圖書館為一成長的舊 貨倉庫

　　上表所列代表圖書館的理想面和事實面。實際上講起來，世界上
再完善的圖書館，恐怕也無法完全達到藍根納遜所列舉的五項標準，
尤其是其中第二和第三律⑫。多少年來，圖書館一直都為如何滿足讀
者的資訊需求而絞盡腦汁，進步當然是有的，只是「道高一尺，魔高

⑫　Line, M. B. "Review of Use of Library Materials: the University of Pittsburgh
　　Study," *College of Research Libraries,* vol. 40, 1979, pp. 557–558;另見F. W.
　　Lancaster . *If You Want to Evaluate Your Library*⋯. Champaign, IL: Univer-
　　sity of Illinois Press, 1988, p.12; 美國編目專家Walter Crawford 和Michael
　　Gorman. 也曾提出他們主張的"新圖書館學五律"， 請讀者參閱Crawford,
　　Walter and Michael Gorman. *Future Libraries: Dreams, Madness, and Reali-
　　ty.* Chicago: ALA, 1995, pp. 8–12.
⑫　Shera, Jesse H. *Introduction to Library Science.* Littleton, CO: Libraries Un-
　　limited, 1976, p.55.

一丈」，圖書館似乎永遠也無法百分之百的滿足讀者的心願。也許，最多圖書館只能做到使全部的讀者有時滿意，也可使部份的讀者常常滿意，可是它們卻無法使全部的讀者常常滿意。廿世紀末期發展出來的網際網(Internet)，僅只加快了資訊的輸送方法，而對資訊的獲得卻並無絕對性的改善。也就是說，讀者對資訊需求的滿意度，仍然不能達到百分之百。

　　假如我們真要研究圖書館館藏及服務不能使讀者完全滿意的原因，也許我們應歸咎於讀者和圖書館員之間存有一種永遠無法解開的心結。這個心結，便是由各自不同的心理、觀念、生活環境、主題知識水平等所造成的主觀意識上的矛盾。不過，我們仍想以「圖書未被有效利用」這個問題來喻示它們的嚴重性。首先，讓我們界說，此處「圖書」這二個字，代表經過圖書館徵集、組織、整理及其他處理手續的一切含帶意義、有形及無形的資訊載體。凡是提供給讀者使用的任何資訊資料、服務及相應設備，都是圖書館花了金錢，全體工作人員費了精力、時間換來的成果，圖書館推出這些成果的唯一目的，便是希望讀者能夠有效地利用它們，希望讀者能從利用中，獲得智慧和教養而使社會受惠。然而，事實又如何呢？簡單的答覆是很不理想。

　　根據美國研究圖書館組織(Research Libraries Group)的館藏發展標準，研究圖書館的館藏從基礎到研究，共分五級。每一級館藏都有低限數量，他們認為這個數量可以滿足那一級讀者的不時之需要[123]。應付讀者「不時之需」是一種沒有準頭的預估，而預估又經常錯誤。我們且以美國匹茲堡大學研究該校圖書館館藏利用情況為例[124]，來說明

---

[123] White, Howard D. *Brief Tests of Collection Strength: A Methodology for All Types of Libraries*. Westport, CT: Greenwood, 1995, pp. 5–6.

[124] 參看Kent, Allen et al. *Use of Library Materials*. New York: Marcel Dekker, 1979, p. 10.

圖書「備而不用」在金錢上可能造成的浪費：

①館中39.8%的圖書在6年內從未被利用過

②館中72.76%的圖書僅在進館第一年或第二年被利用過

　　讓我們利用第一點的發現來計算該館在金錢上的相對損失。在1977年，該館總存書量為2,900,000冊，若有39.8%的圖書在6年內從未被利用過，我們以每冊書價、處理及典藏費共30美元計，該館在金錢上的損失為：

2,900,000×0.398=1,154,200　（冊）　　　（未被利用，館員作業時間上的損失）

1,154,200×30=$34,626,000　　　　　　　（書款上的損失）

　　對圖書館來說，「圖書未被有效利用」可說是金錢上及人力上的莫大損失。那麼，我們要問，造成這種結果的原因又在哪裏呢？原因無他，就在館員與讀者之間存有前述的種種矛盾。由於館員不知讀者所需，錯選亂購，而造成讀者無書、書無讀者的現象；讀者找不到所需的書，固然浪費了讀者的時間；同時，經過組織和整理的書，未被利用，也就是浪費了館員的時間。為了想化解這種矛盾，圖書館在館藏發展方面，最近廿年來，已逐漸地從由館員選購圖書，以應付讀者「預期」(Just-in-case)的需要，而轉變到由讀者推薦選購，以應付他們「即時」(Just-in-time)的需要；最近二年內，又更進一步的轉變到想從「線上」(Online)捕捉資料，以應付讀者「立即」(Real Time)的需要。

　　站在圖書館的立場，前述種種改變是敬業負責的表現，必然而且必要。然而，客觀一點來說，圖書館所作的努力，雖然值得讚揚，它

們卻是一廂情願的行為，對讀者並不產生絕對的正面效果。說起來，這又牽扯到另一種矛盾。這便是圖書館與讀者之間的矛盾。在使用圖書資訊這一點上，圖書館只是讀者與圖書資訊間的中介者(Intermediate)，假若有一天，他們能夠不透過圖書館，而獲得自己所需的圖書資訊，他們便不會再跨進圖書館的大門了。在讀者心裏，他求助於圖書館而獲得所需資訊是一樁退而求其次，不得已的事，否則，他實無必要和圖書館建立任何關係。有幸或不幸，由於資訊技術的日新月異，那所謂的「有一天」，似乎已來到了身前。有關這個論題，後面有關章節中將會討論到，我們暫時不再提它。不過，我們必須討論一下「三角形」。這個「三角形」不是數學的三角學，而是美國「三角大師」❿西拉教授的圖書、讀者、圖書館「三角關係論」⓰，說穿了，也就是西拉以三角形的三邊來解釋圖書、讀者、圖書館之間的矛盾（如下圖）。

圖書 　　　 讀者

圖書與讀者

西拉認為圖書館專業館員的責任是將世界上最佳著作遞交給最需要它的讀者⓱。在西拉的眼裏，讀者與圖書資訊之間有一條大河，而

❿ 西拉教授很喜歡利用三角形或三個圓圈來解釋圖書、讀者、圖書館之間的關係，來說明三者間的矛盾，所以筆者稱他為「三角大師」。

⓰ Shera, Jesse H. *Introduction to Library Science*. Littleton, CO: Libraries Unlimited, 1976, p. 64.

必須依靠圖書館這座「橋」才能結合在一起。我國圖書館學家沈寶環博士，也有同樣的看法。稍微不同處是等邊三角形改成了不等邊三角形，同時還為讀者和圖書資訊設定了活動範圍●，並且將直線的關係，改變成「三連環」●如下圖：

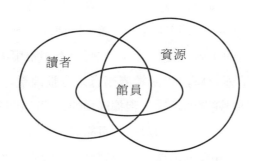

　　沈教授的「三連環」的觀念比西拉的三角形高明很多。第一，沈教授認為資訊與讀者之間，無需館員的中介也能結合（這是開架式的觀念）；第二，館員在資訊與讀者之間，也可扮演中介角色，使適當的資訊與適當的讀者結合一起。這個中介角色的有效或無效，就靠館員的是否「知書」和「知人（讀者）」。前者指館員的主題知識水平，後者指館員洞悉讀者所需。

　　傳統圖書館的活動圈子局限於圖書館的圍牆裏，館員的中介明顯而重要。可是，在一切資訊走向數位化(Digitization)的今天，透過網際網(Internet)和網際網2(Internet 2)●，一般熟稔網上檢索的讀者，實已可以不再需要圖書館和館員作中介人而取得所需資訊●。這種發

●　同●。
●　王振鵠、沈寶環等《圖書館學》，臺灣，學生書局，1980，頁6–15。
●　沈寶環《圖書館學與圖書館事業》，臺灣，學生書局，1988，頁27–29。
●　「網際網2」(Internet 2)，也稱Abilene Project，1999年2月24日正式啟用。目前這條網路專供學術研究用。請參閱本書第七篇。

展，表面上雖然對圖書館的生存，造成威脅，不過，圖書館賴以生存的紀錄，卻仍然存在，只是資訊紀錄的形體已從有形轉向於無形，表達媒體已從傳統的文字、影像、音響、畫面、符號等等，轉變成了0與1的「二位字」而已。其實，若從訊息傳播理論上講起來，這種擺脫中介(Disintermediation)的趨勢，實為讀者、資訊、圖書館（員）間存在著矛盾的必然結果。可嘆的是，讀者縱使成功地解除了他們與圖書館及館員之間的矛盾，他們卻永遠無法解除他們與資訊之間的矛盾。就因為有這種矛盾，才使讀者樂意地走進課堂，接受教師的教導，稍釋他們與知識間的矛盾。根據同樣的道理，在尋求知識與智慧的道路上，他們能多有一位指路的圖書館員，也可以使他們少走不少迂迴曲折的路，在知識的道路上，不會有獨行的人。矛盾是社會進步的原動力。它很像掛在兔子身前的一支胡蘿蔔，兔子為了想得到它，而不停地向前追逐，人類為了尋求滿足自己慾望之道，想心設法來舒解各種矛盾，因而推動著人類文明不斷地進步。

⑱　Lynch, Clifford A. " Research Libraries, Information Professionals and the Networked Information Revolution," in the *LSU Libraries Schwing Lecture Series*, no. 61, Sept. 29, 1994, p. 4.

第四章　結論

　　圖書館的出現，是人類文明演進過程中的必然產物，也是社會發展進步中不可缺少的伙伴。它為人類蒐集、組織、整理、貯存、推廣及流傳各種有意義的「資訊紀錄」，這些紀錄是人類「知識生知識」的母親，是人類文明的傳人。圖書館是社會的產物，它們對社會的責任是輔佐家庭和教育體系，使人人有教養，使社會受惠。

　　資訊紀錄的存在是圖書館生存的條件，資訊紀錄的蒐集、組織、整理、貯存、推廣是圖書館的生存邏輯。圖書館的生存目的，便在有效地掌握和從網路上捕捉各種資訊紀錄，使它們的供應能與讀者的「立即」資訊需求獲得平衡(Equilibrium)。

　　當我們跨進廿一世紀的門檻的時候，我們已親眼目睹資訊紀錄的型態及使用方法正在急速改變；人們創造紀錄和使用紀錄，也趨向多元多維化。資訊紀錄還會永遠不斷地增加、累積和流傳，而圖書館此後的生機，則看它們是否能夠像過去數千年一樣，機靈地、緊緊地緊隨著資訊紀錄形格及使用方法的變遷，而即時相應更易。

　　這便是圖書館亙古不變的生存大道理和哲學根本。

第三篇

圖書館發展的歷史性

　研讀歷史，總脫離不了時空及背景的隔閡。縱使資料齊全，也多不免會發生失之毫釐，差之千里的可能。不過，我們也不能心存這種顧忌，而輕易地放棄研究史實的心意和決心。我們研讀歷史，一方面使我們能瞭解過去人類生活上的成敗得失❶和歷史事件為甚麼發生的前因後果❷，另一方面，歷史讓我們有機會「鑒古而知今」❸，以今日的知識，對過去的史實作一客觀的研判和推斷。歷史的有趣，並不在它的平鋪直述，而是在它那種多維性的盤根錯節，往往不易讓人看得清楚、想得明白。

　從表面上看起來，圖書館這一門古老的行業，它的發展簡單得像個「一」字，而它的成長背景，也像一汪湖水，清澈透明。其實不然，圖書館的演進和變遷，卻有極濃的歷史意義。而且，這種歷史意義與一國的社會組織、政治體制、精神文明和物質環境，都有著如膠似漆的密切關係。我們研討一國圖書館的發展，絕不能只注意其表面，少不得也應分析它的政治、社會、思想、物質及經濟環境。總之，圖書館的產生，決非偶然，它不僅有其長遠的歷史淵源，而且，還有著錯綜複雜的歷史背景。

---

❶　Collingwood, R. G. *The Ideas of History*. Oxford: Oxford University Press, 1946, p. 10.

❷　Elkana, Yehuda. " *Of Cunning Reason*," in *Transactions of the New York Academy of Science*, Ser. II, vol. 39, 1980, pp. 32–34.

❸　錢穆《國史大綱》引論。

第一章　圖書館發展與一國政治體制

　　中外一樣，政治體制總是箝拑住一國的國計民生，而且，它對一國圖書館的發展，也有意想不到的影響。說起來，還真令人難以置信，中國的圖書館便在中國特製的政治搖籃裏長大。這個特製的政治搖籃便是綿延了二千多年的君主專治政體。

　　在政治方面，中西方有著一個最明顯的不同，那就是中國人民若對皇帝不滿意，充其量只不過推翻這個皇帝，再擁立另一個皇帝。在民國以前，雖然朝代常常更替，總沒有將君主制度連根拔除過的，反而使「新」王朝變得更集權❹。西方國家則不然，人民多知道為自己謀福利，當國王的施政不令他們滿意的時候，他們不僅群起來趕走他，而且還要推翻與國王有關的一切政治措施。根據歷史記載，西方國家的人民，早在公元前1000年至公元前500年，就已經崇尚政治劃分，如希臘興起的城市國家，政府與人民之間沒有霸權的存在，所有雅典的自由人都不受約束地自由來往交易，由於王朝的脆弱，而促成了當時民主運動的興起❺。到了公元前451至449年，羅馬帝國訂定了「十二銅牌法律」以後，西方的民主政體制算是紮下了根。

　　由於中國與西方各國，在君主和民主二個不同的政治體制軌道上

---

❹　Gernet, Jacques. *A History of Chinese Civilization*, 2nd ed. tr. by J. R. Foster & Charles Hartman. Cambridge University Press, 1996, p. 310.

❺　錢穆《國史大綱》引論。

運作，二個地區圖書館的發展，也就自然地分道揚鑣，產生出了兩種截然不同的典型：中國圖書館發展百分之九十九依賴當朝政府的培養和扶持，而西方則仰賴私人的慘澹經營。

第一節　中國圖書館的發展

中國第一所類似圖書館「守藏室」，設立於西周(1122–771 BC)時代。它是封建帝國的王室專用圖書館，一般老百姓是不得問津的。管理「守藏室」的人員為朝廷派的史官。老子(570 BC–?)就曾做過「守藏室之史」❻，用現代的詞兒來說，老子應該算是中國歷史上第一位圖書館員。在周代，史官一如現代總統府秘書，皆為推行國家政令的高級公務人員。他們不僅負責起草和發佈朝政典令，並且還保管朝廷的重要文件。一旦國家遭遇危難，他們還有將文件運送到安全地帶的責任。《呂氏春秋・先識覽》就曾有「載其圖法，亡出之周」這樣一段記載：

> 夏之將亡，太史令終古出其圖法，執而泣之以諫桀，乃出奔如商；殷之將亡，內史向摯，見紂之愈亂迷惑也，于是載其圖法，亡出之周。

周朝王室圖書館的體制發展時間不長，到了春秋時代(770–425 BC)，封建制度衰落，再經過了戰國時期(403–227 BC)二百多年的戰爭，封建貴族階級也沒落了，平民學者「士」階級抬頭，民間開始私人著書藏書。可惜的是，這段時期，雖然「西北諸國有漸次城郭化者」❼，但是，實際上並沒有像希臘王國一樣在分裂後，各國人民一

---

❻　胡適《中國古代哲學史》，臺灣，商務印書館，民國75年六版，頁43。

起奔向自由民主，反而讓秦始皇併吞了六國以後，使他有機會構成了一個「書同文，車同軌，行同倫」的專制國家。對中國的疆域版圖來說，「天下分久必合」❽，能夠「群居生息同一版圖，沐浴寢饋於同一文化」❾，原是一件天大的好事，然而，秦始皇帝專權，欲將皇位當作家產，一代一代地傳襲下去，他的手段之一，便是接受李斯的建議，利用「焚書坑儒」的高壓政治手腕，積極淨化「士」階級的學術思想。

　　秦始皇本人雖然專橫殘忍，可是，意外地他對我國圖書館的發展，卻有不可抹滅的歷史性貢獻。他建立的「明堂」、「石室」和「金匱」❿等藏書處，可說為後世各朝代創辦國家圖書館的典範。這些圖書館不僅有較為完善的典藏制度，同時，也明顯地標明它們「國立」的色彩。例如，漢朝(206-220 BC)的「石渠閣」、「天祿閣」和「麒麟閣」；梁代（502-555）的「文德殿」和「華林園」（中國第一所佛教圖書館）；宋朝的「崇文院」、「太清樓」、「龍圖閣」、「天章閣」、「寶文閣」、「顯謨閣」、「徽宗閣」和「敷文閣」；明朝(1368-1636)的「文淵閣」；清朝(1644-1909)的「文源閣」、「文津閣」、「文溯閣」、「文宗閣」、「文匯閣」和「文瀾閣」；甚至民國時期的「國立中央圖書館」（現稱「國家圖書館」），大陸的「國家圖書館」和各級公立圖書館，無一不是由在朝政府一手規劃籌建。

---

❼　錢穆《國史大綱》，頁81。

❽　語出《三國演義》：「話說天下合久必分，分久必合。」

❾　同❼。

❿　本章中有關各閣、殿之史料及名稱多採自謝灼華主編《中國圖書史與中國圖書館史》（1985年）。表十中所列圖書館名稱及主管人員，為武漢大學傳播與信息學院謝灼華教授提供，僅此致謝。

表十 中國歷代公立圖書館名稱及主管職銜

朝代	圖書館名稱	主管機構	主管人員
周	室		史官
秦	堂，室		史官
漢	閣	秘書監	秘書監官
三國			
魏	閣		秘書令，中書令
蜀	閣		秘書令，秘書郎，秘書吏
吳	閣		東觀令，秘府郎
晉	閣	秘書監	秘書監官
南朝			
宋	閣	秘書監	秘書監，秘書丞，秘書郎
齊	閣	秘書監	秘書監，秘書丞，秘書郎，著作佐郎
梁	殿，園	秘書監	秘書監，秘書丞，秘書郎
陳	殿，閣	秘書監	秘書監，秘書丞，秘書郎
北朝			
北魏	閣	秘書監	秘書令，秘書丞，秘書郎，秘書舍人
隋	閣	秘書監	秘書監，秘書丞，秘書郎，少監，著作郎
唐	館，樓，院	秘書省	秘書監，少監，秘書丞，秘書郎，校書郎，著作郎
宋	閣，樓，院	秘書省	秘書監，秘書少監，秘書丞，著作郎，秘書及校書郎
元	殿，院	秘書監	秘書少令，太史，侍郎
明	閣	秘書監，翰林院	秘書監，少監，丞，直長；翰林院學士，大學士
清	殿，閣，圖書館	翰林院	大學士，領閣事，直閣事，校理，檢閱
民國	圖書館	教育部，廳，局	館長，副館長，主任
大陸中國	圖書館	文化部，教育部	館長，副館員，主任

在組織方面，這些圖書館都是各級政府的附屬單位。東漢桓帝(147–167)時設立了「秘書監」，為各級圖書館建立起人事及管理制度，派任專任官員掌理轄屬各「閣」。這種「官辦、官派、官管」的安排，一直沿襲了一千七百多年。除了主管人的名銜在朝代更易之後，稍會有些不同外，「官員」的屬性及階級卻無顯著的改變（請參看上表）。清朝乾隆年間，不派專人，而臨時改派太監管理「文津」、「文溯」二閣，派兩淮鹽運使兼管江南的「文宗」、「文匯」及「文瀾」三閣，可說是一個大意外。到了民國時代，國立中央圖書館館長一職，必須具備公務員任用資格，由總統委派❶。其他省、縣、市級圖書館負責人，也由各級政府負責，在職員中遴選任用。1949年以後，中國大陸的各級圖書館，也同樣的走著這一條老路。於是，圖書館「官辦、官派、官管」的現象，便自然地變成了我國獨特的「圖書館文化」(Library Culture)，影響相當深遠，使得歷代的中國公立圖書館，總無法脫去掉那官辦、官派、官管的強烈依附色彩。

---

❶ 旅美圖書館學學者李志鍾博士於中華民國60年4月被蔣中正總統任命為中央圖書館館長。承將其委任令影印載錄於本書。僅致謝忱。有關李博士生平簡介，請參閱拙作〈熱忱、負責、博學的李志鍾教授〉，《資訊傳播與圖書館學》，第二卷三期，民國85年3月，頁97–107。

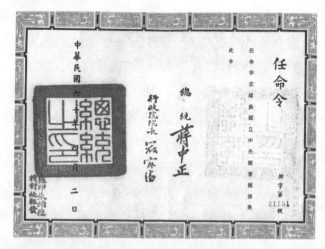

李志鍾博士於中華民國60年4月被蔣中正總統任命為中央圖書館館長

在世界圖書館發展史中，中國學校圖書館的發展，可能比其他任何國家都早。主要原因，便是遠在唐朝，我國就有了所謂「書院」的建立⓬。它們大都設立在風景秀麗宜人的地方。一般地說，設置書院的目的，一方面固然是為了供給一批高級知識份子研讀及講習的地方，另一方面，則是全國校書、修書、著書、編書、刻書、藏書和教書的中心。換句話說，當時的「書院」也就是國家文化中心，教育只佔其中一小部份。在設置上，書院通常分成「廬社」和「學田」二部份。前者為書院的主要建築，後者泛指書院的產業。較大的書院，多有藏書樓。由於學術研究和教學的需要，藏書、著書和編書始終都是書院的重點活動。

最早的「書院」出現於唐太宗(627–649)年間，不過，根據記載，「書院」的正式出現，應在唐玄宗李隆基在位的時期，也就是在

⓬　有關「書院」的解說，請參閱丁鋼、劉琪《書院與中國文化》，上海教育出版社，1992。

公元712至742年這段時間內。當時，全國大約共有40餘所書院，最有名的為「麗正」和「集賢」二所，主要是編書。「書院」的發展，到了宋朝(960–1278)，速度加快。當時全國共有605所。其中以南宋(1121–1278)的「岳麓」、「麗澤」、「象山」和「白鹿洞」四大書院最著名。它們是南宋的四大學術中心，也是當朝的「智囊庫」(Think Tank)。宋徽宗貞觀年間(1101–1113)的中國，被西方學者譽為世界工業技術最先進的國家❸。其實，在文化水平方面，當時的中國也舉世無匹。明代(1368–1636)共建書院1,599所，總數超過唐、宋、元三代之合。清朝光緒年間，國勢日衰，西學東漸，於1901年，清政府將全國所有的書院改為大、中、小三級學堂。這便是民國期間，國家教育制度的濫觴。

　　基於這種史實，我們不難瞭解為何中國大學圖書館的發展，遠較西方各國起步早而完善。不像歐美大學，常常到了開門招生的時候，還一書無著，連圖書館的影子都沒有。

　　綜觀前述，我們可以看出中國圖書館的發展，不僅早，而且與我國君主政治體制有極深的關係。這種關係使我國圖書館事業發展獲得了成長的契機，然而，二千多年「官辦、官派、官管」的結果，也使它養成了「聽命、待命、受命」的傳統習氣，使得圖書館事業永遠受到改朝換代政治上的牽制，而不能在保留國家文化財產和普及知識的大原則下，自主自由的獨立發展。

---

❸　Pacey, Arnold. *Technology in World Civilization, A Thousand-Year History.* Cambridge, MA: MIT Press, 1990, p. 7.

表十一　中國圖書館事業發展史例

事項	人物	朝代	公元	事略
第一所王室圖書館		西周	公元前1650–1111年	設立「守藏室」
第一位著名圖書館員	老子	西周	?	為「守藏室」史官
第一位創設國家藏書制度者	始皇帝	秦	公元前221–209年	建立「明堂」,「石室」,「金匱」等藏書室
第一部圖書分類法則	劉向	西漢	公元前26年	編製〈七略〉
第一個賣書市場		西漢	公元1–8年	出現「書肆」
第一次建立圖書館管理制度	桓帝	東漢	公元159年	設立「秘書監」
第一所宗教(佛教)圖書館	武帝	梁	公元502年	設立「華林園」
第一次複製圖書	煬帝	隋	公元605年	開始大量複製圖書
第一所學校圖書館	玄宗	唐	公元712–742年	建立「麗正」,「集賢」書院藏書樓
第一所大型私人圖書館	江正	宋	公元960– 年	藏書數萬冊
第一次圖書分類貯存	太宗	宋	公元995年	建立「崇文院」,院中史館藏書分成經,書,子,集四部分
第一次國家圖書館開放借閱	太宗	宋	公元995年	「崇文院」藏書開放借閱
第一所省級圖書館	康熙	清	公元1662年	在江浙二省設立「文宗」,「文瀾」,「文匯」三閣
第一所公共圖書館	光緒	清	公元1904年	湖南省公共圖書館
第一位獲得美國圖書館學學位者		民國	公元1916年	沈祖榮先生於1916年完成圖書館學課程獲美國哥倫比亞大學理學學士
第一所圖書館專科學校		民國	公元1929年	私立武昌文華圖書館專科學校

第二節　西方圖書館的發展

　　歐美各國的民主自由傳統，使圖書館事業的發展很早就走上獨立自主，古時的王室圖書館的影響，始終無法造成一種流傳數千年的氣勢。假如我們說中國圖書館制度是歷代政府所塑造，那麼，歐美圖書館體系，則多由經管者個人的深謀遠慮，運籌帷幄，因應實施而形成。

　　根據出土文物考證，早在公元前2000年左右，西方便已有了類似圖書館的出現。從時間上講起來，它們比我國商殷信史文化發祥時期，還要早上好幾百年。不過，若以Assurbanipal王朝（668–627 BC）建立王宮圖書館的時期為標準，那麼我國西周設立的「守藏室」還領先幾百年。在圖書館使用上，不像我國「守藏室」中的甲骨卜辭為王親貴族所專享，Assurbanipal王宮圖書館的藏書，公開供國民使用，而且，使用的老百姓還相當多❹。

　　在世界史中，埃及、愛琴海區和中國，同被稱為東西文化三大發祥地。文化表現在人民生活及思考的方式，以紙來說吧，中國蔡倫於公元105年發明造紙術，而埃及人早在公元前3000多年就有了「葦草紙」（Papyrus）。當然「葦草紙」並非真正的紙，只是葦草葉子的加工成品，筆者稱它為「葉紙」❺，以說明它與中國「蔡侯紙」有別。此外埃及人還很早就有了供一般人民閱讀利用的「廟堂圖書館」（Temple Library），管理這些圖書館的人，都是受過高深教育的學者或僧

---

❹　Harris, Machael H. *History of Libraries in the Western World*. Metuchen, NJ: Scarecrow Press, 1984, p. 16.

❺　請參看本書「資訊載體」一節瞭解它的製造方法。

侶。後來，埃及文化雖然沒落了，殘留下來的僅是那供世人憑弔的人頭獅身和金字塔。但是，繼埃及尼羅河文化而起的希臘帝國，卻發展出新興的城市國家制度⑯，雖然這些小國家為帝國帶來了戰亂，可是，也給希臘人帶來了自由和平等。大約在公元前560年左右，希臘雅典還建立了世界上第一所「公共」圖書館，它的藏書不僅供給公民使用，同時還由公民自己管理⑰。

在私人藏書方面，歐洲開始得也很早。最有名的藏書家當數希臘哲聖亞里斯多德(Aristotle, 384–322 BC)，他和我國先師孔子的「述而不作」大不相同，亞里斯多德是一位舉世公認的多產大作家，也是一位偉大圖書收藏家。他擁有數千冊圖書，這些書是他教學的工具，也是他的學生的主要參考資料。亞里斯多德去逝後，他的藏書在中歐各國輾轉流涉了二百多年，殘存部分，最後終於併入了亞歷山大圖書館(Alexandria Library)。西方圖書館史學者，都認為亞里斯多德的藏書精神，為後世西方藏書家樹立起一個好榜樣。

羅馬帝國時代的圖書館，多數都隸屬於天主教系統。當時的圖書館可以大略地分成三類：皇家圖書館、教廷圖書館、私人及公共圖書館。西方類似今日的大學直到十二世紀（大約在我國南宋孝宗淳熙年間）才出現。那些大學當時都沒有圖書館，甚至也沒有書。學生所閱讀的圖書資料，多半來自教師私人的著作、藏書和捐贈，或像我國的一冊《論語》一樣，來自學生們的筆記和講義⑱。私人藏書家的捐獻，實為當時大學教學資料的重要來源。例如，公元1250年Robert de Sorboune將自己上千冊的藏書捐贈給當時巴黎的一所大學。西方各國

⑯ 意義上，這些城市國家與我國古時封王一樣，各有各的管理及稅收地盤。
⑰ 同⑬。
⑱ Harris, Machael H. *History of Libraries in the Western World*. Metuchen, NJ: Scarecrow Press, 1984, p. 99.

在德國人古騰伯(Johann Gutenberg, 1398–1468)尚未發明活字印刷以前，數千冊圖書實在是一筆很可觀的數目。在那段時期裏，西方比較完整的大學圖書館，也許只有那些從天主教僧侶修道院轉變成大學後而隨著跟過來的圖書館。

提到西方各國的國家圖書館，它們的發展遠比我國晚。不過，晚雖晚，它們一旦起了步，卻比我國發展快得多。例如，法國國家圖書館Bibliotheque Nationale，創於十六世紀，到了1818年（清朝嘉慶年間），該館便已有了藏書一百萬冊；到了1860年（清朝咸豐末年），藏書量已達到一百五十萬冊；1908年（清朝宣統末年），更達到三百萬冊。英國的大英博物館和俄國的聖彼德堡圖書館的館藏，在十九世紀末葉都已達到百萬冊以上，發展得非常快速。

目前，以圖書館知識及技術傲視全球的美國，她的圖書館發展直到十七世紀末才開始。在公元1776年以前，現在的美國還是大英帝國的一塊殖民地，當時的圖書館發展，自然都仿照歐洲及英國的模式，以私人館藏為主。1656年以後，美國才開始有了公共圖書館；美國最早的幾間私立大學，如哈佛(Harvard)、耶魯(Yale)、哥倫比亞(Columbia)、布朗(Brown)，它們的圖書館藏書都靠私人捐贈。美國國會圖書館(Library of Congress)，若不是美國第三任總統傑弗生(Thomas Jefferson, 1743–1826)將6,487冊私人精藏割愛[19]，它想從英國炮火灰燼中迅速重建，恐怕還不是一樁容易的事。廿世紀裏，美國圖書館事業發展能夠脫穎而出的主要原因，除了有錢以外，美國人民還普遍都有求知的良好習慣和慾望，他們對圖書館的熱情，實不亞於教堂。當然，更難得的是美國還有杜威(Melvil Dewey, 1851–1931)這樣

---

[19]　陳麥麟屏、林國強《美國國會圖書館主題編目》，臺北，三民，民國78年，頁2。

一位深具遠見、擇善固執、和頗有我國湖南人那種騾子脾氣、為圖書館事業辛勤耕耘播種的人。

比較中西方圖書館的發展歷程，我們可以明顯地看出來：一國政治政體對一國圖書館發展產生的影響，它漸進而持久。西方各國崇尚平等自由，人民獨立自創性強，他們為了爭取較好的生活條件和環境，而養成了他們追求新知、求取新經驗的習性。西拉(Jesse H. Shera)教授所說「圖書館是社會的產物」，這句話的真正道理就在這裏。西方圖書館興起的動機，主要是為了滿足社會中人人追求知識的慾望。然而，中國圖書館產生的原因，主要是為了保管王朝的典籍、檔案和重要文獻。在中國的舊社會裏，人民只需熟讀經、史、子、集，便可「俸君之祿」，在政府中覓得一份官職，他們根本沒有追求新知識的必要，因此，大多數公立圖書館也就落得「官辦、官派、官管」一途了。

第二章　圖書館發展與社會結構

圖書館是社會的產物。甚麼樣的社會，便會有著甚麼樣的圖書館。廣義地說，圖書館是服務人人，而非僅服務社會中的少數人。然而，我們從歷史的角度來觀察，中國圖書館的傳統服務對象，確實只限於社會中的中堅知識份子，並不概括社會中的每一個人，所謂「圖書之府所以待賢俊而備討論」❷⓪，武漢大學傳播與信息學院謝灼華教授認為北宋時期「崇文院」和「秘閣」中之藏書，僅開放給少數權貴、官僚和殿試科舉考生利用，是為了「負責朝廷皇帝和近臣之政事參考，利用藏書培養統治階級人才」❷①。造成這種態勢的原因又在哪裏呢？一語道之：「中國是文人的天下！」在近代中國，「文人」泛指社會中會讀、會寫、會思考的知識份子。可是，在古老的中國，「文人」卻代表社會中一個牢不可破的特權階級。此話該從上古商周時代說起。

第一節　中國的知識份子

在春秋(770 BC)以前的商、周二代的社會，是一個嚴格的封建社會。社會中人被劃分成王(天子)、諸侯(公、侯、伯、子、男)、大

---

❷⓪　謝灼華主編《中國圖書史與中國圖書館史》，武漢，武漢大學，1985，頁196。

❷①　同❶⑧。

夫、士、庶人（皁、輿、隸、僚、僕、臺）❷。其中，夠格「文人」的只有王、侯、大夫、士等階層人物，因為只有這些人會讀、會寫、會思考，只有這些門閥的子弟，才有資格受到「王官之學」。庶人是一群不識字，同時，也沒有資格學習識字的文盲。到了戰國(403-227 BC)時期，王、侯失勢，封建社會沒落，「士」階層興起。「此一階層，在上不成為貴族，在下有異於平民，乃由貴族中之疏親遠裔，以及平民間之俊秀子弟，學習了當時貴族階層所奉行的種種禮樂，而進身到當時的封建政體下服務。」❷

「士」階層的興起，使社會頓時由五等人變成了王室貴族、士和庶民等三等人❷。這種由「士」階級霸佔社會中層的三層社會組織制度，就像鋼筋水泥一樣，成了中國社會的傳統組織型態，經過二千多年不變。

在中國，會讀、會寫、會思考的知識份子，一直都是社會的中堅，是食俸祿的官員。孟子稱知識份子「士」為勞心者，農、工、商為勞力者。「勞力者食人，勞心者食於人。」我國近代歷史學家錢穆教授曾說：「中國文化有與並世其他民族及其他社會絕對相異之一點，即為中國社會有士之一流品，而其他社會無之。」❷

---

❷ 胡適《中國古代哲學史》，頁36。

❷ 錢穆《國史新論》，臺北，東大圖書公司，民國78年，頁108。

❷ 《漢書》的〈古今人表〉中班固以教養、學識及智愚為標準，將社會中人劃分成，上上、上中、上下、中上、中中、中下、下上、下中、下下九等。上上等為聖人，中上等為仁人，上下等是智人。下下等則為愚人。愚人不是壞人，只是那些沒有知識，不懂孔孟之學的俗人。班固這種劃分法，十足表現出當時社會對知識份子另眼相看的偏頗心態。元朝是一個例外，那些從塞外來到中原的「蕃人」，本來都是一群沒有文化的草莽英雄。因此入主中原以後，立刻將社會中人劃分成官、吏、僧、道、醫、工、匠、姐、儒、丐等十等。將文人儒士列入第九等，受盡輕視。

❷ 錢穆《國史新論》，臺北，東大圖書公司，民國78年，頁161。

　　無可諱言，在君主專權的中國社會裏，知識份子憑著侍君有則，知書達理，往往「十年寒窗」，一舉而當官。這些官員一直都是社會的領導者，是社會中一個堅實的階級。這個階層的人，自秦漢以來，直到清末，一直都捏握著皇朝與平民溝通管道的瓶頸。他們佔據中間的一層，這種層次結構，很像一個葫蘆㉖。他們掌握著全國的政治、經濟、教育大權。因此，中國圖書館打從西周「守藏室」開始，一切圖書館服務都自然地偏向這一群官員和知識份子，而根本忽視一般大眾的需要。而當權者，為了保護自己的既得利益，也就更無意利用圖書館來普及民間教育了。圖書館這般服務一邊倒的結果，不僅再度間接地說明為甚麼在我國圖書館發展史上，代代只見有類似的國家圖書館，不見公共圖書館，而且似乎還更加深了中國社會組織的「三分制」：統治階級、知識份子和不識字的群眾。

第二節　西方的知識份子

　　清末大量西學東漸以前，中國以儒家學說為首的知識份子，常想用學術來領導政治。然而，在君主專制政體之下，卻總讓政治控制住了學術，使他們被牽著了鼻子走。中國知識份子常把政治作為個人的重要出路，所謂「學而優則仕」，因而失去了他們對政治的獨立和客觀性。知識份子與政治前途打成一片的現象，在西方甚為罕見，而知識份子對圖書館發展會產生影響的事實，在西方先進國家中，尤屬少見。說穿了，道理十分簡單，因為西方也許只有知識份子的影子，並沒有知識份子這一階級。

㉖　宋定式，〈傳統社會與新知識份子〉，《知識份子與中國》，臺北，時報，民國72年，頁97。

所謂的「影子」是指希臘帝國時的「自由人」。希臘哲學家亞里斯多德(Aristotle)曾將社會中的人劃分成二等：自由人與奴隸。他說：「自然造人有自由人與奴隸之別，當我們考慮人的靈性的時候，二者之間也會有區別。」❷他還說：「奴隸不可能有才能。」❷當時，在這種思想交相左右之下，雅典和斯巴達政府只容許自由人接受教育，百分之九十的平民都被阻擋在教育的門外❷。在現代看起來，亞里斯多德那種歧視奴隸❸的思想，實在是一種開倒車的封建思想，比起我國孔子的「有教無類」，亞里斯多德真是渺小多了。

由於西方人人自由平等的思想啟發得早，奴隸制度很快被解放自在意料之中。實際上講起來，西方社會裏不識字，不懂得思考的人極少，若以我們所定的標準來說，那麼每位洋人都是知識份子。其實，在英語詞彙裏，也有知識份子這個字，它便是Intellectuals。西方指知識份子多指一群在科學或人文學術上有傑出成就的學者。這些人與中國的「士」最大不同點，是前者在傳統上並無政治號召力和影響力。同時，他們也不構成一個明顯的社會團體❸。「在英美社會裏，知識份子並不獨自成立階級。各種職業，連買賣業在內，都能吸收知識份子。靠知識吃飯的公教人員，因其所得待遇的優裕，實是中產階級。

---

❷ 請參看Felton, R. A. & M. Beal. "Library of the Open Road," *Cornell Extension Bulletin*, no. 188, 1929, p. 14–15.

❷ 請參看*Proceedings*. The Carnegie Rural Library Conference, London, 1920, p. 12.

❷ 參看Hodgen, M. T. *Workers' Evaluation in England and the United States*. 1925, p. 8.

❸ 西方的奴隸可以買賣，在主人家所做的工作與我國商周朝代時的庶人(皁、輿、隸、僚、僕、臺)很相似。

❸ 西方社會在職業上有所謂「白領階級」(White Collar)和「藍領階級」(Blue Collar)之分。一般地解釋，前者指勞心者，後者為勞力者。不過，二者在社會中，毫無優劣之分。

其利害關係與一般工商界是打成一片的。英美教育的普及和文字的簡明，使知識份子與非知識份子，不能有清白的界線。」㉜就因為有這麼一點難分清白的困難，而沒有給社會帶來階級分裂的後遺症。關於這一點，我國政論家徐復觀教授解釋得最中肯。他以古希臘為例說㉝：

> 希臘的知識份子，是由商業蓄積的富裕生活而來的精神閒暇所形成。他們解決了自己的生活，乃以其閒暇從事於知性的思索活動；這裏包含了兩種意義：第一，他們不是為了求生活而去找知識；這便保障了知識的純粹性，養成西方為知識而知識的優良學統。第二，希臘的哲人，大體都熱心政治；但政治對於他們只是一種社會活動，乃至是他們思考之一種對象；他們並非把政治作為個人唯一的出路；因而保證了個人對政治之獨立性，養成西方以獨立底個人立場，以社會立場，而不是以統治者的立場去談政治的優良治統。

西方社會既沒有知識份子這一特殊階層的存在，自然地在圖書館服務方面，也就不會專以知識份子為對象了。西方各國，特別是美國，公共圖書館的普遍設立，便是滿足人們普遍求知，而忽略社會中有知識份子一流的具體表現。

對全社會來說，求學求知都是每個人的基本權利，無人能夠奪得去的。

㉜ 蔣廷黻〈漫談知識份子的時代使命〉，《知識份子與中國》，徐復觀等著，四版，臺北，時報，民國74年，頁53–54。

㉝ 徐復觀《學術與政治之間》，臺灣，學生書局，民國74年，頁181。

第三章　圖書館發展與文化背景

　　任何社會的基本結構元素，不外人群和一道看不見、摸不著的圍牆。這道圍牆有大有小、有高有低、有透明有隱密。圍牆裏的人群，大致上都有共通的語言、文字、相同的生活方式和習俗。換句話說，凡生活在同一道圍牆裏的人群，都有著他們獨特的文化(Culture)。從歷史的角度來看，各種文化都具備綿延、累積、模仿和演變的特徵，而世代相傳的各種資訊紀錄，也會含帶這些特徵。當然，我們指資訊紀錄也具備文化的特徵，是指深藏在載體中的內容(Contents)，並不是指載體的外表。因為，世代相傳下來的資訊紀錄中的內容，不僅反映那一群人生活在歷史途程中某一段時刻的文化，而且也是那一段時期文明❸(Civilization)的最佳素描。資訊紀錄的內容是人類智慧及經驗的結晶。人類文明就靠著這些智慧與經驗，獲得了綿延、累積、模仿和演變，而使人類鑽出了洞穴，飛進太空。

　　在本書第二篇中，我們曾強調「人」與「資訊紀錄」為圖書館賴以生存的二大要件。圖書館貯存和保護有意義和有價值的資訊紀錄，也就是貯存和保護世代流傳下來的文化遺產。站在圖書館的立場，我們珍惜這份遺產，我們非僅希望它們的數量多，而且還希望它們的內容完整豐富，並且還可以繼續地流傳下去。可惜的是，我們研讀中國歷史，發現二千多年來，祖先們留下來的文化遺產，並不見有累積性

---

❸　筆者對文化和文明的簡單解釋如下：文化為生活的方式，如習俗；文明是生活的成果，如藝術品。

的增加現象。「過去就有『浩如煙海』、『汗牛充棟』的說法,至今尚難有一種精確的估計,多則有說十四、五萬種者,少也估計有七、八萬種。」**㉟**「四十年前楊家駱先生曾據歷代書目作過一次總計,認為自兩漢至清代,已出版古籍達181,755部,2,369,046卷。但傳存至今的還沒有一個精確的統計。有人認為8萬多種,有的認為10萬種,甚至15萬種等。」**㊱**根據西方學者的估計,我國明朝時期的藏書已有三十萬冊左右**㊲㊳**。但是,根據《中國地方志總目提要》**㊴**,從殷商甲骨文開始,直至近世的史地文獻為止,「羅錄了上下數千年之文,詳載縱橫數萬里之事,在共約十萬餘種的豐盈的古代的典籍中,摸清了『家底』,只錄到了8,577條。」**㊵**《四庫全書總目提要》被譽為我國最重要的一套大部頭叢書,也只收到書目93,550條。我們試以100,000條為準,到1911年民國成立為止,平均每年大約只出版100000/2000=50種(條)。這個數目,以我國幾億人口來說,實在太少。當然,我們很清楚,這幾種數目所代表的,只不過是歷經各種政治劫難後倖存的殘章碎頁而已。否則,這個數目不僅說明中國知識份子的「不著」,

---

㉟ 來新夏、徐建華主編《古典目錄學研究》,天津,古籍出版社,1997年,頁4。

㊱ 潘寅生〈中國古籍整理與保護概述〉,《中國圖書館學會會報》,第59期,1997年,頁8。

㊲ 請讀者留意,圖書計量方法有二種,一為「書名計量」,另一為「卷冊計量」。前者以「書目紀錄」為單位,一個書目紀錄一「種」書;後者以實際圖書數量為標準。因此,一「種」書,可能有幾十冊複本。所以,本段中有計「種」數者,也有計「冊」數者,二者數目雖不相同,但並不衝突。原則是「冊」數永遠等於或大於「種」數。不可能相互顛倒。讀者若有興趣,可參看拙作《文獻計量學導論》,頁12-16。

㊳ Brewer, J. G. "Libraries in China: A Comparative View," *Library Association Record*, vol. 70, no 5, May, 1968, p. 124.

㊴ 金恩輝、胡述兆主編《中國地方志總目提要》,臺北,漢美,1996年。

㊵ 同**㊴**,序。

而且還間接說明中國知識基礎的貧乏和薄弱了。

談到「殘章碎頁」，遠者暫且不說它，就以清朝來說，問題就已經十分嚴重。魯迅先生說：「雍正乾隆兩朝對於中國人著作的手段就夠令人驚心動魄。全毀、抽毀、剜去之類且不說，最陰險的刪改了古書的內容。乾隆朝的纂修《四庫全書》是許弘人頌為一代之盛業的，但他們卻不但搗亂了古書的格式，還修改了古人的文章。」❹章炳麟先生也在〈哀毀書〉中指出：「自滿州乾隆三十九年既開四庫館，下詔求書，命有觸忌諱者毀之，四十一年江西巡撫海成獻應毀禁書八千餘通，傳旨褒美，督他省催燒益急。自爾獻媚者蜂起，初下詔時切齒於明季野史，其後四庫館議，雖宋人言遼、金、元、明人言之，其議論偏謬者，一切擬毀。……然乎隆慶以後，至於晚明，諸將相獻臣所著，靡有孑遺矣。其他遺聞軼事，皆逋臣所錄，非得於口耳傳述，而被焚毀者，不可勝數也。」

難怪，中國圖書量不多，輪到清朝被推翻，還能夠有幾十萬卷典籍僥倖殘留下來，真已萬幸。只是這些殘卷中，又有多少「完璧」，那就更難臆測了。我國一向自譽為文化大國，而事實上卻是一個最不尊重和最不懂得保護文化遺產的國家。每逢改朝換帝，當權者第一件大事，便是對各種典籍文獻燒、毀、刪、改任性而為。殊不知，一國的知識基礎就建立在這些千古流傳的典籍之上。中國知識份子的知識基礎單薄，主題領域狹窄，文化遺產的未能善自保存和保護，應該是重要原因之一。另外一個原因，便是知識份子的述而不著和思想受到政治的禁錮。雖然如此，我們仍常常聽到一些知識份子在那裏聲聲讚美著我國有豐富的固有文化。他們又豈會明白，那些所謂的固有文

❹　謝灼華主編《中國圖書史與中國圖書館史》，武漢，武漢大學，1986年，頁205。

化，只不過是墊著四書、五經等鬆軟的「棉花文化」而已。軟則軟也，只是無力挑負起一國進步發展的重擔。正如胡適先生早年所說：「我們的固有文化實在是貧乏的，談不到『太豐富』的夢話。」❹

　　站在圖書館的立場，我們觀察事端原由的角度，雖與中國近代學者的出發點或有不同，不過，所得到的「中國文化貧乏」的結論，卻是不吻而合的。中國不是一個文化豐富的大國，原因自然不少，不過，若僅從資訊紀錄的創造，也就是說，從著作量和主題領域上來講，我們認為下面三種原因最透明：

①歷代政府以儒家思想為中心，為中國知識份子思想劃定界限，使他們不知創新。

②西漢以後的考試制度，「學而優則仕」，食君之祿，誘使社會中的知識份子不願跳出孔孟教義窠臼，使他們不願創新。

③歷代政府利用政治高壓手腕，強以政治領導學術，逼使知識份子明哲保身，走向消極，使他們不敢創新。

　　中國社會傳統地依賴知識份子的領導，假如他們在思想和行為上，自我封閉地朝向前述「不知」、「不願」、「不敢」等「三不主義」，我們的社會怎麼可能會有進步？現在且不扯談其他，就讓我們分三節來約略地討論這「三不」的歷史面。

第一節　儒家思想與中國的知識基礎

　　徐復觀教授說：「中國文化精神的指向，主要是在成就道德而不在成就知識。因此，中國知識份子的成就，也是在行為而不在知識。

---

❹　《胡適文存》，頁461。

換言之，中國人讀書，不是為了知識。」❸而他所謂的「中國文化精神的指向」便是儒家思想。儒家教養，注重的是精神文明，教人如何做一個聖人；民國以前，中國人從小開始識字讀書，便開始接受「人格教育」。名教授南懷瑾先生說：「自孔子『刪詩書，定禮樂』以後，我們從他所修訂的『六經』，和他的遺著中，仰窺三代，俯瞰現在，綜羅上下三千年來教育之目的和精神，一言以蔽之，純粹為注重人格養成的教育。」❹而《書經》、《易經》、《禮記》則被後世奉為個人人格教育、政治人格教育等的典範❺。孔子的教育思想，並不是為學問而學問，也不在探求真理，它的目的只在培養德智兼備的「紳士」、君子❻，要人人都以「仁為己任」。歷史學家錢穆教授認為孔子這種以人文精神為主的教育思想，是一種「全人教育」❼。這種教育不僅肯定生命的價值，人性尊嚴，而且也反映出德行的高貴❽。他又說：「在中國人的文化傳統下，道德觀念，一向很看重。它要負修身、齊家、治國、平天下一番大責任，它要講思考、仁義、廉恥、節操一番大道理。這好像一條條的道德繩子，把每個人縛得緊緊，轉身不得的。」❾

說起來，也確實如此，自從二世紀，漢武帝以儒家思想定為一尊以後，儒家經典便成為讀書人研修的主要課程❿，一直都是歷代私塾

❸　徐復觀等著《知識份子與中國》，臺北，時報，民國72年，頁202。
❹　南懷瑾《亦新亦舊的一代》，上海，復旦大學，1995年，頁50。
❺　同❹，頁51。
❻　洪順隆譯，宇野精一主編《中國思想·儒家》，臺北，幼獅，民國66年，頁9。
❼　錢穆《國史新論》，頁238。
❽　宋定式〈傳統社會與新知識份子〉，《知識份子與中國》，臺北，時報，民國72年，頁114。
❾　錢穆《國史新論》，頁315。
❿　錢存訓《書於竹帛》，臺北，漢美圖書有限公司，1996，頁66。

裏應用的基本教科書。清末以前，無論著書立說，若不「引經據典」，無論內容如何精闢，都不會為一般人接受❺❶。到了清朝，朱熹譯註的《四書》，還被指定為科舉用書，考試題目都出自該書。清朝康熙皇帝五十一年(1712)，朱熹還被尊為「十哲」。 康熙皇帝認為朱熹編著的經史「明確有據，一字一句，莫有論其可更正者。」

　　若從另外一個角度來觀察，我們還可以發現歷代帝王利用儒家學說來「愚民便專制」❺❷的居心。漢武帝(140-88 BC)便是一個很好的例子。我們都知道漢武帝是中國歷史中一位極出色的政客(Politician)。他能力強，而且知道用人和應付環境。他尊儒並不是對孔孟之學真有好感，而是可加以利用，「因為儒家豐富的知識及其王道的政治理想，頗能抬高君主的身價」❺❸。二千多年來，中國知識份子便在孔孟思想和帝王政治權術交相侵襲下，被禁閉在儒家思想的井底，使他們的思想領域變得異常狹窄，使他們失去了自我，使他們失去了對宇宙萬物萬象的敏感和真知，滿腦子裏除了「子曰」，便只知成日迷醉在那虛無飄渺的「聖人國」裏。

　　他們的寫著除了盡在孔孟教義上兜圈子外，又還能知道另外寫些甚麼？

　　我們不否認儒家思想具有崇高的理想，它代表人類文明的精髓。但是，我們也不能不承認，就因為歷代帝王「別有居心」，利用種種方式強制灌輸儒家思想的結果，使我們的國勢日衰，到了滿清末年，淪入所謂「次殖民地」的悲慘境地。歸咎起來，錯誤是歷代君主專制

❺❶　馮友蘭《中國哲學史》，頁484。

❺❷　借用錢穆教授用語。請參見錢穆《論語新解》，臺北，東大圖書公司，民國77年，頁284。

❺❸　陳德禹〈晚周至唐中國知識份子與政治〉，《知識份子與中國》，臺北，時報，民國72年，頁228。

所造成，而儒家思想則不幸做了他們欺騙知識份子、總攬權術的工具。

第二節　科舉制度與中國的知識基礎

中國的科舉制度，嚴格的說，應該始於隋朝，而不是始於漢武帝。漢武帝為了招募人才，而由地方官根據民意推選出賢、良、方、正之士，而為孝廉❸。到了隋朝才正式用考試的辦法以文章好壞來選取人才。

談到科舉制度，徐復觀教授說：「千餘年中的科舉制度，在形式上與精神上的控制士人，折磨士人，糟蹋士人，則可謂無微不至。」❸他又說：「科舉制度，表面上考的都是四書五經，其實是根據四書五經來寫制義文，八股文，表面上是重視中國文化，而實際上是把中國文化投入到權勢利欲的大染缸加以污染。」❸徐教授這番話真是一針見血。任何社會形象的構成，都是多面和多維的。我們要以宏觀(Macro)的方式來分析。若純從以考試方法選賢與能的觀點來看，那麼，考試制度的確是繼封建世襲制度後一次正面的政治大改革。可是，若從「天下英雄盡入吾殼中」❸的角度來看，君主政體下的考試制度，就不再如想像中那麼清高了。

稍前，我們說過，中國知識份子的思想範圍，早被歷代帝王設定了圈，劃定了界，這就好比每位知識份子的頭上，都被套上了一頂以儒家為尊的「嵌金花帽」❸，時時刻刻都必須想念到孔孟教義，否則

❸　南懷瑾《談歷史與人生》，上海，復旦大學，1995年，頁261。
❸　徐復觀《學術與政治之間》，臺灣，學生書局，民國74年，新版，頁193。
❸　徐復觀《記所思》，臺北，時報，民國71年，三版，頁94。
❸　唐太宗說的話。

就會「頭痛」。

中國科舉制度，歷經隋、唐、宋、元、明、清，共一千三百餘年，而不曾廢。考試內容在唐朝，注重文藻、詩賦，後來，重點放在四書、五經，到了清朝康熙年間，更明定朱熹譯註的《四書》為科舉專用書。考題也出自該書。除此之外，還另外加上「上諭」、「聖諭」。難怪，徐復觀教授要認為歷代考試制度是「糟蹋士人」了。

科舉制度，重點在考驗知識份子的文藻與孔孟仁義思想，而根本忽視物質生活的現實面，使他們終身困守在「固有文化」的象牙塔裏，與現實社會脫了節。不過，話又得說回來，科舉制度，固然一方面成了當朝皇帝籠絡知識份子的理想工具，為他們造就了許多鞏固皇權必需的官僚。另一方面，科舉制度也成了知識份子「受祿於吾君」的唯一通路；聰明的知識份子，只需在文字上，稍微動點腦筋，下點功夫，以迎合朝廷的癖好，便可經過考試輕易地進入利祿之門。科舉制度對知識份子來說，也並不是一件壞事，而且，久而久之，靠朝廷吃飯養成了習氣，還使他們「自覺與不自覺地認為『做官』是唯一展現人格與社會價值的道路。」❺⁹

我們無需爭論科舉制度的得失，我們只瞭解它是政治控制思想的一種手段，它的破壞作用，遠超過建設作用。一千多年來，中國知識份子的最大心願便是「做官」，他們的全部心力也就自然地都投在孔孟教義上，至於地球究竟是圓或是方，他們也就不願去想它了。

當代哲學家馮友蘭先生認為中國人的習性是不願寫著。他說：

---

❺⁸ 《西遊記》中孫悟空頭上戴的小花帽。故事中說，假如孫悟空不聽指揮，唐三藏便唸起緊箍咒，使孫悟空頭痛難忍而就範。詳請參閱《西遊記》第十四回。

❺⁹ 金耀基〈中國知識階層的建立與使命〉，《知識份子與中國》，臺北，時報，民國72年，頁417。

「凡有能耐的知識份子都『欲舉帝王之業，或推行聖人之道』，不得已才退而立言，至於著書立說，則是最『倒霉』的事。」⑥馮先生的意思是說中國知識份子的時間都花費在一心想做皇帝、做大官、做聖人之上，不願花時間寫著。簡單一點說，中國知識份子只知爭權奪利，不願做學問、不願求新知識、不願寫著文章。也許，馮先生的話很有些道理，至少，二千多年來，中國知識份子出書不多確是事實。

第三節　政治壓力與中國知識份子

在民國19年4月完成的《中國中古思想小史》中，胡適先生曾有這麼一段話⑥：

> （秦漢）統一的局面在思想史上的最大影響便是思想的傾向一尊。秦以前的思想雖有混合的趨勢，終究因為在列國分立的局勢下，各種思想仍有自由發展的機會。在這一國不得志的思想家，在那一國也許可以受君主的擁篲先驅。各國的君王公子又爭著養士，白馬非馬之論固有人愛聽，雞鳴狗盜之徒也有人收容。但秦漢一統之後，政治的大權集中了，思想的中心也就跟著政府的趨向改換。李斯很明白地提倡「別黑白而定一尊」的政策，焚燒詩書百家語，禁止私學，禁止以古非今，禁止批評政制。這時候雖然也有私藏的書，但在這統一的專制帝政之下，人人都有「無所逃於天地之間」的感覺。藏書的人須把書藏在壁裏，傳書的人須在夜半雞鳴之間秘密約會，思想的不自

---

⑥　馮友蘭《中國哲學史》，頁9。
⑥　胡適《中國中古思想史長編，附中國中古思想小史》（上），臺北，遠流，1986，二版，頁151-152。

由可以想見了。

在中國歷史上，每個皇帝似乎都有一個相同的秘密心結，那就是「文人會造反！」「文人」會奪去他們的江山！所以，每當他們奪得了權力和江山，第一件大事若不是設法籠絡文人，安撫文人，便是設法打擊文人，壓迫文人。歷代當權者打擊文人和壓迫文人的方法和例子多不勝數，因為我們無意在這裏算這一筆舊賬，只預備談談打擊和壓迫中國知識份子著書立說，也就是打擊和壓迫中國知識份子自由思想的「文字獄」。

中國歷史上，除了春秋戰國這一段混亂時期，像孔子、墨子等「遊士」，還能夠「孔席不暇煖，墨突不得黔」的到處自由遊說，到處自由參加政治活動以外，其他任何時期，知識份子莫不都生活在政治高壓的恐怖陰霾之下，為自己的言行，提心吊膽。所謂「四封之內，莫非王土，食土之毛，莫非王臣」，聲勢之屬，實不可言喻。在君主專政的時代裏，做皇帝的，甚至一批高官僚臣，最怕受到批評，他們並不是臉皮薄(Thin Skin)，而是根本就不容許「王土」之內有任何與政府唱反調的人。魏晉(220-419)時代，一批名士就為了避禍而空談玄學。其實，早從戰國(403-227 BC)時期，各國就已經開始禁止私人著書藏書❷，已經為後世打壓「養士」（也就是我們所謂的知識份子），開了先河。到了秦始皇(221-209 BC) 的「焚書坑儒」，只不過使打壓形式透明化了而已。一般知識份子為了明哲保身，於是都盡情於詩、詞、歌、賦，而故作風流。

到了清朝，文字獄更是兇狠殘酷，有識之士多封筆不著。只有像曹雪芹這樣一位貧困潦倒，不過倒很有節氣的文學天才，才想到利用

---

❷ 據大陸報導，近人在孔子舊址的牆壁中就發現有許多藏書。

「隱語」，透過悱惻動人的愛情故事，「滿紙荒唐言，一把辛酸淚」地寫出了一本「精妙絕倫」的反清小說《紅樓夢》❻。

中國知識份子害怕當朝政府糾纏逼迫的心理，一直到民國初年仍然存在。被臺灣名著家李敖先生譽為「播種者」的胡適先生，在民國19年還寫過這樣一段話❻：

> 我從前曾疑春秋有「後來被權門干涉，方才改了的。」現在看來，在那種時代，私家記載不能不有所忌諱，也是很平常的事。即使胡適之，錢玄同在今日秉筆作國史，能真正鐵面不避忌嗎？

歷史上寫著講「避忌」，似乎是中國學者文人明哲保身的一貫作風，他們因心存恐懼，寫著的作品便自然造成不敢寫、不實寫、影射著寫等三種結果。對我們圖書館人來說，無論哪一種結果，都會使圖書的產量減少，內容不真實，對我國的文明和文化都是無可彌補的損失。

第四節　結語

埃及、中國、中東為世界文化三大主要發祥地。經過了三千多年的風吹雨打，日曬夜露，金字塔的尖頂平了，萬里長城也越來越短了，中東各國滿天的黃沙也快淹沒了僅有的幾塊石頭，物換星移，世事恆變，人類文明正分秒不停地繼續向前進步，人類生活也分秒不停地繼續在改善。不管怎麼說，從前的中國曾經是世界上的最強國，是

---

❻　潘重規《紅樓夢新解》，臺北，文史哲出版社，民國62年，頁26。

❻　《胡適文存》，第四集，頁546。

世界上，火藥、指南針、造紙術、冶鐵術的發明者，那是當其他國家還在娃娃學步的時候。如今的中國也蠻有個樣子，可是，很少再見到發明，這不能說是我們中國人腦筋在退步，而是別人進步太快。中國雖有幾千年的歷史，可是從新紀元開始算起，中國人的知識與智慧，至少空白了一千九百年。儒家思想在亂世或許是最好醫治精神「憂鬱症」的良藥，在不見炮火的日子裏，它卻成了物質進步的絆腳石。

　　為了恢復昔日的威風，中國的知識份子必須跳出古老的「學而優則仕」的陷阱，落實豐富自己的知識基礎，放眼世界，多看、多讀、多想、多研究、多著述、多留下一些可貴的文化資產，使後人受惠。

第四章 圖書館發展與物質環境

英國哲學家培根（Francis Bacon, 1561-1626）在他的著作*Novum Organum*中曾說：「印刷、火藥和指南針三大發明，改變了世界的形象和實質。」[65]雖然印刷、火藥和指南針都是我們中國人發明，可是，他所指的「世界」，顯然並不包括中國在內。因為中國並沒有得到這三大發明的好處。在公元1500年（明朝武宗正德年間）以前，中國曾經是世界上工業技術最先進的國家，而且，在農業經濟的時代，中國還曾經是世界上最大強國[66]。可是，自從清朝康、雍二代以後，一百七十五年內，便使得中國從世界最強跌落至最弱。貧窮、疾病、愚昧、戰亂和萎頓，是滿清末年時中國人在外國人眼中的形象。相反，西方各國則緊緊抓住這三件發明，研究改進，發明活字印刷術，設計出大炮，拓展海外商業。於是，她們發達了，強盛了。而我們卻貧困了，衰退了。

中國能早於世界其他各國擁有印刷、火藥、指南針、造紙術、紡織術、造船術、農耕和開築運河，就明確顯示我國有著遠較西方優越的科學知識、物質條件和環境。可是為甚麼我們未能繼續發揚光大？主要原因便是我們有一個不知長進的社會和頹唐的文化背景，是儒道唯心哲學害了人，是中國歷代的君主和昏庸的官僚宦臣害了人。儒道

[65] Bacon, Francis. *Novum Organum*. Aphorism I, p. 29.

[66] Pacey, Arnold. *Technology in World Civilization, A Thousand-year History*. Cambridge, MA: MIT Press, 1990, p. 111.

唯心哲學和君主專制這二股勢力的結合，使中國人民沒有全面發展的
適當經濟制度和一個可以讓他們自由追求夢想、實踐夢想的空間。所
以古老的中國從明朝末年開始，國勢便日漸衰落，中國人民逐漸走上
貧困、疾病。

中國印刷術的發明❻，可說是繼發明造紙術以後，對世界人類作
出的第二次偉大貢獻。它的出現，使載於紙上的資訊能夠大量生產和
複製，同時，使這些資訊的傳遞由二點直線變成了輻射平面。這樣的
功績是不可輕視的。我們早說過，圖書館的生存依賴人類的創造資訊
紀錄和利用資訊紀錄，它們的活動也自然與資訊紀錄的數量成正比。
紀錄多了，圖書館的作業增加；使用紀錄的人多了，圖書館的服務活
動增加。根據這個道理，我們似可肯定地說，印刷術的發展與普及，
可以助長圖書館成長的機會。而圖書館的成長，也會促成社會中人獲
得知識的機會。在西方文獻中有著這樣的一則故事❽：

> 英國科學家牛頓（Isaac Newton, 1642–1727）原僅是一位粗知
> 算術的小伙子。可是，他常常光顧地方上舉辦的書展和去圖書
> 館自修。他潛心涉獵古代和近代數學。他從翻閱希伯萊和英語
> 雙語字典，查看畢達哥拉斯定理開始，漸漸地深入到幾何學、
> 數學理論、代數學⋯⋯最後他的數學水平終於高過了法國數學
> 家笛卡爾（Descartes, 1596–1650）。

從上面這一則小故事，我們發現至少從十七世紀中葉以後（正是

---

❻ 有關中國造紙及印刷術，請參閱Tsien Tsuen-hsuin. "Paper and Printing,"
Science and Civilisation in China, by Joseph Needham, vol. 5, pt. 1, Cam-
bridge, Eng: University Press, 1983.

❽ Eisenstein, Elizabeth L. *The Printing Press as An Agent of Change*. Cam-
bridge University Press, 1979, p. 245.

滿清入主中原的時間），歐洲大陸及英國已獲得印刷術之利，有了不少書籍，並且也有了不少公共圖書館。所以，牛頓才有機會閱讀到外國數學家們寫著的數學書籍。假如印刷術不發達，無論是開辦書展或開設圖書館的機會都不十分大。由此可見，印刷術對提升人民知識水平的影響是何等的深遠了。德人古騰伯(Johann Gutenberg, 1394–1468)於公元1436年才發明活字印刷術，而他的基本觀念則是間接得自中國⑥⑩。西方有了活字印刷術，他們便立刻抓住這個機會，在各地設立印刷廠，到了公元1500年，「歐洲國家除挪威、俄羅斯、希臘三國外，均已設有印坊」⑪，大量印製各種圖書，而使西方的知識環境立刻改頭換面。德國宗教改革家馬丁路德(Martin Luther, 1483–1546)讚頌印刷術為「上帝最高貴最宏大的恩典」⑫。他的三十種著作，在1517年至1520年四年之內，就印銷了30萬冊⑬。

　　我國活字印刷術是北宋年間(1041–1048)為畢昇發明⑭。然而，這個發明對我國文明發展卻未發生如西方一樣的重大衝擊。原因何在可說是中國歷史上一件最難令人理解的謎。西方學者懷疑由於中國文化環境不同，這種新技術根本就不受到社會歡迎而未善加利用⑮。其

---

⑥　Chappell, Warren. *A History of the Printed World.* New York: Knopf, 1970, p. 48.

⑩　Carter, Thomas F. *The Invention of Printing in China and Its Spread Westward*, 2nd ed. New York: Ronald Press, 1955, pp. 238–244.

⑪　蘇精〈谷騰堡與搖籃本古書〉，《圖書館學與資訊科學》，第廿一卷第一期，1995，頁29；Hirsch, Rudolf. *Printing, Selling and Reading 1450–1550* Wiesbaden. Germany: Otto Harrassowitz, 1967, p. 109.

⑫　Eisenstein, Elizabeth L. *The Printing Press as An Agent of Change.* Cambridge University Press, 1979, p. 304.

⑬　同⑫，頁303。

⑭　畢昇的活字是用膠泥鑄造，到了元朝成宗元年至四年(1295–1300),王禎創製了木活字印刷術。

⑮　同⑫，頁702。

實，中國文化環境與西方各國的最大不同點，便在它有根深柢固的社會三層結構。所謂「三層」，就是三種不同的團體：統治、知識份子和平民。套用西方學者的話，中國歷代的統治階級從來就沒有大量投資掃除民間文盲的「政治意願」(Political Will)[76]。中國俗話說：「物以類聚」。由於庶人不識字，所以庶人就永遠生活在「日出而作，日入而息」的狹窄天地裏，永遠「打」不進統治階層和知識份子的圈子。

西方人自從有了活字印刷術，五十年內，便印製了三萬五千種至四萬種，約計一千萬至二千萬冊有關語文、文法和字典一類的基本工具書[77]。這種結果，不僅提高了西方人的識字本領，同時，在十六世紀初葉，還引發所謂的「教育革命」[78]。而且，由於圖書的逐漸普及，瓦解了「口語」社會的孤立，因而開展了自由民主的思想運動。到了十六世紀末葉，西歐城市中的識字率已高達50%[79]。幾乎同一時期，歐洲大陸各國的圖書館數量也開始飛躍成長。然而，中國大陸「就在今天(指1987年)全國每四個人中就有一個文盲。」[80]

我國有了活字印刷術後，歷經宋、元、明、清，共八百六十多年間，利用活字印刷術所獲得的成績，只是「明人用木活字板印書，風乃大盛」，有書名可考者約一百餘種，其中多為詩文集[81]。「據估計現

---

[76] Smith, Anthony. *Books to Bytes: Knowledge and Information in the Postmodern Era*. London: British Film Institute, 1993, p. 88.

[77] 蘇精〈谷騰堡與搖籃本古書〉，《圖書館學與資訊科學》，第廿一卷第一期，1995，頁26。

[78] 同[72]，頁45、61。

[79] 同[78]，頁245。

[80] 蘇曉東、張敏，〈神聖憂思錄——中小學教育危境紀實〉，《河殤》，蘇曉東、王魯湘著，臺北，風雲時代出版公司，1898年，第62版，頁168；另有關世界各國的文盲率，請參看本書附錄。

[81] 謝灼華主編《中國圖書史與中國圖書館史》，武漢大學圖書情報學院，1985年，頁146。

在流傳的木活字印書約2,000種，其內容包括經書、字書、正史、傳記、年譜、家譜、奏議、目錄、方誌、遊記、兵書、醫書、農書、小說（例如《紅樓夢》第一印本，被稱為程甲本的，就是在乾隆五十五年(1790)由萃文書屋排印的木刻活字本）。」❽

我國活字印刷術用的「活字」，除了最早的膠紙活字和木活字以外，後來還有錫活字、銅活字和鉛活字的發展和利用。雖然在印刷技術上有了這些改進，但所獲的收獲並不大。最重要的成品，可能是《古今圖書集成》，共60部，每部1,040卷。其他還有地方誌和經、史、子、集等等。圖書種類既少，複本數量也不多，而且，在主題上，仍是儒家思想的老套。這種現象比較起西方來，只更加證實了我國歷代帝王及其宦臣的昏庸無道。在這些帝王及宦臣的心裏，根本就不曾想到把握住這個新契機，大量印書，鼓勵人民識字讀書，而使人民能多一分省思，少一分「愚昧」❽。

談到民國以前中國人民的愚昧，我們不能不歸咎於歷代君主專制政權愚民策略的成功和儒家思想的深植人心。君主專制政權和儒家思想沆瀣一氣的結果，為中國鑄造出一個「君君、臣臣」、「學而優則仕」、「簞食瓢飲」、「今朝有酒今朝醉」目盲衰頹的社會。也許，這正是減少社會中知識份子數量的一種辦法，因為在專制帝王的心中，社會中少一個「文人」，就少一點「造反」的可能，殊不知，歷代造反而得天下者多數都是馬鞍上的英雄，並不是會讀、會寫和會思考的「文人」。

---

❽ 同❽，頁147。

❽ 胡適先生於民國19年4月10日，在〈我們走那條路〉一文中提出「打倒五個大仇敵」主張。其中第三大敵便是「愚昧」。他認為教育不普及，使得生產力低微，政治力薄弱，知識也不夠救貧、救災、救荒、救病。缺乏專家，所以當時的國家還統治在一些「沒有知識學問的軍人政客手裏」。詳請參看《胡適文存》第四集，頁430。

第五章 結論

　　中國圖書館發展得很早，早過歐洲，更早過美國。可是，發展得早並不就等於發展得好。實際講起來，中國圖書館，就像畸形兒一樣，發展得相當不健康。

　　我們都知道，圖書館的生存目的，並不是為當朝政府保存檔案文件，也不是囤積文獻的倉庫。它的目的是保留有價值的文化遺產和傳播知識，使社會中每一個人都能獲得新的知識、新的經驗，使他們能衍繹出新智慧，使全社會受惠。我們只覺得奇怪，為甚麼民國以前的圖書館人，從沒想到服務全社會人群，而只知守著館藏，服務極少數的知識份子？當然，原因必定很多，但是，我們相信最重要的，也許便是我國的傳統政治體制、社會結構、文化基礎和物質環境，都與圖書館的發展邏輯相反、相抵觸。我國旅美圖書館學家李華偉博士曾說：「在一個民主、自由、開放及重視基本人權的社會，圖書館在其組織、收藏、管理、流通、服務各方面，應具備崇尚民主、發展民智、服務社會和保持公正不偏的精神。」❽在我國歷史中，便絲毫也找不出民主、自由的痕跡，反而處處見到的都是專制政府以高壓政治手段來控制、腐化知識份子及抑止平民識字讀書，使知識份子不敢對統治者「唱反調」，使不識字的平民大眾，永遠「日出而作，日入而息」生活在與外界完全隔離的小小天地裏。

　　二千多年來，中國的君主專制政治體制，固然培養出了中國圖書

---

❽　李華偉《現代化圖書館管理》，臺北，三民，民國85年，頁3。

館，可是也培養出一種「官辦、官派、官管」的傳統習氣，這種習氣一直流傳到廿一世紀的門檻前。民國成立，雖然擺脫了君主專制，可是公立圖書館制度仍然沿襲著「官辦、官派、官管」的傳統。無論國、省、縣（市）圖書館主流，都是各級政府「辦、派、管」。在1949年後的中國大陸情況亦同⑧。這種「官辦、官派、官管」的現象很不健康。因為它違反了圖書館自由發展的邏輯。再說，由於儒教與政治的結合，使得中國的知識份子的思想不能獲得解放，而造成他們「不知」、「不願」和「不敢」寫著的不正常心理。君主專制政治政體，不僅扼殺了知識份子的思想自由，並且還透過科舉制度，誘使他們放棄追求孔孟教義和四書五經以外的新知識和新經驗的機會，成天迷醉在「聖人國」裏。公元1500年以前，中國本有世界上最優惠的物質環境，可是，滿清入主中原以後，不到三百年，便將過去的成就，剝落消失得一乾二淨。在社會中普設圖書館雖不能救國於水火，至少它的館藏和服務，還可以幫助啟發人民的良知，提升人民的知識水平。中國歷代帝王對圖書館事業沒有善加發展和利用，實在遺憾。

　　圖書館事業實為一最基層的民間組織活動，它的成就1/4歸於組織協調，3/4歸於人民的求知意願和支持。而人民的求知意願，多與他們的知識水平和生活習慣有關。對一位目不識丁的人，他的迫切需要是吃飯，不是知識；在人民的生活中，平時若無閱讀書報，甚至看電視、聽收音機的習慣，他們也決不會感覺到新知識的誘惑。因此，發展圖書館事業不在「官辦、官派、官管」點綴式的標榜，而在推廣全民教育，培養全民的求知慾望。

---

⑧　請參看王振鳴〈中國大陸圖書館事業之發展〉，《圖書館學與資訊科學》，第16卷第2期，頁48-73；張東哲、林孟真〈三十五年來的大學及獨立學院圖書館〉，《圖書館學與資訊科學》，第15卷第1期，頁45-86。

　　中國需要的圖書館，是遍佈每個城鎮鄉間，由地方上專業人才經營，且與地方中小學教育體制配合的圖書館。民國以來，中國民間自設的圖書館不僅資金少，數量也稀薄得可憐，而且它們對普及社會教育的影響也極微。這種現象與國際先進國家，尤其美國，恰好相反。在這些國家裏，政府總站在從旁協助的立場，透過各種立法，積極獎勵民間財團參與地方上圖書館事業的建設與推廣，務使圖書館事業能夠在地方上生根，使它們能夠隨著地方人士的資訊需求獲得正常的發展。英美圖書館學者的信念是圖書館原是社會產物，除開政府組織中各級政府及各軍種圖書館以外，其他任何種類的圖書館，如各級學校及公共圖書館等，皆與政府組織毫無瓜葛，用不著政府干預。讓它們在社會的大地上，自由生根、發芽和成長。我們認為只有在這種環境下發展的圖書館，才會獲得社會大眾的支持，才會與社會的求知慾望真正地打成一片，才能夠圓滿達成它們服務社會眾人，普及教育的使命。

　　根據聯合國兒童基金委員會(UNICEF)的預測，當全世界迎接廿一世紀來臨之時，世界上將有十億兒童，由於他們不識字，而在新世紀中將會遭受到貧困的危運[86]。唯願中國的兒童在普及教育和遍佈公共圖書館的環境中，能夠避免那樣的惡運。

---

[86]　*The State of the World's Children 1999*, UNICEF; *The Washington Post*, Dec. 8, 1998, p. A31.

第四篇

圖書館學知識論

　　「知識論」(Theory of Knowledge)是哲學三大部門之一。其他二個部門為「宇宙論」(Theory of World)和「人生論」(Theory of Life)。「知識論」的目的在研究知識的性質和規範，專門研究知識特性者稱為「認知論」(Epistemology)❶；專門研究知識規範者，稱為「理則學」(Logic)。在「知識論」中，又可分成以研究人類知識形成及發展為中心者和以研究知識與宇宙的關係者二類。中外有關「知識論」的學派不少，而有關「認知論」的學說更多。圖書館學要談「知識論」，也要討論「認知論」，因為「知」(Knowing)為「知識」(Knowledge)的先導。任何事物都是先「知」後「識」。在資訊學裏，「知」是訊息的蒐集，「識」是訊息的結果。圖書館學是研究圖書館一切事務之學，而圖書館有它獨特落實的「人生」和知識發展的途徑，所以，圖書館學的「知識論」也必然是一門落實的說理。在圖書館學裏，「知」是資訊的蒐集，「識」是對資訊的瞭解。顯而易見，資訊學與圖書館學之間，有相當大的差距。在我們申論圖書館學的「知識論」以前，讓我們先約略瞭解一下「知」的學說，也就是說，先認識一下中外的「認知論」。

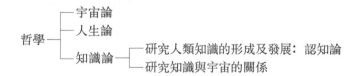

---

❶　也有譯成「認識論」。

第一章　一般「認知論」

在我國哲學思想中，最精彩的一套哲理，便是「認知論」(Epistemology)。Epistemology 一字源自希臘文"episteme"，意指知識❷，尾巴"logy"的希臘文為legos，意指觀念(Concept)，或意義(Meaning)，或研究(Studies)。因此，Epistemology一字的解釋應該為「有關知識的觀念、或意義、或研究」。我國老子說的「知之所以不治」是「知」的政治哲學，孔子的「學而不思則罔，思而不學則殆」(《論語・為政篇》)，他又說：「我非生而知之者，好古，敏以求之者也。」(《論語・述而篇》)這些都是「知」的教育哲學，是求知的哲學，它們都不是真正的「認知論」。這種現象直到「科學的墨學」一派出現為止。崇尚這一派學說的傳人都自己相稱為「別墨」❸。這一派學說的代表作為《墨辯》，它包括〈經上〉、〈經下〉、〈經說上〉、〈經說下〉、〈大取〉、〈小取〉等六篇。《墨辯》中將「知」分為三個層次❹：

①「知，材也」(〈經上〉)：這個「知」是指人有從五官官能獲得「知」的才能，它不是我們所謂的知識。例如，眼睛是用來看物，可是並不一定有所見。所以，眼有所「見」才算「見」，知有所「知」才算「知」。

❷　嚴格地說，這裏所謂的「知識」並不是Knowledge，而是「知」(Knowing)。
❸　胡適《中國古代哲學史》，臺灣，商務印書館，民國75年，六版，頁41。
❹　同❸，頁46–47。

② 「知，接也」（〈經上〉）：這個「知」是指感應的知。例如，眼
　睛看見了一物，才會產生看見該物的感應。

③ 「恕，明也」（〈經上〉）：這個「恕」是「心知」，是「識」。
　「心知」代表一種已往的「恕」，是記憶，也是經驗。這就是
　說眼見一物還不能算「恕」該物，而必須經過記憶或經驗的印
　驗辯證，才能算真「恕」。根據《墨辯》的解釋，「知」的演進
　經過下面三個步驟：

《墨辯》中解釋的「知」，只有感應的知為客觀的「知」，這種知
是一種「假知」，也就是沒有經過印驗辯證的「知」。其他得自「聞」
（傳授）、「說」（推論）、「親」（經驗）的「知」，皆為主觀的「知」，
也是「真知」。

與孔子隔了二代的弟子孟子❺，將「知」分成感官的「知」和理
智的「知」二種。他認為感官的「知」是天生的，它的功能與一般動
物的感官所獲得的「知」相同。他還認為人之高於禽獸者，則因為人
有理智的「知」，也就是所謂的「良知」。孟子的「良知」是經過思
考、辯論的「知」。他說：「予豈好辯哉，予不得已也」（《孟子·滕文
公下》）。他以辯論的方法來證明他的道理。我國近代哲學家馮友蘭先
生稱這種以辯論來證明道理的方法為哲學「理智之產物」❻。孟子
「良知」和「好辯」的主張與英國哲學家包伯所設想的「第三世界」

---

❺　孟子是子思的學生。子思是孔子的孫子，也是孔子學生曾子的學生。
❻　馮友蘭《中國哲學史》，頁6。

(World 3)倒很相似。這是後話，暫時不提它。

　　與孟子同時的莊子，主張「知」有「大知」和「小知」之分。他說「大知閑閑，小知間間」（〈齊物論〉）。莊子所謂的「大知」是指超感覺經驗無限的「知」，「小知」則指感覺有限的「知」❼。這是形而上虛無之「知」。與莊子相反者為荀子的「知」。荀子的「知」也分成二種：一為「天官」的「知」，另一為「徵知」的「知」。荀子所謂的「天官」，便是人的五官。由「天官」獲得的「知」為客觀的「知」，「徵知」的目的在「辨別」異同，所以為主觀的「知」❽，也就是《墨辯》中指的「心知」。

　　西方哲學家的「認知論」，一般都將「知」分成感覺的「知」和理智的「知」二種❾。感覺的「知」是感官（眼、耳、口、鼻、觸）官能經過感應作用，而獲得的具體性客觀資訊。理智的「知」，則是對感應不到的一切事理的推論與認識，是主觀的「知」❿。筆者稱這種「知」為「幻想的知」。「幻想的知」可說是科學家、發明家的「知」，是超人的「知」。一千多年來的中國，就缺少這類超人，缺少這種「幻想的知」⓫。

　　西方哲學家所說感覺的「知」，也就是《墨辯》中所說的「知，接也」和荀子說的「天官」的「知」。假如西方學者的「認知論」僅落在「感官的知」和「理智的知」二種之上，那麼，西方的「認知論」還不如我國的完整。他們不講究墨家「心知」的道理，也忽略荀子強調的「徵」。其實不然，西方「認知論」的發展倒相當完整。我

---

❼　張振東《中西知識學比較研究》，臺北，中華文化，民國72年，頁50。
❽　周群振《荀子思想研究》，臺北，文津，民國76年，頁217–220。
❾　同❼，頁26。
❿　同❼，頁26。
⓫　筆者認為這都是中國傳統教育「死讀」「死記」造成的結果。

們且以希臘哲學家的知識論為例，他們的知識論可說是古代西方的代表，而他們的「認知論」也有獨到的地方。

早期希臘的「認知論」分成二派：以Heraclitus為首的感覺的「知」和以Parmenides為首的理性的「知」。柏拉圖(Plato, 427?–347 BC)為Heraclitus的弟子，認為感覺的「知」是在某一特定時刻，對一轉變中事物現象的認識，這種認識和感覺是變動的，它不是真「知」。所以，他將「認知論」分成感覺的「知」（物質的知）和觀念的「知」（理智的知）二大部份。柏拉圖認為宇宙萬象與人類的感應知覺並不完全一致，可是相關。人類對宇宙的認識，完全產生自人類感官的直覺。他認為人類獲得的「知」，並不是「新」知，只是一種承襲。柏拉圖的「承襲論」實與荀子的「徵知則緣耳而知聲可也，緣目而知形可也」相仿。亞里斯多德的「認知論」則將「知」分成「經驗」與「理智」二部份。他認為人類先從感應而產生經驗，然後再由經驗去追求真知，這種說法神似《墨辯》中「知」的演進過程，非常邏輯。

最近三百年，西方哲學家的「認知論」有了不少新進展。例如，十八世紀英國哲學家洛克(John Locke, 1632–1704)，經驗主義的發揚者，將「知」劃分成外感的「知」和內省的「知」二種。前者由五官感應而生，後者則由人類悟性而得。他所謂的「悟性」，包括知覺、思想、懷疑和推理等等。洛克還認為一物的形象可以影響其他物的形象。人類知覺中的宇宙，實際上也只是他們從感應中獲得的直覺而已⑫。

經驗主義的另一強人為英國的休姆(David Hume, 1711–1776)。他認為直接由感官獲得的「知」為「經驗」，當人們離開了所感覺的對

---

⑫　請參閱胡鴻文《英國經驗哲學》，臺北，華岡書局，民國61年，頁30–63。

象，而再以推理來分析所獲得的經驗，就變成了理念(Concept)。簡單地說，他認為先有經驗的「知」，後生理念的「知」。同時，他還認為人們所見的宇宙萬象，全是人類憑藉著直覺經驗而創造出來，全是假的。他這種說理，頗與十七世紀法國哲學家笛卡爾(Descartes, 1596–1650)稱宗教神話都是人類憑空幻想出來的說法極為相似。

德國哲學家康德(Immanuel Kant, 1724–1804)為批評哲學的始祖。他和休姆相同，強調一切的「知」皆始於經驗。同時，他也將「知」分成先天的「知」和後天的「知」二種。先天的「知」具有普遍性和必然性，而後天的「知」則是就事論事，既無普遍性，也無必然性。而康德個人則比較著重先天的「知」❸。

當討論「認知論」時，我們實少不了要提到羅素(Bertrand Arthur William Russell, 1872–1970)，他是近代英國最出名的邏輯學家、數學家。羅素對「知」有較為邏輯的解釋。首先，他認為人類的「知」有二種來源❹：一為事實的「知」，另一為事實與事實相連的「知」，也就是觀念的「知」。事實的「知」來源又有二種：感應(Sensation)和記憶(Memory)。感應並非真知，只是一種感應經驗(Sensational Experience)。當我們論「知」，通常都會區分「未知」和「已知」，感應卻沒有這種區分的能力，它只能算作一種直覺的經驗。「記憶」可說是一種「鏡子的知」。例如，我們記憶中有著一位朋友的面貌，一旦當我們見到一張酷似記憶中的那位朋友的面孔，我們便知道碰到了那位朋友。假如那位朋友的眼睛青了一大塊，我們會問：「你的眼睛怎麼青了一大塊？」而不會對他說：「我不記得你有一個黑眼眶子。」

---

❸　同❷，頁114。
❹　Russell, Bertrand. *Human Knowledge: Its Scope and Limits*. New York: Simon & Schuster, 1967, pp. 421–508.

人類有了感應，下一步便是產生理念(Perception)。根據羅素，觀念必是相關事實的連接。例如我們心存一種觀念：鐵都是硬的。我們興起這種觀念的原因，便是將「鐵」這個物的事實，與「硬」的事實連接在一起。所以每當我們一想到「鐵」，我們就會自然地聯想到它的「硬」。同樣的道理，我們一想到「冰」，就會聯想到它的「冷」。這種聯想的「知」，便是羅素的「知」的第二種來源，也是他獨創的見解。

羅素的三種「知」：感應、記憶、理念，可說是西方「認知論」的綜合，也是他們進一步研究「知識論」的根本❶。

綜合起來說，我們很容易地發現，無論中外思想家，對「知」這個問題都有不盡相同的見解，可是有一點卻完全一致，那就是他們都沒有說明白甚麼是「知」？簡單地說，「知」是資訊在傳遞和傳播中的一種抽象結果，一種極為模糊(Fuzzy)的觀念。同時，「知」也代表一種資訊流通的程序。這種程序包括：

$$訊息源 \rightarrow 傳遞媒體 \rightarrow 訊息收受者$$
$$(知)$$

這就是說，「知」是訊息的獲得。歸納前述各家的解釋，訊息收受者獲得訊息的主要來源有五官感應、記憶、經驗和推理（參看表十二）。他們既沒有仔細說明為甚麼「知」？同時，也沒有解釋產生「知」的途徑。他們對「知」的認識就到「知」為止。西方學者很少能將「知」(Knowing)與「知識」(Knowledge)的意義分開，在他們的

---

❶ 在西方哲學家中反對「記憶」和「經驗」等認知理念最力的，可能是Thomas Reid (1710–1796)。Reid著作甚多。請參閱Reid, Thomas. *Essays on the Active Power of Man.* Cambridge: MIT Press, 1969.

心裏，「知」就是「知識」，其實這兩組字的意義應該是完全不同的。

表十二　資訊的產生

中外思想家	五官感應	記憶／經驗	推論／理念
墨子	×	×	×
荀子	×	×	
孟子	×		×
莊子	×		×
柏拉圖(Plato)	×		×
亞里斯多德(Aristotle)		×	×
洛克(John Locke)	×		×
休姆(David Hume)	×		×
康德(Immanuel Kant)		×	×
羅素(Bertrand Russell)	×	×	×

「知」是「知道」、「知曉」的意思。任何人都可從五官感應、記憶，甚至經驗而「知道」和「知曉」一事。但是這種「知」與「知識」還相差一段距離。例如，「山雨欲來風滿樓」（唐·許渾）這一句詩是描述作者個人從「經驗」中獲得的一種山雨情況。由於我們都熟悉這句詩，每當我們遇到「山風滿樓」的相同情景，我們也就不免會下意識地預測雨之將至。像這種「雨之將至」的預測，只是一種低層次的「知」，實在談不上「知識」的。例如，我們都能分辨出甚麼是雨，甚麼又是霧，這表示我們對雨和霧有「知」。可是，我們對雨和霧的認識，也僅止於「知」而已，我們卻不清楚為甚麼會有雨？為甚麼又會有霧？這只有具備氣象學專門學識和經驗的氣象學家(Meteorologist)，才真正瞭解下雨、生霧的道理。沒有學過氣象學的人，他們對雨和霧的認識，僅止於「知」，而不具備「知識」。

任何事，要「知」不難，難就難在要知道「為甚麼?」從五官感應和記憶中獲得的「知」為一般人的「知」，只有從經驗和推理中獲

得的「知」，才是學者專家的「知」，只有這樣的「知」才會進入「知識」的高層境界。「知識」代表一種非常有組織、有意義和有主題(Subject)的學識與經驗❶。 而一般性的「知」只能算作「普通常識」(Common Knowledge)。在資訊組織層次上，「知識」站在樓上，「知」則佇立樓下。在程度上，「知識」比「常識」要高深很多。而往往「知識」與主題學識和經驗是劃分不開的。也許，我們可以這樣說，「常識」是對不同屬性資訊(Information)的認識，是散亂的「知」，而「知識」則為對相同屬性資訊的認識，是組合的「知」。

美國韋氏大字典對知識(Knowledge)一字有三種解釋：(1)從研究或探索中獲得的一組事實、真理或原理；(2)對某一技藝的技術的實際認識和瞭解；(3)為已知和將知事實的總合。這些解釋，雖然有點隔靴搔癢，不十分中肯，不過對肯定「知」與「知識」二者間的區別，也不失有畫龍點睛的作用。

在解說清楚「知」與「知識」的區別以後，現在再讓我們轉回到「知識論」(Theory of Knowledge)。根據本節所述，我們發現中外學者的「認知論」(Epistemology)都止於「知」的造成，而不是說明「知識」產生的道理。圖書館素有「知識寶庫」之稱，也許這種稱謂是世人不經心的言傳，不過，實際講起來，圖書館的作業和服務，也確實與「知識」相關，圖書館本就是組織「知識」、貯存「知識」、運用「知識」和傳佈「知識」的特殊所在，而在圖書館中工作的專業館員，也正是一群具備專業學識和經驗的「知識工作者」(Knowledge Worker)。因此，圖書館學也必涉及「知識論」，只是圖書館學所講的「知識論」與一般學者所討論的「知識論」完全不同，圖書館學有它專屬的「知識論」。

---

❶ 請參看拙作《圖書資訊組織原理》，臺北，三民，民國79年。

第二章　包伯與布魯克斯知識論

　　中西方傳統的知識論，其實只解說了「知」，根本就沒有提到「知識」。在他們的心裏，認為對事物有了「知」，也就有了「知識」，這就是說，常人對雨、霧的認識與氣象學家對雨、霧的認識並無不同。假如我們將雨、霧當作一種現象來看，那麼常人和氣象學家從視覺所獲的直覺感應，一種客觀的「知」，應該相同是不錯的。然而「知識」卻不是直覺感應，而是一種主觀的「知」。主觀的「知」為一個人對相同屬性資訊的蒐集、組織、整理、運用及推廣。按照常理，處理這種相同屬性資訊最便當的方法，便是將它們貯存在自己的大腦裏，不過一般都不能也不願這麼做，因為存在大腦裏的「東西」，日子一久，常常會變質走樣，記憶是不可靠的。因此，一般人通常都將這些相同屬性的「知」設法貯存在可以永久保存的「資訊紀錄」裏。圖書館學中所謂相同屬性的「知」或資訊，就是「主題」(Subject)，唯有有主題的「知」，才能算「知識」。「知識」不僅使人「知」，還能使他瞭解「甚麼是『知』」和「為甚麼『知』」的道理。套用前面的例子來說，氣象學的學識和經驗不僅使氣象學家知道下雨或有霧，還使他明白「甚麼是雨」、「甚麼又是霧」、「為甚麼下雨」、「為甚麼又會起霧」的道理。

　　站在圖書館的立場，「知」不重要，重要的是「知識」。雖然圖書館不重視「知」，但決非忽略「知」，「知」究竟為「知識」的先導，誰敢「數典忘祖」？為了方便討論，我們將一切有關「心知」，一切有

關五官直覺感應和記憶的「知」的各種學說稱為「前知識論」，將形成資訊紀錄以後的「知」稱為「後知識論」。圖書館學的理論重點在資訊紀錄的蒐集、組織、整理、運用及推廣，它的「知識論」屬於「後知識論」。在討論圖書館學「知識論」以前，我們不能不提一提二位近代著名學者的學說。其中一位是近代以科學說理(Scientific Reasoning)聞名全球的英國哲學家包伯(Karl R. Popper, 1902–1994)，另一位則是當代資訊學權威布魯克斯(Bertram C. Brookes, 1910–1991)。雖然他們二位的學說和理論與我們即將討論的「圖書館學知識論」並無直接的關聯，可是也有鏡子(Mirror)的功用。現在就讓我們從包伯的知識論談起。

第一節 包伯(Karl R. Popper)的三個世界

包伯心目中的知識宇宙有三個不同的世界：第一世界(World 1)為物體(Physical Objects)世界，或物理現象的知識世界；第二世界(World 2)為意識形態，或精神狀況，或行為表現的知識世界；第三世界(World 3)為客觀的思想內容，特別指科學的因果思想，以及技術作品的知識世界⓱。簡便一點說，包伯的第一世界是物質世界，第二世界為精神意識的世界，他認為物質與精神意識相互作用，相互影響。可是，第三世界卻自成一格，是一個完全獨立自主的世界⓲。

⓱ Miller, David ed. *Popper Selections*. New Jersey: Princeton University Press, 1985, p. 58.

⓲ Popper, Karl. *The Open Society and Its Enemies*, 5th ed. Princeton University Press, 1966, Chapter 15, Sect. III.

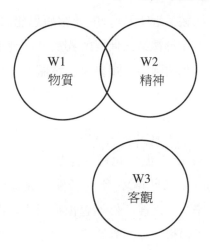

　　包伯反對生活在第二世界裏的那些唯心論者，如笛卡爾(Descartes)、洛克(Locke)、伯克尼(Berkeley)、休姆(Hume)、康德(Kant)，甚至羅素(Russell)。包伯稱他們為一群「篤信哲學家」(Belief Philosopher)。其實，包伯本人也並非懷疑學派，只是他的「篤信」必須要經過一定的步驟而已：

$$P_1 \rightarrow TT \rightarrow EE \rightarrow P_2$$

P_1: Problem 1（問題的開始）

TT: Tentative Theory （暫時的理論）

EE: Error Elimination （清除錯誤）

P_2: Problem 2（新問題的開始）

　　包伯的篤信程序，也就是舊問題衍生新問題的程序，每一個新問題的產生，必會引出一種新理論來對付，在應用這個新理論的時候，應用者會不斷地消除理論上的錯誤，而從改進錯誤中求得進步。他這樣的說理，實際上與羅素等實驗主義學派並無不同，不過，他自己卻

認為他的第三世界比較接近G. Frege的「客觀思想內容」，與唯心唯物的論調都有差別。為了解釋第三世界的獨立性，他還特別利用圖書館為例來加以說明。包伯將圖書、圖書館、電腦的記憶等的邏輯內容，都併入他的第三世界[19]。

①假定世界上全部機器和工具（第一世界）都被破壞。同時，所有的主觀經驗(第二世界)也都完全喪失。可是，圖書館和我們的學習能力（第三世界），幸免於難。在這樣的情況下，人們經過一段艱辛歲月之後，仍然會恢復過來，而再繼續向前。

②假定世界上不僅機器、工具和經驗都全部喪失，而且圖書館也同時被毀滅。在這個時節，即使人們還具備學習的能力，也將無處可學，而使學習能力變得毫無意義。

從上面的例子，包伯第三世界的真實、有意義和獨立自主的特性便瞭如指掌了。在第二種情況中，他說我們若失去了一切，包括第三世界，那麼，失去的文明就只有從頭開始，而不能復甦[20]。他認為傳統的知識理論，完全從主觀意識出發。例如，「我知道」，「我正在想」等等，包伯說像這種主觀的「我」，便常使研究科學知識的學生走上叉路。他認為科學的知識是客觀的，因此，他將主觀的知識歸入第二世界（以「自我意識」為主的知識世界），而將客觀的知識納入第三世界。

在討論第三世界的客觀性和獨立性的時候，包伯特別利用圖書來

---

[19] Karl Popper 並沒有說明圖書館的邏輯內容是甚麼，不過，筆者相信他指的是館藏。這也就是說，他將館藏視為圖書館的內容。事實上，圖書館的內容除了館藏以外，還有推廣及讀者服務。當然，包伯非圖書館人，我們就無需去斤斤計較了。

[20] 同[17]，頁59。

強調主觀意識的錯誤。他說具備主觀意識的人，總會認為假如一本書沒有讀者，那麼這一本書的存在，就變得沒有意義，只有當這一本書的內容被讀者瞭解之後，才能算是一本書，否則，那只是白紙上的一些黑點而已❷。

包伯還利用黃蜂窩和鳥巢為例，來批評唯心派知識觀的謬誤。他說黃蜂窩便是黃蜂窩，不論窩裏有沒有黃蜂。鳥窩便是鳥窩，不管鳥窩中是否有鳥。他接著說，一本書就是一本書，縱使它從未被人讀過，它仍舊是一本書❷。包伯還進一步地說，一本書，或甚至一所圖書館中的書，並不一定需要人來撰寫。例如，一套對數值的叢書，很可利用電腦來編製，而且書中所載，為小數點後50位數的對數值，很可能是一套最佳的對數值叢書。這套書可能送進各圖書館，但是，由於它的不便應用，可能經過了若干年，一直無人問津，書中的數字，可能代表重要數學定理，也無人參考利用。然而，這些數字卻確確實實地存著「客觀的知識」。

包伯認為每一本書都存著客觀的知識，無論這種知識是真或是假，有用或無用，有讀者閱讀或沒有讀者閱讀。他認為假如一個人讀書而能完全瞭解其內容，他必定是一個稀有動物。即使這種人很普遍，他相信這些人當中對內容必多誤識和誤解。包伯說將紙上的黑點變成書，決不是偶然或一種客觀意識中知識的實證，而是一些比較抽象的東西。一本書的目的是它具有被瞭解的可能和潛力，它的內容特質也可能被瞭解，或被誤識誤解。總之，書的存在，並不相對地表示它的內容潛力會被讀者發現。

---

❷ Popper, Karl. *Objective Knowledge,* 2nd ed. Oxford University Press, 1972, p. 115.

❷ 同❷。

綜結起來說，包伯眼中的第三世界是一個超然於唯心和唯物二個世界以外的一個獨立的世界，在這個世界裏，一切都是客觀的和科學的。他認為科學必須擺脫唯心和唯物二個世界的影響。

包伯對第三世界的解釋，可說相當有趣。顯然他將一本書，包括書中的內容，視為第三世界的原因，主要是在強調第三世界的獨立特性。他將圖書劃歸於第三世界，主要也是在強調圖書的獨立特性。根據他的說法，圖書的內容都存著客觀的知識，具備獨立性，於是它的存在，與它的是否被讀者利用完全無關，否則，圖書甚至圖書館便不能獨立，便不客觀，便不科學。他這種觀念似乎不甚合邏輯，圖書甚至圖書館的館藏似乎並非客觀獨立，有關這一點，筆者稍後自有交代。最令人感到困惑難解的一點，是包伯認為所有的「知識」，特別是那些由電腦編製出來的圖書，都屬「客觀」。我們都清楚電腦必須靠人操作，成品必須經過專家的理論和程式專家的設計，否則，電腦絕不會自己編製出圖書，我們就以包伯舉出的那一套小數點後50位數的對數值例子來說吧，為甚麼那些對數值決定「小數點後50位數」，而不是51位數或49位數？顯然那一套對數值的叢書雖然是電腦編製，而非靠人工手算出來，但是真正的編製仍然是人，而非電腦。任何事，經過人的思考後所作的決定，其結果就不再客觀。這個道理應該是非常簡單透明的。

再說，他認為客觀的「事」或「物」必在唯心和唯物之外，然而他列舉的圖書、黃蜂窩和鳥窩的例子，雖然去除了唯心論，卻十足是一條唯物辯證的路線。他認為客觀的「事」或「物」必須遠離唯心和唯物，自成一統，這在邏輯上是說不通的。第一，天下萬事總離不開「心」與「物」，它們是人類的生命和生活的依靠；第二，要使知識客觀，也無需遠離「心」與「物」。當代哪一種科學不是「心」與

「物」的結合結果？第三，筆者認為世界萬事萬物，沒有永遠的客觀，也沒有永恆的主觀。而且，客觀和主觀二者的地位總是在那裏不停地相互易位❷。這種「客」、「主」交替現象，實為人類知識進步的必須條件和根本。我們所謂的客觀是「事」或「物」被五官捕獲前的「原身」，當五官捕獲它們之後，立即興起一種無意識的直覺感應，由這種感應再興起一種有意識的「主觀反應」。所以，所謂的客觀，只不過是它轉變成主觀前必經的一道過程。除非世界上的人通通失去了五官的功能，失去了記憶，失去了思想，沒有了推理，否則，宇宙中將永不會有一個永恆的「客觀」世界。假如真有這樣的世界，它將不會是一個屬於我們「人」的世界。

　　包伯為了想將「科學知識」界定為「客觀知識」，因而硬將知識納入他的第三世界，這樣牽強的說理，是很難令人信服的。

第二節　布魯克斯(Bertram Brookes)的知識觀

　　布魯克斯是世界聞名的英國資訊學家。1980年，他將在加拿大多倫多大學的演講和歷年來發表的論文彙編成〈資訊科學的基礎〉(The Foundations of Information Science)一文，分四期連載於英國出版的 *Journal of Information Science*。這可說是他申論「知識論」的代表作品，其中第一篇為「哲學觀」❷。文章一開始，布魯克斯便提到包伯的「客觀知識」。他說包伯的「知識論」❷必須延伸到「資訊」(Infor-

---

❷　請參看本書第二篇第二章、第二節。

❷　Brookes, Bertram C. *Journal of Information Science*, no. 2, 1980, pp. 125–135.

mation)❷。布魯克斯討論的出發點在資訊學，他覺得資訊科學的困難在於它沒有貼切的理論基礎，他發現包伯的「客觀知識」(Objective Knowledge)的說理，對瞭解資訊學的龍脈很有幫助。

布魯克斯對包伯「第三世界」情有獨鍾的心意，並不難瞭解。他只想將「資訊學」這一門新興學科躋身於科學(Science)之門，所以，他便不得不採用包伯「客觀知識」的論調。不過，他將包伯的三個世界稍微改變了一些，而繪成下圖：

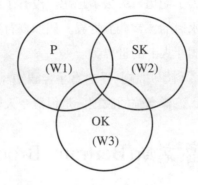

P: Physical World （物質世界）

SK: Subjective Knowledge （主觀知識）

OK: Objective Knowledge （客觀知識）

布魯克斯將「修訂」後的包伯三世界分別解釋如下：

第一世界：物質世界

---

❷ Brookes稱Ontology。根據馮友蘭先生的解釋，Ontology應為「本體論」。本體論是研究宇宙的存在的本體及真實的要素 （請參看馮著 《中國哲學史》，頁2）。筆者根據引文，追查原文，發現Popper發表的論文多限於「認知論」(Epistemology)，並未討論Ontology (本體論)。布魯克斯引為Ontology，可能有誤。

❷ 同❷。

第二世界：主觀的人類知識世界或主觀的意識形態

第三世界：客觀知識世界

　　布魯克斯第三世界中的客觀知識為紀錄、語言、藝術、科學、技術等人類思想產品。他認為這三個世界各自獨立，但卻互相起作用。他舉例說：「人類生活在地球上，他們依賴太陽的熱和光、空氣中的氧氣、溪流中的新鮮水、食物中的碳水化合物和蛋白質等等，所以，他們也成了物質世界的一部份。」[27]他與包伯最顯著的不同點，是將圖書等類似的資訊資源歸納入物質世界，也就是他自己的第一世界。

　　根據布魯克斯的說法，主觀意識派的一群學者承認圖書等為物質世界的一部份，然而，他們卻不認為書中的內容只是待人發掘的潛力。包伯的第三世界最為布魯克斯所重視。他認為包伯的第三世界的理論，實替圖書館和資訊專業活動創造了一套說理，使得圖書館及資訊工作逃離二千年來主觀意識的陰影。布魯克斯說，自然科學家和工程師開拓第一世界，而將他們的成果紀錄存在第三世界。社會科學家和人文學家的研究，屬於第二世界裏的主觀知識，並與第一世界相互作用，而將他們的紀錄存留在第三世界之中。數學理論家發明的抽象理論通通屬於第三世界。而圖書館和資訊工作者的工作是蒐集和組織第三世界的紀錄，相關理論則是研究第二世界和第三世界如何相互作用，使知識不是使文獻的組織，能夠更有效的被利用[28]。

　　布魯克斯利用包伯的第三世界來解釋資訊學是一門科學(Science)的主要原因，是第三世界講求「客觀知識」，而布魯克斯則認為「資訊科學的根，是客觀的知識理論，而不是主觀的知識理論。」[29]而

[27]　同[24]，頁127。

[28]　同[24]，頁128。

[29]　同[24]，頁127。

且，他還認為資訊科學的研究範圍，正是包伯的第二世界和第三世界相互作用的範圍。他的理由是一般學者都認為資訊科學包含了語言學、通訊學、電腦科學、統計學和研究方法，然後滲入圖書館學的專業技術，如索引法和分類法等⑩。

不過，布魯克斯認為包伯的三個世界還不夠完整。他認為包伯並沒有資訊的理念，而將資訊錯誤的解釋成一種「感官資料」(Sense-data)⑪。他說訊息來源可能依靠五官感應，可是，所獲的訊息必須經過知識結構的主觀解釋才能成為資訊⑫。他認為由五官獲得的訊息與經過主觀意識解釋的訊息不同等級。五官所獲的訊息要經過「過濾」程序，才能變成真正的資訊。布魯克斯的這項論點與筆者的觀點倒不謀而合。

綜括起來說，布魯克斯從包伯的三個世界裏為資訊科學找到了哲學基礎。但是，他卻抱怨包伯沒有考慮三個世界裏的空間(Space)，所以不能清楚地看出每個世界裏的「傢俱」都有哪些。布魯克斯的理念，認為所有的物質或物體都屬於包伯的第一世界，而第二和第三世界則只有資訊與知識。在第二和第三世界裏，不容許任何物質或物體的存在，「資訊理論裏，不能夠涉及任何物質或物體，哪怕是那些模糊的實體，如圖書和文獻。」⑬他說：「一本書是物，也是潛在的知識來源。引用圖書一詞，我們必須弄清楚它是指圖書的物體部份或是意識部份？」⑭站在資訊科學的立場，分析資訊和知識，必須專注在純粹地意識範圍。

---

⑩ 同㉔，頁128。
⑪ 同㉔，頁129。
⑫ 同㉔，頁131。
⑬ 同㉔，頁132。
⑭ 同㉔，頁132。

第三章　「紀錄世界」的知識觀

　　馮友蘭先生曾說，我國沒有哲學家，只有思想家。從古代直到民國，我國的思想始終局限於靈性意識的形而上學。形而上的思想是無需也無法求證的。我們都接受天生萬物的自然觀念，可是，卻從不探究萬物從何而來？所以，整個的說起來，我國傳統的思想只是形而上的精神文明，絲毫也沒有顧及一般性的物質文明❸。假如我們也套用包伯的「世界觀」，那麼我國的思想只有第二世界(World 2)，而沒有第一世界(World 1)。反過來，再看西方，從古至今，他們的哲學思想既包容了精神文明，也兼顧了物質文明。唯心與唯物二派的論戰始終不休。唯物派注重實驗、求證和科學，這一派可說是西方物質文明飛躍進步的根源。以宗教教義為主的唯心派，從十九世紀開始勢力反倒逐日衰退了。

　　包伯將人類知識(Knowledge)劃分成三個世界，他的第一世界便是唯物主義的世界，在知識的領域裏，它無格。也就是說，「物」為客觀實體，本身不會產生任何訊息。例如，路邊的一塊石頭，本無名像，直到它出現在我們眼前，使我們興起感應，才獲得「路邊有一塊石頭」的訊息。因此，我們可以說，「物」為被動的訊息源。包伯的第二世界，是唯心主義的世界。在知識領域裏，它屬於「主觀意識」的範圍。包伯稱第三世界為「客觀知識」的世界，也就是他所謂的科

---

❸　熊野正平〈中國思想的近代展開〉，《中國思想——儒家》，宇野精一主編，洪順隆譯，臺北，幼獅，民國66年，頁209。

學的知識[36]。假如我們仔細推敲他的「知識三分法」，我們便會發現很多的漏洞。例如，他將知識分成「唯物」與「唯心」二個世界，而與「客觀知識」的第三世界鼎足而立，這樣的劃分方法似有過分強調客觀意識之嫌。其實，這樣的誇張解釋是無必要的，無論是「客觀知識」或「主觀知識」都屬於知識的領域，都屬於同一個意識形態世界，通通屬於他的第二世界。真正講起來，包伯的「客觀知識」（第三世界），只不過是它轉變成「主觀知識」（第二世界）前必經的一道過程。我們認為知識世界裏既沒有永久的「客觀知識」，也沒有永恆的「主觀知識」[37]，今天的「主觀知識」是轉變成明天「客觀知識」的前導。因此，包伯的第三世界實在是不必要的節外生枝。

布魯克斯贊成包伯第三世界的說法，理由甚為明顯。他採用最普通的「三段論法」(Logic of Syllogism)的論證邏輯來「證明」他的「資訊學為科學」的道理：

①資訊科學必是科學知識：　A＝B　（布魯克斯的假設）
②科學知識必是客觀知識：　B＝C　（包伯的第三世界）
∴資訊科學必是客觀知識：　A＝C　（布魯克斯的結論）

所以，他說「資訊科學」(Information Science)符合包伯第三世界的定義，也就是符合「客觀知識」的範疇。然而，布魯克斯三段論中最脆弱的一環，便是他先自我認定「資訊科學必定是科學知識 (Scientific Knowledge)」，然後再以包伯的第三世界來圓說。布魯克斯只是為了迎合包伯「科學知識必定客觀」的理論，他也就強調資訊科學

---

[36]　Miller, David ed. *Popper Selections*. p. 60.
[37]　筆者認為只有「死」的知識才是永恆的主觀知識。例如，「地球為方」的學說。

必定是一門客觀的學科。但是，甚麼是「科學知識」？甚麼又是「客觀知識」？為甚麼「科學知識必定客觀」？　稍前，我們曾說過，在知識領域裏，「客」「主」位恆易。「客觀」與「主觀」的區分，就像「我看人」，人是「客」，我是「主」；而「人看我」，我是「客」，而看我的人就成了「主」。再例如，一本書的內容，對著作者本人來說，它純然是著作者的「主觀」，代表著作者的「主觀意識」。然而，對讀者甲來說，在翻閱細讀那本書之前，那本書純為一「客觀」的「物」❸。由於他並不知道書裏述說些甚麼，該書的內容對他來說，也完全「客觀」。一旦當他翻閱細讀了那本書之後，讀者甲閱讀該書的內容產生出一種「意見性」的反應，這種反應便成了讀者甲的「主觀意識」。假如，這位讀者再將該書中的觀念引用到自己的作品中，或凝合在自己的思想裏，原來的「客觀意識」便成了讀者甲的「主觀意識」。這就是說，讀書的過程會使圖書中著者的「主觀意識」變成讀者的「客觀意識」，最後再由「客觀意識」轉變成讀者的「主觀意識」。人類識字、讀書、求知識，記憶、學習、求經驗，以致人類的文明進步、文化水平的不斷提升，莫不都是這種「客觀」與「主觀」互相快速不停換位的結果。也許，這個道理正可說明為甚麼在一個思想開放、學術非常自由的環境裏，人們的文明進步特別快，文化水平也特別高。

　　布魯克斯為了冀求資訊學被視為科學，於是先有了「主觀意識」的假定，然後，再「主觀」地以包伯「主觀意識」的第三世界來作後盾，這樣「逆理成章」的方式，不僅有失「客觀」，而且也不科學。事實上，有些西方學者將資訊學歸屬於社會科學(Social Sci-

---

❸　假如包伯從讀者的立場指圖書為「客觀」，從發現黃蜂巢的立場指黃蜂巢為客觀，那麼包伯的觀點是合邏輯的，只是他並無這樣的說明。

ences)❸❹，但是根據包伯的解釋，社會科學為主觀的知識，屬於第二世界。這一論點與布魯克斯的見解不符合，所以他才同意包伯在知識的領域裏還另有一個第三世界的說法。

我們不能同意第三世界的論點。因為，我們假定宇宙中只有「形體」與「意識」二大陣營。前者包括一切有形象的「物體」，後者則包括貯存在每個人大腦中的「感應、思想、經驗和理念」。再簡單一點說，除了捉摸不著的人的「靈性」以外，其他都屬於「物體」。根據這一個大假定，我們將一切由五官感應、思想、經驗和理念所產生的資訊(Information)歸入「心靈」一門。資訊是「心靈」的發揮，也是「心靈」的人格化和形式化。

圖書館的生存邏輯在「資訊紀錄」的徵集、組織、整理、貯存、運用和推廣，它的一切工作與服務都是以「資訊紀錄」為導向。在「紀錄的意義」一節，我們說明紀錄的組成條件有三：訊息、「表達媒體」和載體。假如我們將訊息和「表達媒體」視為一個資訊的整體，那麼：

$$資訊紀錄 = 資訊 + 載體$$

---

❸ 也許讀者從本章的討論會發現，社會科學(Social Sciences)的「科學」一詞也是不十分正確的。我們論科學是指「利用標準的方法或程序獲得千篇一律的結果」。化學、物理可以做得到，然而經濟學、社會學、政治學等卻做不到。主要原因，化學、物理的研究對象為「物」，而經濟學、社會學等的研究對象為「人」。「人」多變，主觀意思強，以「人」為對象的研究不可能獲得「客觀」的結果。所以雖然社會科學自稱科學，其實卻不是科學。

❹ 有關社會科學的解釋，請參考 Li Tze-chung, *Social Science Reference Sources: A Practical Guide.* New York: Greenwood Press, 1990, Chapter one.

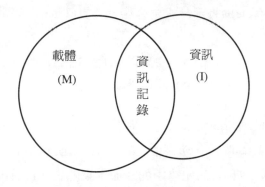

　　任何資訊載體皆為材料製成的物質實體，為「物」，屬於包伯的第一世界。同時，我們假設只有主觀意識的「知識」，沒有客觀意識的「知識」。根據包伯的說法，主觀意識的知識屬於他的第二世界，所以，一切由「心靈」產生的資訊也屬於包伯的第二世界。包伯並強調第一世界和第二世界相互作用，相互影響。以資訊紀錄的產生來說，似乎正是包伯第一和第二世界相互作用，相互影響的結果。我們所指的「物」和「資訊」（心靈的產物）本就代表人間的二個世界：一個為「物」，一個為「心」。資訊紀錄使「物」和「心」二個世界緊緊地合在一起，不能分割，(M) ∩ (I) ≠0；一旦這二個世界分開，也就是說，(M) ∩ (I) =0，資訊紀錄便無法產生，大腦裏的感應、思想和智慧便無法留存下來。這就像我們的原始祖先，由於他們既無表達媒體，也無載體，所以無法形成有型資訊，無法產生資訊紀錄。他們只有懵懵懂懂，沒有「心靈」地生活著。

　　我們曾經說過，資訊為主觀訊息的集合，它必定主觀。載體為「物」，「物」本為無格也無個性的「客觀」體，一旦成了資訊載體，它就有了個性。例如，錄音帶不能錄影，紙不能用作磁碟片等等，因此，資訊載體也非一般的「物」，它也有主觀性。我們將這種關係以

真值表(True Value)❹表示，設定客觀性為真(True)，設定主觀性為偽
(False)，那麼：

$$（載體）\wedge（資訊）=（資訊紀錄）$$

$$（F）\wedge（F）=（F）$$

　　從上式我們獲得的結論是凡由載體與資訊合在一起組成的資訊紀
錄必定「主觀」(Subjective)。這一點也間接證明包伯的第三世界不可
能存在。其實，每種資訊紀錄中的資訊本來就是「資訊創造者」的主
觀意識的成品，資訊紀錄具備主觀性，那就更是當然的結果了。

　　既然，我們發現資訊紀錄具備主觀性，它就不可能屬於包伯的第
三世界了。那麼，它該屬於哪一個世界呢？我們的答案是：資訊紀錄
屬於「紀錄世界」(World of Records)。

　　這個世界是「物」與「心」的結合，它是生長在「唯物」與「唯
心」二個大圈圈中的一個小圈圈。「紀錄世界」生存在包伯第一和第
二兩個世界之中，受著「物」與「主觀意識」二個世界的互相作用和
互相影響。「紀錄世界」不是，也不可能是一個「獨立」的世界。追
蹤史實，我們似可斷定這個世界的出現，是在人類有了「表達媒體」
（如文字、符號）和有了適當的載體（如紙）之後。它不僅使人類有
了傳揚文化的空間，也使人類有了向前進步的時間。幾千年來，由於
「紀錄世界」的發展，而使得「唯物世界」和「唯心世界」消聲匿
跡，同時，使得它們的界線也越來越模糊。也許，只能說是也許，本
來就不存在的包伯第三世界，正是我們所指的「紀錄世界」。只是包
伯無法丟棄掉那客觀意識必須獨立於唯物和唯心世界之外的包袱而
已。

---

❹　請讀者參考模糊數學。

第四章　圖書館學知識論

在我們討論正題以前，讓我們再稍稍回顧一下在前章中提到的包伯三世界。他的「第一世界」(World 1)是一切「物質或物體」，「第二世界」(World 2)為主觀的知識，根據包伯的說法，第一和第二兩個世界互相作用，互相影響。「第三世界」(World 3)為獨立的客觀知識。在包伯的眼裏，客觀的知識是「知識沒有知者」(Knowledge without knower)，「知識沒有知的主題」(Knowledge without a knowing subject)。「第三世界」是獨立於第一和第二世界範疇之外的另一個世界（如下圖）。

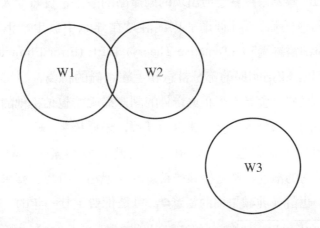

依照這個定義，我們可得：

①W1 ∩ W2≠0

②(W1∩W2) ∩ W3 = 0

　他說第三世界出於人造。不過，這個人造的世界，是一種「無心插柳」的「意外的副產品」。例如，他認為圖書和辯論都是人類語言的副產品。包伯又說，語言這樣東西，就像鳥窩❷，是一種意外行為的副產品❸。至於他說「知識沒有知者」和「知識沒有知的主題」，可說是第三世界客觀性的先決條件。換言之，知識若有了「知者」（第一世界），知識就不再客觀；同樣的道理，知識形成了主題，知識便成了主觀意識（第二世界）。包伯強調不經心或意外的副產品，目的只在加強知識形成的客觀條件，以適合他對科學知識發展途徑的假想理論：$P_1 \rightarrow TT \rightarrow EE \rightarrow P_2$。他說式中的$P_2$ (Problem 2)雖源自P_1，可是並非直接來自P_1 (Problem 1)。所以P_2是一種未經蓄意而出現的副產品。

　一切P_2皆為未經蓄意而出現的副產品的說法，實難令人同意。我們不能同意的原因，「問題」P_1或許是在無意中發生，但是從P_1到P_2，其間卻需經過TT (Tentative Theory) 和EE (Error Elimination)這兩關，而TT和EE則明顯的都是蓄意和主觀意識的行為，在這樣的情況之下，P_2又怎能會是不經心或意外的副產品呢？包伯稱他的第三世界為「客觀的知識世界」就更難自圓其說，矛盾極多。

　我們的觀念與包伯恰好相反。我們認為知識(Knowledge)的形成，以及它的演進，都必須經過蓄意的「過濾」行為。蘋果掉在牛頓的頭上，也許並非蘋果樹的蓄意❹，可是他費了廿一年的光陰，才想

---

❷　包伯(Karl Popper)的意思是說鳥窩和鳥之間，並不一定有直接的關係。例如，人造鳥窩。有鳥住進來是一種意外，沒有鳥，鳥窩仍舊是鳥窩。鳥窩的存在並不受鳥的影響。

❸　Miller, David. *Popper Selections*, p. 69.

❹　「蘋果掉在牛頓的頭上」是後人言傳的故事，不能當真。這就像「美國華

出一則萬有引力定律，這可絕非偶然。再說，法國居理夫人發現鐳元素，又豈能算是她的運氣好？因此，我們認為「知識必有知者」，而且「知識必有知的主題」。否則，所謂的知識只能算作普通常識(Common Knowledge)而非專家學者所擁有的主題知識。實在講起來，所謂客觀的科學，實指科學的成果和科學的研究實驗有它千篇一律的客觀標準和步驟，並不是指演繹出來的學說和理論。任何理論和學說都必定「主觀」。

第一節　圖書館與知識組織

研討圖書館學知識論，我們必須以「個體資訊」(Micro Information)❹為分界線，將它分成「前知識論」和「後知識論」二個不同的層次進行。「前知識論」討論從訊息的產生直到「個體資訊」(Micro Information)形成為止。「後知識論」的討論，則從「個體資訊」直到「主題知識」(Subject Knowledge)組織完成為止。在「認知論」一章，我們已經說明中外學者所謂的「知識論」(Theory of Knowledge)，只解決了「認知論」的「知」(Knowing)，僅止於「普通知識」(Common Knowledge)，卻絲毫也未涉及「知識」(Knowledge)的形成。在前面幾章，我們對它們之間的區別已作過說明，這裏我們就不再重複了。

盛頓總統幼時砍斷櫻桃樹」只是一則故事，而非真有其事。真實的情況是他「恰好看見一枚蘋果下落」。請參考Hawking, Stephen W. *A Brief History of Time*. New York: Bantam Books, 1988, p. 5. Hawking被譽為廿世紀十大思想家之一。這本書值得一讀。

❹　請參考拙作《圖書資訊組織原理》第三章「知識之意義及組織」。

一、前知識論

我們說過，訊息(Information)的產生，始於五官捕捉到客觀事物和現象，從而興起了直覺感應。例如，我們的眼睛，透過光線看見園子裏一叢金黃色的牡丹花，在書架上看到一整排的圖書，那一叢牡丹花和那一排圖書，都是客觀的「物」。假如不是我們的眼睛看到它們，花將會永遠地、靜靜地生長在園裏，書也會永遠地、靜靜地樹立在書架上。一旦當我們看到了那一叢花，看到了那一排書，我們的腦神經獲得了「視訊」 ❹，而立即興起感應(Sensation)，由這種感應，使我們不自覺地讚嘆「這朵牡丹花好美！」當我們看到那一排圖書，我們自然地會趨前查看都是些甚麼書？假如，我們發現一本標題新鮮的書，我們便會取下來翻看。像這種對牡丹花興起的讚嘆，對一特定圖書引發的注意，都是由視覺所引起的「主觀意識」。我們為甚麼特別欣賞（或不欣賞）這朵花和那一本書？就因為我們的腦神經中樞對這朵花和那一本書作了主觀性地「歧視性」的選擇。這種「歧視性」的選擇，便是我們所謂的「過濾」程序(Filtering Process)。我們將五官感應經過腦神經中樞過濾後的選擇稱為「決定1」(Decision 1或D1)。

客觀事物 → 五官感應獲得訊息 → 過濾 → 決定1（主觀意識或行為）

我們有了D1，緊接著我們還需作一連串的決定：在讚嘆那朵牡丹之後，我們又該做甚麼？選出那一本書之後，我們又該做甚麼？最簡單的D2，是在讚嘆那朵牡丹之後，我們便將它丟到腦後，忘個乾淨；在選出那一本書之後，我們也可將它放回原處，忘個乾淨。假定

---

❹ 由眼睛透過光波獲得的訊息稱為「視訊」，此外還有「聲訊」「嗅訊」「味訊」「觸訊」和「電訊」。這些訊息皆屬筆者個人淺見，請讀者注意。

我們「過眼就忘記掉了那一朵牡丹花」，可是，我們卻將選出的那一本書帶回家中，準備仔細研讀。於是，從那一本書又開始另一道新的決定歷程，而產生決定2，或D2。這一道歷程是如此演進的：

那一本書 → 視訊 → 過濾 → 決定2（客觀資訊紀錄成為新的主觀資訊紀錄）

　　解釋：那一本書對我們來說，本為一客觀的「物」，這個「物」與那一朵牡丹花都含帶「意義」，後者的「意義」是它的「美」，前者的「意義」是書裏貯存著的「內容」(Contents)。「內容」代表著作者的「主觀意識」，一種著作者有意傳播的意識和理念。當我們閱讀這本書的時候，必須要有足夠的亮光使紙上的文字、符號、數字和圖像能夠透過光波，反射進眼睛裏，光波的頻率使眼神經受到對等頻率的感應，刺激大腦的神經中樞，在這個時候，大腦神經中樞便將獲得的頻率立刻轉換成「訊息」，再立刻將它們送到「記憶」部門去查對，看看這都是些甚麼「訊息」？假定查核結果，發現它們都是熟悉的中文字，於是，大腦神經中樞便會更進一步地透過「過濾」程序，鑑定和思考文字的意義，最後作成「主觀意識」的決定，這個決定包括：意義的取（存入記憶）、捨（不存入記憶）、比較和適當的行動反應，例如「主觀意識」認為書中有意義、有價值的部份，決定利用適當的「表達媒體」，將它們記錄在紙上，而成為新的「資訊紀錄」(Information Record)。這便是「決定2」(D2)的由來。

　　在「紀錄的意義」一節，我們曾說明：「凡利用表達媒體將五官感應、思想、觀念及經驗等訊息記錄於載體中者，通稱為資訊紀錄。」這種資訊紀錄，便是我們所謂的「個體資訊」。「認知論」中所謂的「知」，僅說明感應、思想、經驗和理念的產生，而「個體資訊」卻代表那些遊移不定的「感應、思想、經驗和理念」等訊息被凝

固成型的一種結果。在知識領域裏,「個體資訊」代表主題中性(Subject Neutral)的片段資訊,它是組成主題知識(Subject Knowledge)的基本元素。它可能是一篇文稿、一張照片、一卷錄音帶、一張磁碟片、一張畫、一尊雕像、或剛剛發掘出土的一些文物等等。資訊個體,無論其形格及內容,從它們的產生,一直到變成資訊紀錄為止,其不都經過了層層疊疊「主觀意識」的思考及研判的過濾程序。任何成型固化的資訊個體,十十足足都是「主觀」的資訊。

綜合前述各點,我們可以獲得一個簡易的通用資訊演進的流程:

$$客觀事物 \rightarrow 五官感應產生訊息 \rightarrow 過濾程序 \rightarrow 決定$$
$$Q_i \rightarrow I_j \rightarrow F_i \rightarrow D_i$$

對上面這則流程式,我們有幾點假定和說明:

假定:

①為五官(眼、耳、口、鼻、觸)捕獲的任何事物皆為客觀事物

②任何訊息的產生都必須透過五官(眼、耳、口、鼻、觸)

③五官殘缺的人,獲得的訊息必不完整

④凡透過五官所獲得的視訊、聲訊、味訊、嗅訊和觸訊,都必經過思考及研判的過濾程序

⑤凡經過過濾程序而形成的資訊必為主觀資訊

說明:

Q_i 　為i項客觀事物, $i = 1, 2, 3...n$

I_j 　為五官捕獲的訊息, $j=$視訊、聲訊、味訊、嗅訊和觸訊

F_i 　為i項訊息經過的過濾程序

D_i 　為經過過濾程序後對i項訊息所作的決定

人類的一切行為(Behavior)，可說都是遵循這套流程而作決定的。就以看書為例，我們看一本書，書中每一字或每一個符號都是先經過視覺，使視神經獲得「訊息」，再經過大腦的思考和研判，才使我們能夠瞭解書中的每一字、每一句和每一篇文章所表達的意義。因為這整個過程快速得超越我們的想像，而使我們無法感覺出來而已。

二、後知識論

凡暫存在大腦裏的訊息，包括感應、思想、理念和學習得到的經驗，都屬於「未成形」的資訊。所謂資訊「未成形」是指它們的「內容」還未凝固化，隨時都有「改變心意」的可能。這類資訊的可信度最低。資訊「內容」必須要記載到載體中，成為資訊紀錄以後，才算凝固，才算定型。稍前，我們解說過了「個體資訊」，也就是資訊紀錄，如何產生。因此，我們對「前知識論」已算有了初步的交代，現在讓我們的注意力轉向「後知識論」。「後知識論」是講述「主題知識」(Subject Knowledge)的形成。

資訊紀錄的形成，也就表示無論是「看得見」的有形紀錄，如圖書，或是「看不見」的無形紀錄，如貯存在電腦裏和其週邊設備裏的「數位」(Digital)資訊，到此時為止，都已經「定型」。我們稱這類資訊為「定型資訊」。根據定義，資訊紀錄為資訊與載體的組合。資訊的範圍，可說無際無邊，而載體的種類，從理論上講，更是包羅了整個物質世界。在這麼多的資訊紀錄中，它們的內容品質，必定參差不齊。它們的價值和時效，也各各相異。為了簡化討論，我們必須主觀的從資訊紀錄堆中，作適當的取捨和選擇，只將「有意義」和「有價值」的資訊紀錄納入各自的知識系統。而最具代表性的知識系統，便是圖書館。

圖書館的傳統任務，就是徵集、組織、整理、貯存、運用和推廣一切有意義和有價值的資訊紀錄。我們最熟悉的圖書，便是印刷型資訊紀錄的一種。其他還有更多非印刷型的資訊紀錄，如縮影捲片、各種音樂及影像的光碟、電影片、網際網上各資料庫等等。我們以圖書為例，當圖書館根據館藏發展政策，將需要的圖書徵選進館以後，第一個重要任務，便是根據統一的編目分類法則編組圖書，利用同一的分類號，使同屬性的圖書在排架上能夠有序地排列在一起，而形成主題(Subject)。這個主題，便是我們稱的知識(Knowledge)。圖書館歷經數千年而仍屹立不衰，主要原因便是它有組織知識的特殊能力。這種能力代表著圖書館的固有文化。雖然，廿一世紀將是「資訊數位化」(Information Digitization)的世紀，一切資訊紀錄都會從有形轉變成無形，可是，組織知識的道理是不會改變的。現在網際網上的Metadata和檢索引擎(Search Engine)之被資訊工業界和圖書館學界重視，便是很好的證明。

第二節　知識組織模式

「主題知識」，是指根據統一的編目分類法則，將同屬性的圖書編組一起，而成的知識。我們認為「知識必有知的主題」，否則，它便不是知識，只能算是普通常識。

廣而言之，我們指的圖書只是「資訊紀錄」的一種，也就是我們稱的「個體資訊」。每一不同標題、不同版本和不同形格(Format)的任何種類的資訊紀錄，皆稱為「個體資訊」。它可能是期刊中的一篇文章，也可能是一本書，也可能是一卷錄音帶等等。在知識結構中，「個體資訊」為最基本的組織單元。其上有「整體資訊」、「個體知

識」、「整體知識」和「群體知識」。「群體知識」是主題知識的最高層（參看圖五）。我們以《孔子思想》一書來代表「個體資訊」，其上為「儒家思想」。我們假設在「儒家思想」這個主題之中，除了《孔子思想》一書外，還有《孟子思想》，還有有關「儒家思想」的期刊文章和其他文獻。我們將這些不同種類有關「儒家思想」的「個體資訊」合組成「儒家思想」這一主題。利用同樣的原理，將有關「先秦哲學」的「儒家思想」、「墨家思想」、「道家思想」等的各種「整體資訊」合組成「個體知識」。準此類推，而終至「群體知識」，它包括全部「哲學」類的全部相關「個體資訊」。一所圖書館的館藏若朝著這個方向持續發展，稱它是一所「哲學圖書館」當不為過。對學者專家來說，一位中國哲學界的學者，決非是一位只讀過《孔子思想》一本書的人，根據我們設定的標準，他的中國哲學知識至少應該達到「先秦哲學」的層次，也就是說，他應該熟稔先秦的各家思想學說。一位被尊為「哲學家」的學者，他的中國哲學知識，至少也應該達到「中國哲學」的層次，他不僅應熟稔「先秦哲學」，還要熟習漢代哲學、魏晉南北朝時代哲學等等，此外，他還應該在「中國哲學」的主題上具有創意和精闢獨到的見解。中國近代，專攻中國哲學的學者不少，可是，能真正算得上「哲學家」的恐無幾人。

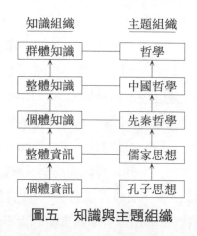

圖五　知識與主題組織

第三節　知識演進模式

　　宇宙萬象皆有源頭，也都有它們發生的道理。幾千年來，人類知識繼續不斷地進步，現在科學家們具有的知識，就遠比一二百年前的人，要高深得多。別的且不提，現代的太空物理學家們，知道如何利用太空火箭將探勘儀器送上火星，這份能耐，豈是昔日科學家所能企及？知識是漸進而累積的。我們相信今天的知識必優於昨日的知識，而且，我們更相信經濟高度發展國家人民的知識水平，一定高於同時代非開發國家人民具有的知識水平。

　　在「知識生知識」的大原則下，我們必須承認人類的知識，是從零點開始，經過世世代代，點點滴滴的累積，才達到了今天的水平。而它的進展速度，更是越來越快，範圍也越來越廣。這種現象很像陸地上揚起的蘑菇樣的旋風，它由地面盤旋上升，直衝到天。筆者稱這樣的知識發展模式為「旋風式知識發展模式」，它代表人類知識的進

展: 從無到有, 從小到大, 從低到高, 從有限到無限。

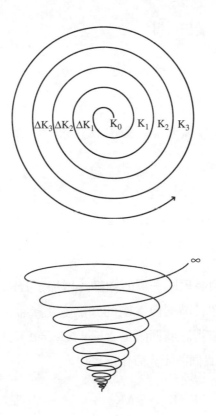

圖解: K_n = 知識層次n,　n = 1, 2, 3...∞

ΔK_n = 在極短單位時間內n 層知識增加值

　　上圖代表一個獨立社會的知識演進型態。我們假定某一社會的知識起於K_0。當這個社會的知識增進到K_1層時, K_1與K_0二層次間的唯一差別在K_1層知識中多了ΔK_1。ΔK_1代表在K_1時的知識增長量。假如我們利用數學公式來表示, 那麼,

$$K_1 = K_0 + \Delta K_1 \qquad (1)$$

同樣的道理，我們可得：

$$K_2 = K_1 + \Delta K_2 \qquad (2)$$

$$K_3 = K_2 + \Delta K_3 \qquad (3)$$

讓我們利用K_3知識層次來說明：K_3一層的知識比K_2層多增加了ΔK_3量的知識：

$$K_3 = K_2 + \Delta K_3$$
$$= K_1 + \Delta K_2 + \Delta K_3$$
$$= K_0 + \Delta K_1 + \Delta K_2 + \Delta K_3 \qquad (4)$$

從(4)式，我們發現K_3一層的知識，增加了ΔK_1、ΔK_2、ΔK_3量的知識（在極短單位時間內ΔK_n的知識變化量可正可負，正則知識增值，減則知識衰退。我們設定$\Delta K_1 \neq \Delta K_2 \neq \Delta K_3$）。$K_0$為大於或等於0的常數。假如我們將(4)式簡化，可得：

$$K_n = K_{n-1} + \Sigma \Delta K_n \qquad (5)$$
$$(K_n \geq 0)$$

第(5)式便是社會知識演進和進步的程式。假如我們用普通話來解釋，(5)式是說：

（廿世紀人類的知識）＝（廿世紀以前人類的知識）＋（廿世紀中人類增加的知識量）

（今年的知識）＝（今年以前的知識）＋（今年一年中增加的知識量）

（今天的知識）＝（今天以前的知識）＋（今天一天中增加的知識量）

（一小時內的知識）＝（一小時前的知識）＋（一小時內增加的知識量）

（受教育時獲得的知識）＝（受教育前的知識）＋（受教育時增加的知識量）

（一個人一生的知識）＝（零知識）＋（一個人一生中增加的知識量）

　　根據(5)式，對整個社會的知識水平來說，我們的推論是：

①知識進步的社會：$\Delta K_n > \Delta K_{n-1}$

②知識停滯的社會：$\Delta K_n = \Delta K_{n-1}$

③知識衰退的社會：$\Delta K_n < \Delta K_{n-1}$

　　雖然有些地區、有些時期中的人的知識或會陷於停滯，甚至呈現倒退的現象，不過，宏觀地講起來，在長時期中人類的知識，總是向前進步的，這也就是說，$\Sigma \Delta K_n > 0$。在(5)式中，我們設定$K_n \geq 0$，這就是說K_n不會小於0。道理不言可喻。

第五章　結論

　　世上沒有與生俱來的天才，也沒有落地娃娃的發明家❹。所謂的
天才和發明家，其不都是靠前人留下的智慧和經驗，使他們能夠獲得
三級跳的踏板，否則，無論他們多機靈聰明，也不會跳出新成績和新
紀錄來的。在這一篇裏，我們說明「知」的道理，也說明「知」與
「知識」的分別。同時，我們還間接證明包伯的第三世界並不存在。
而他所謂的第三世界，實為我們所稱的「紀錄世界」。這個世界是人
類自己拓創的生活環境。它使我們能夠傳揚文化，同時，也給予我們
後代改進生存條件的憑藉。

　　中國古代的思想家對「知」的認識約可分為三類：第一類是實用
的「知」，如老子的政治的「知」和孔子的教育的「知」。他們都是生
活實驗家，並不十分在意「知」的理論。第二類為莊子一派「超感覺
經驗」形而上虛幻的「知」。第三類為荀子、孟子帶頭主張的五官感
應的「知」和「良知」，這是中國「知」的理論。他們的說理大都偏
向唯心的「心知」。在「認知論」上，最有成績的應該是墨派。墨家

---

❹　根據美國《華盛頓郵報》(*The Washington Post*)，June 6, 18, 1999 (p. A3)的
　　報導，美國神經系統科學家分析愛因斯坦(Albert Einstein)的大腦結果，發
　　現其中"Parietal lobes, the interior parietal lobules, are larger than normal,
　　making his brain 15 percent wider than average."他們認為"Inferior parietal"
　　部份與數學理念和多維性思考能力有關。不過，他們強調這僅是有關腦神
　　經組織與智慧相關的初步研究，還需要再多研究比較數位絕頂智慧型的大
　　腦，才能作成可靠的結論。往後，若證實有「落地娃娃」的天才，那麼筆
　　者不相信有「生來知之」的這種理念，自應推翻或修改了。

特別注重「恕」的理論，也就是注重理智的「知」，也就是推理的「知」。筆者稱這一類的「知」為「幻想的知」。「幻想的知」是科學家、發明家的「知」，是超人的「知」。可惜的是，中國歷代的君主帝王都崇尚唯心的「知」，而從不鼓勵人們探索理智的「知」。所以，我們雖然有了改變世界的火藥、指南針、印刷術，卻沒有大砲、沒有方向盤的發明，也不見有遍及全國的大規模印刷廠的設立。反過來看，十八世紀以來的西方哲學家所注重的「知」，都特別強調理智的「知」和推理的「知」，所以，西方的國勢強盛，科學進步，物質文明不斷提升。

無論中外，思想家和哲學家所討論的「知」只止於「知」(Knowing)，而從未想到主題的「知」。即使近世如包伯，他也認為「知識沒有知的主題」(Knowledge without a knowing subject)才是客觀的「知」，才是科學的「知」。可是，根據我們的見解，所謂沒有主題的「知」也是主觀的「知」。科學的「知」也並非是客觀的「知」。科學的「知」不僅主觀(Subjective)，而且必須要有主題(Subject)。沒有主題的「知」，只是五官捕得訊息引發的感應，它們是普通常識(Common Knowledge)，而非主題知識(Subject Knowledge)。

「知識」是一種具有特別主題傾向的專門學識和經驗。在中國語文習慣性上，我們常稱「某某人有知識」，多指該人「知書達理，有教養」，這種說法實與我們所研討的「知識」毫無關聯，也無衝突。這就像英語系國家並不認為Knowledge 一字帶有主題(Subject)的意思一樣❹，語文本是用來傳達意義的一種表達媒體，它們的缺點就是常常「詞不達意」。除非我們有了代表主題知識的新字，這種「無『知

---

❹ 近二年來，在美國資訊及圖書館界的學者專家，已經覺察到Data, Information, knowledge三字在意義上應有分別。

識」」與「有『知識』」意義上的含混，是很難避免的。不過，筆者常常喜歡利用「書店」和「圖書館」來比較說明「知識」的真意。書店和圖書館都是貯存圖書的地方，假如我們不談生意，二者在處理圖書的方法上，卻有明顯的不同。前者收藏圖書既無一定的主題傾向，也無系統性的編目分類。而圖書館收購的圖書不僅含有一定的主題傾向，而且進館之後，還需經過系統性的編目分類，使它們在排架上能顯示出主題屬性的親疏關係，這可說是二三千年來一直都是圖書館歷史性的專門職責。這種「責任」一直到今天還未改變，也許，永遠也不會改變。

　　「主題知識」畢竟不是建立在鋼筋水泥裏的知識，它必定會隨著相同屬性個體資訊的改變而改變。一個進步的社會，絕不會有永遠不變的主題知識。隨著時日的增長，它長年不停地變，不斷地新陳代謝，知識就像永不停息的旋風，它越轉越大，越轉越高，而風圈中所攜帶的碎石子也越來越多。這些大小不同的碎石子，便是各個主題中涵蓋衍生的分枝。知識恆變的原理，使社會中每一個人的思想、觀念都不能故步自封。就以我們圖書館員來說，為了盡到我們組織資訊、架構知識的職責，我們學習鑽研的方向，似乎也應慢慢地轉向如何捕捉、組織、整理、及運用網際網(Internet)上來往遊梭的豐富Metadata㊾。

㊾　Metadata和Metatagging是組織網際網上浮游資訊的新知識和技術。希望有興趣的讀者多鑽研它。

第五篇

圖書館學資訊基礎

　　廿世紀90年代的資訊學界，幾乎異口同聲地說人們已經生活在「數位化資訊社會」(Digitized Information Society)中了。但是，也有學者不以為然❶。就以美國微軟公司(Microsoft Corporation)董事長蓋茨(Bill Gates)為例，在他的眼裏，人類真正踏進「數位化資訊社會」，至少還要再等上半個世紀❷。我們要問：到底甚麼樣的社會才能算是真正的「數位化資訊社會」？根據Gates的定義，「數位化資訊社會」是指社會中一切定型資訊紀錄都已全盤「數位化」(Digitization)。也就是說，在那個社會裏，人們通訊或紀錄用的任何「表達媒體」，例如文字、符號、圖像、音響等等，都變成了0與1的「二位數值」(Binary Number)，貯存在電腦及其相應的週邊設備裏，並且透過網際網，在光纜或無線電波中來來去去。若以這個定義為標準，那麼，現在的我們，最多只能算正躋身在通向「數位化資訊社會」的隧道裏，雖然已可看見前頭一線亮光，然而離開隧道口還有好長的一段距離。話若說回來，假如我們不以資訊的「數位化」為「資訊社會」的唯一條件，那麼人類早在幾千年前就已經生活在「資訊社會」裏了。否則，一個沒有「資訊」(Information)的世界，人類根本不可能綿延生存了這些年，更不可能見到現代的高樓大廈、輪船汽車、飛機和太空船。當然，這個沿襲了數千年的「資訊社會」與蓋茨眼中的「數位化資訊社會」有很大的區別。這個區別就落在資訊「表達媒體」的應用、操作方法和效果上，尤其在資訊傳遞的速度上，舊時的「資訊社會」有如毛毛蟲，蓋茨的「數位化資訊社會」則像蝴蝶。

　　在傳統的社會裏，也就是說在數位化前的資訊社會裏，人們使用

---

❶ Stevens, Norman D. "The History of Information," in *Advances in Librarianship*, v. 14. NY: Academic Press, 1986, p. 1.

❷ Gates, William. *The Road Ahead*. NY: Viking, 1995.

的「表達媒體」為語言、文字、數字、符號和圖像等，而記錄感應、思想、經驗與理念等訊息的方法，則不外手抄、筆錄、錄音、錄影、照相。在蓋茨的資訊數位化的社會裏，「表達媒體」依舊是語言、文字、數字、符號和圖像，可是，它們經過了「不同」的「記錄」程序，卻通通都變成了0與1。資訊數位化的結果，使它們的形象起了變化，它們的「內容」本身卻仍舊白是白，黑是黑；仍舊中國人講中國話，外國人講外國話。這也就是說，雖然數位化資訊前後，產生了二種截然不同的資訊環境，可是，人類意欲表達的資訊「內容」卻一點也不會改變。這個「內容」不變的道理又在哪裏呢？道理就在人類表達訊息時，必須依賴不變的「資訊基礎」(Information Foundation)。這個「資訊基礎」便是「語意資訊」(Semantic Information)。

在〈圖書館學知識論〉一篇裏，我們曾將傳統的「知識論」劃分成「前知識論」和「後知識論」二個不同的層段。這樣的劃分，目的在強調「知」與「知識」的不同，也就是說明，中西方學者所討論的「認知論」都只講到「知」，而並未真正涉及到「知識」，更沒有講到「知識」的結構和組織。在「前知識論」一節中，我們討論訊息的產生，直到「定型」的「個體資訊」出現為止；在「後知識論」中，我們的討論始於「個體資訊」，終於「主題知識」的組成。不論我們是講「知」或是討論「知識」，我們的重心始終注定在一個基本原則上，那就是所謂的「知」，所謂的「知識」，它們都是含帶有特殊「意義」(Meaning)的「資訊」(Information)，也就是我們稱的「語意資訊」。說真的，我們萬難相信地球上會有不含「意義」的資訊。即使資訊學開山祖師仙農(Claude E. Shannon, 1916–)提出的「工程資訊」(Engineering Information)❸也不能例外。

仙農在他研究通訊理論(Communication Theory)的時候，他最重

要的一個假設(Hypothesis)便是設定「工程資訊」(Engineering Infor-
mation)不含帶「意義」，他的目的，並非宣稱「工程資訊」不含帶意
義，只是想使他的研究，能夠化繁為簡地不節外生枝，否則，他也不
必「借題發揮」地討論「重複」(Redundancy)和「負熵」(Negative
Entropy)等問題了。就因為他蓄意地將資訊劃分成「語意資訊」和
「工程資訊」，而使我們明白圖書館學的資訊基礎，原來就建立在與
「工程資訊」有別的「語意資訊」基礎上。

---

❸ Shannon, Claude E. and Warren Weaver. *The Mathematical Theory of Com-
munication*. Urbana, IL: University of Illinois Press, 1963, p. 31.

第一章　甚麼是「語意資訊」?

　　「語意」一詞為「語言意義」的簡易說法。但是,「語言」是甚麼?「意義」又是甚麼? 對「語言」來說, 我們似乎可以大略地將它分成「聲音語」、「文字語」和「姿態語」三類。「聲音語」就是我們嘴裏說的話。「說話是我們日常生活中極普通的事情, 跟走路一樣的普通。」❹說話雖然像走路一樣的普通, 可是「說話和走路不同, 它不是一種個人的行為, 是一種社會的行為。說得明白些, 要有人聽著, 我們才說話。我們說話或是報告一個消息, 或是發表一種意見, 或是要求對方有所行動, 或是表示一種感情, 總之, 你要把你的心中的意思和情感傳達給別人你才說話。」❺我們說話的目的是傳達心中的意思和感情, 然而, 說話卻受著時空的限制。路遠了, 說的話聽不到; 時間久了, 說的話容易忘記。於是我們得利用文字、符號、圖像將心中的意思和情感記錄下來, 然後再利用書信、電話、e-mail和電傳的方式, 傳送給別人。像這種利用文字、符號和圖像來傳達心中的意思和感情的語言, 我們通稱它們為「文字語」。意大利人「說」起話來, 聳肩、舉手和擠眉弄眼, 就是典型的「姿態語」。雖然我們將自己的意思和情感利用「聲音」、「文字」和「姿態」傳給了別人, 我們「說話」的最終目的仍未達成, 這個最終目的, 便是傳達的心意和情感要別人能夠懂得, 能夠瞭解。否則, 我們的「話」就算白說了,

---

❹　《呂叔湘文集》, 第一卷, 北京, 商務印書館, 1993, 二刷, 頁1。
❺　同❹。

「信」也算白寫了。從這裏，我們便該明白，「語言」的真正用意，是傳達讓別人能夠瞭解的心意和情感，並不只是傳達聲音，或傳達文字，或傳達表情。這也就是說，任何形式的「語言」都必須含帶代表「心意和情感」的特別「意義」(Meaning)。那麼，甚麼又是「意義」呢？簡單一點說，它便是人類將「語言」和事物連在一起所產生的一種理念(Concept)❻。我們試以符號(Symbols)為例來說明，英國二位著名語言學家Richards和Ogden，在1923年發展出一個「意義三角形」來說明三種不同的意義❼。

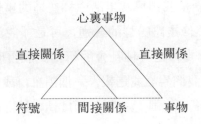

① 「符號」的意義：例如，那個「字」是甚麼意義？

② 「事物」的意義：例如，那個「東西」是甚麼？

③ 「心裏事物」的意義：例如，那個「東西」在你心中是甚麼？

　　「意義三角形」的最大特點是說明符號(Symbols)、事物(Referent)和「心裏事物」(Thought of Referent)之間的關係。Richards和Ogden二位學者認為符號與「心裏事物」有直接的關係；他們同樣地認

❻ Littlejohn, Stephen W. *Theories of Human Communication*,5th ed. Belmont: Wadsworth Publishing Co., 1996, p. 95.

❼ Ogden, C. K. and I. A. Richards. *The Meaning of Meaning*. London, Kegan, 1923; 7th ed. 1972, p. 11; Marie H. Nichols於1958年寫了一篇精彩的評介性專文， 題為"I. A. Richards & the New Rhetoric," *Quarterly Journal of Speech*, v. 44, 1958, pp. 1–16.

為事物與「心裏事物」也有直接的關係。可是，符號與事物之間的關係卻是間接的（虛線）。它們的意義，要等到符號與事物的關係透明以後，才能產生。而二者關係的透明化，則需靠「心裏事物」來為它們拉攏。否則，符號與事物各不相關，而使人覺察不出任何「意義」。例如，「書」為一「物」，「書」也是一字。這個「書」字與那一本「書」原本毫無關係。在理論上，對一個人來說，那本「書」對他毫無「意義」，也許，當他見到一「物」而問：「這是甚麼東西呀？」直到有人告訴他，那是一本「書」，他才將這個「物」與這個「書」字聯繫在一起，而從此以後，他的腦裏就永存有「書」的形象。一旦有人再說到「書」，透過他記憶中「書」的形象，立即便能瞭解「書」的「意義」，知道了「書」是甚麼。現代孩子們啟蒙學習的便是「看圖識字」。目的就是使孩子在學習中，能將「字」（符號）與「物」建立起關係，使習得的「事物」對他們變得有「意義」(Meaning)。

　　很多學者認為「經驗」也是產生意義的一種方式。例如，我們對別人「說話」，也希望別人使用同樣的語言，否則，言語便不通，彼此都不知道對方在「說」甚麼？語言溝通的先決條件，便是彼此「看圖識字」及生活經驗必須相同。我們說話、通訊的真正用意實是誘導出「意義」，而不是給予「意義」❽。

　　以上便是我們對「語意資訊」所作的解釋。

　　在本書第二篇，我們曾說過「資訊紀錄」是圖書館生存的根本。圖書館因有它而「生」，將來恐怕也會因無它而「亡」。「資訊紀錄」具備資訊、表達媒體和載體三種基本要素。「資訊紀錄」中的資訊部

<hr />

❽ Littlejohn, Stephen W. *Theories of Human Communication*, 5th ed. Belmont: Wadsworth Publishing Co., 1996, p. 96.

份必然含帶「意義」，所以，它也必定是「語意資訊」。在我們的假設裏，沒有「意義」的紀錄不能稱為「資訊紀錄」，也不能構成圖書館生存的條件。歸根結底，圖書館徵集、組織、整理、運用和推廣的資訊，無論它們的形式如何，都必定含帶「意義」。圖書館的資訊基礎，便完全建立在「語意資訊」之上。

根據前段的解釋，我們發現圖書館面對的「語意資訊」具有幾點特質：

㈠傳送的資訊必須要有確定的受訊對象

所謂「確定的受訊對象」是指一特定的Population。它可能是人，也可能是物；他可能是一個人，也可能是一群人；可能是知識水平很高的一群人，也可能是目不識丁的一群人❾；假如是物，它可能是一組同屬或相容的物，也可能是一組完全不同屬性的物。總之，一定的「語意」必定有它一定的對象。例如，利用漢文寫的書，它的對象必定是識得漢字的人（以人為對象）；一套光碟製作法，它的對象必然為製作光碟的專家（以人為對象）；錄影帶的對象是VCR（以物為對象）；錄影帶中影像的放映對象是放映機前的觀眾；數位電視廣播的對象是數位電視機（以物為對象）；電視廣播節目的對象是電視機前的觀眾（以人為對象）；同樣的道理，圖書館中館藏的對象為特定讀者群；一本書的對象是著者心目中的讀者群。「語意資訊」的傳輸必須先確定受訊對象，這個道理是忽視不得的。

㈡傳送的資訊內容必須要受訊一方瞭解

「瞭解」是一個頗具爭論性的「模糊詞」（Fuzzy Term）。受訊者要「瞭解」到何種程度或標準才算「瞭解」？以人來說，受訊者對訊

---

❾　提醒讀者，傳送的資訊不一定是文字型。

息的瞭解與他的知識水平和生活修養大有關聯。以文字為例,通常學識越高,人生經驗越豐富,對文字的瞭解程度也就越高。我國近代著名小說家張愛玲曾說❿:

> 像《紅樓夢》,大多數人於一生之中總看過好幾遍。就我自己說,八歲的時候第一次讀到,只看見一點熱鬧,以後每隔三四年讀一次,逐漸得到人物故事的輪廓、風格、筆觸,每次的印象各各不同。現在再看,只看見人與人之間感應的煩惱。——個人的欣賞能力有限,而《紅樓夢》永遠是「要一奉十」的。

若以音響表達的資訊如音樂來說,它與一個人的音樂欣賞水平雖然有直接的關聯,但是他的聽覺是否敏銳關係則更重大。廿世紀80年代,在視聽器材上最大的改進,便是將「聲訊」從類比(Analog)轉變到數位(Digital),因而大大地增加了「聲訊」的真實度。相對的,也使它們被「瞭解」(欣賞)的機會增高。

㈢資訊內容的意義在傳送和收受過程中必會造成流失

人類透過五官感應獲得訊息。由於五官功能的不夠健全和個人主觀意識的「過濾」作祟,往往會造成訊息的巨大「流失」。例如,視覺欠佳的人,看遠了便覺一片模糊;聽覺不靈的人,聽一場演講,總會遺漏掉或聽錯一大半;再加上訊息傳遞的環境及背景,結果一個人真正獲得的訊息量恐怕還不到原來的十分之六七。對「語意資訊」來說,「訊息流失」可說是造成「語意資訊」發收兩端常常不能一致的主要原因。以「口語」為例,假如我們對一位完全不懂中國話的外國人說中國話,雖然他聽得到聲音的抑揚頓挫,他卻不能將這些「聲

---

❿ 張愛玲著〈論寫作〉,《張愛玲全集》,第8集,臺北,皇冠文學,1995,頁236。

音」轉變成可以使他自己懂得的「意義」，於是對他來說，中國話所含帶的「意義」便完全流失掉了，所以他「聽不懂」。假如我們對一位「半懂」中國話的外國人說中國話，他所獲得的「意義」最多只有一半， 於是「話」中的另外一半便流失掉了。我們曾經強調：說話的用意是傳達「意義」，並不只是傳達聲音；寫信的目的，在傳達心意，也不是傳達文字。原則上，只要夠得上被稱為訊息或資訊的，它們就必定含帶某種特定的意義，而且，它們在傳遞和收受過程中，也必會受到「流失」。假如，我們以數學公式來表示這種現象，可得下式：

$$S = R + \varepsilon \qquad\qquad (1)$$

$$(0 < \varepsilon \leq 1)$$

S＝意義傳送率

R＝意義獲得率

ε＝意義流失率

說明：

①意義獲得率與意義流失率成反比。

②若要意義傳送率等於意義獲得率，意義流失率必須等於0。我們認為，由於語言的地區性特徵[11]、人性的強烈主觀意識和「語意資訊」傳送及獲得的背景，包括思考過濾、知識水平等等，必會使意義流失率大於0，意義傳送率則必定大於意義獲得率，S>R。在絕少情況下， R也會大於 S，假定這個現象為真，那麼 ε 中必定加進了與S不相同的資訊，如收訊者對 S 產生的猜測和推理等。世界上的科學家、發明家、思想家都屬於這一類的智慧型人物。

---

[11]　李家樹《語文研究與語文教學》，香港，商務印書館，1989， 頁138–139。

③語意資訊在傳送過程中，由於資訊傳輸環境的有欠完善，而造成S≠R。例如，一封潦草不堪的信，收信者獲得的意義必不周全。再例如，科技專家說話時引用專門的術語，外行人很少能夠聽懂一二。

④意義流失，也即 $\varepsilon \neq 0$，是「語意資訊」的特質，它也是一種無法完全消除的現象。這可不像仙農(Claude Shannon)在他的通訊理論中指出的「噪音」(Noise)。「噪音」是「物」的產品，只要科技達到相當高的程度，它便很可能會完全消失。而意義流失卻是「人」造的結果。「人」的行動可以劃一，「人」的思想卻無法劃一，「人」的思考過濾程序，尤其不能劃一。同時，基於先天缺陷與後天失調，每人五官所獲得的感應也不可能絕對一致。在「意義」流失的問題上，我們最多只能盡力設法使 ε 趨於0，而不能使它等於0。這就是說，收訊者獲得的意義總不會達到百分之百。這就是筆者所謂的「語意資訊」傳遞時「語意噪音不滅論」。

第二章 「意義」流失的意義

我們相信「語意資訊」中「意義」的流失是一種可以減少，但不可能完全消除或避免的現象和事實。主要是因為「人」的主觀意識太強烈，而且每「人」都有專屬於他個人的思考「過濾」程序❶，因而阻擋了「意義」自由完整地通達。更重要的是，利用聲音、文字、姿態所傳達的「意義」，僅只是真正「心意」的一種代表。所謂「心意」的代表是指「言者意之聲，書者言之記」❶。這句話的意思是說：說話只是以聲音來代表一種思想；文字則是以形象代替一種特殊的說話。「意義」的流失在通訊系統上尤其重要。

在圖書館生活中，我們經常會經驗到四種不同的「語意資訊」：第一種是「說話」，如館員與讀者之間的「說話」，館員與館員之間的「說話」；第二種是資訊載體，如圖書、期刊、錄影帶、錄音帶、縮影捲片、光碟、磁碟片等中載負的「內容」；第三種是貯存在電腦和網際網中各伺服站(Server)中的「內容」；第四種是透過電話、電傳、e-mail、電視、無線電廣播等獲得的「內容」。

在以上四種「語意資訊」當中，「說話」會產生「意義」流失的事實，可能最容易被瞭解，特別是在讀者服務部門工作的圖書館員，他們成天和讀者「說話」，經驗會特別的豐富。筆者因職務關係，常

---

❶ 有關思考「過濾」的運用，請參閱卜小蝶〈網路資訊過濾技術與個人化資訊服務〉，《21世紀資訊科學與技術的展望國際學術研討會論文集》，臺北，世界新聞傳播學院，民國85年，頁339–350。

❶ 語出《尚書》。

常讀到讀者對參考館員的埋怨。癥結多半由於館員不懂得「說話」的藝術，不懂得如何與讀者達成意識上的「溝通」，而取得問題上的協調與共識。現代一般的參考館員都沉醉於網際網(Internet)上搜尋資訊技巧的學習❶，反倒很少想到如何去增進「說話」的技巧了。對圖書館服務來說，最重要的實務，莫過於如何促進館員和讀者之間的「溝通」，使參考工作能夠達到事半功倍的績效。我國圖書館學界，甚為重視館員「說話」這個問題。館員若懂得「聽」的藝術❶，瞭解「晤談」的技巧❶，館員與讀者間「意義」流失的程度便會大大減少。

至於其他三種「語意資訊」中的「意義」流失問題，就不怎麼明顯了。我們以圖書一項來說，「意義」的流失代表選書人「不知書」和「不知讀者」，而使選進館的書無人問津。「不知書」的主要原因，是選書人對該書內容所表達的「主題知識」(Subject Knowledge)不熟悉，這就是說，該書著者所表達的主觀意識未能被選書人所瞭解。「話」也可倒轉過來「說」，選書人不懂該書著作透過「內容」所表達的主觀意識，而造成亂選亂購。「不知讀者」是表示：⑴選書人不知道讀者的圖書需要；⑵讀者沒有明確地告訴選書人需要甚麼書，於是造成了「有書無讀者」和「讀者無書」的現象。這類問題的造成，並不是館員與讀者之間在「說話」中發生「意義」的流失，而是「說話」這回事根本就沒有發生。

造成第三和第四種「語意資訊」中「意義」流失的主要原因，是

❶ Kelly, Julia & Kathryn Robbins. "Changing Roles for Reference Librarians," *Journal of Library Administration*, v. 22, no. 2/3, 1996, pp. 114–115.

❶ 沈寶環著〈聽! 仔細的聽〉,《圖書館學與圖書館事業》,臺北, 學生書局, 民國77年, 頁23–41。

❶ 黃慕萱〈參考晤談之模式、定位及評估方法〉,《資訊傳播與圖書館學》, 第三卷, 六期, 民國86年, 頁64–75。

收受資訊者，包括圖書館員與讀者，面對著網際網中各伺服站(Server)中的「內容」或電傳、e-mail、電視、無線電廣播等的「內容」，沒有「說話」的機會，不能對著它們提供的「語意資訊」表示意見。以電視廣播節目來說，「意義」流失的結果，是節目收視率的日益降低，廣告收入相對地減少，最後電視廣播公司別無他法而只有取消這個節目。其中，唯有電話的「說話」例外。諒必常通電話的人對電話中「語意資訊」中「意義」的流失，都有相當的認識和經驗，在這裏我們也就不用多說了。如何可使各類「語意資訊」中「意義」的流失率減至最小，實是一個值得我們研究的重要問題。

第三章　奇特的「漢語資訊」

　　任何語言和文字，都必定反映一個特殊的社會組織和習俗[17]。一個社群必有一個社群的語言[18]。凡生活在同一文化、同一習俗和同一時代裏的人，他們說話時所使用的文字，在意義上必定常常一致[19]。稍前，我們曾說過「語意資訊」代表一種含帶特殊「意義」的資訊，例如，利用中國漢族語言和文字表達的資訊，也必定含帶著大多數中國人都可以瞭解的特殊「意義」。我們研究的「語意資訊」，本不僅限於漢字漢語[20]，既然我們大都熟悉漢字漢語，就讓我們借這個機會，不妨專門來瞭解一下它們許多奇特有趣的地方，使我們中國人多懂得一點中國人的「說話」，稍微減少一點「漢語資訊」中「意義」的流失。至於其他語言的「語意資訊」，自有別人去研討，我們就不用去管它了。

第一節　漢字

　　漢語代表的「語意資訊」與英語所代表的「語意資訊」顯然有極

---

[17]　李家樹《語文研究與語文教學》，香港，商務印書館，1989，頁138–139。

[18]　呂叔湘《呂叔湘文集》，第一卷，頁3。

[19]　語言經常不斷在變化，古時的漢字現多已不用，便是一例。請參看《呂叔湘文集》，第一卷，第一章；曹聰孫編《古書常見誤讀字字典》，北京，語文出版社，1987年。

[20]　僅中國一國就有56個民族，每個民族都有不同的語言和生活環境。《羊城晚報》，http://www.sina.com.cn，1999年9月29日。

大的不同。第一,漢字是一種表意體系的文字,不是拼音的文字。它不像歐洲各國的文字和我國少數民族的藏文、維吾爾文、蒙文等,看見字形就可以讀出音來❷。第二,漢字是在漢語的基礎上產生著和發展著的❷。第三,漢語裏每一個字都有獨個兒的聲、韻、調,每個字都只是一個音節符號,不跟語音密切結合,不像英文字那樣只注重音節❷。此外,從單個文字來講,根據教育部於71年9月2日公佈的標準國字,常用字共4,808字,次常用字共6,341字,總計11,149字。中國大陸學者編製的《漢語大字典》一共搜羅了54,678字。然而,一本最普通的韋氏(Webster)英文字典,所列的單字總數都在160,000字以上,而且還有增無減,幾乎每年都有新字出現❷。中國漢語的「語意資訊」就靠那幾萬個單字堆砌組合而成。漢文單字數量不多,造成二種結果:用字的集中(常用字)和用字的重複。這個特點早在1949年就已為美國學者齊普夫(George Zipf)發現❷。

中國漢字最奇特的地方是它的單字數量少而不覺其少。原因在哪裏呢?中國文字(指漢字)的運用,一向不甚講究字形的多變化,而靠單字的組合和造句的匠心獨具。在近代中國知名作家當中,用字造句已達爐火純青的當推魯迅先生。在《野草》中的〈秋夜〉一篇有這樣一段❷:

❷ 《現代漢語》,北京大學中國語言學系漢語教研室,1963,頁68。

❷ 周祖謨〈漢字與漢語的關係〉,《中國語文研究選集》,香港,文新書屋,1976,頁58。

❷ 同❷。

❷ 請參看Lerner, Sid & Gary S. Belkin. *A Dictionary of New Words*. New York: Barnes & Noble, 1995.

❷ 請參看附錄二,拙著〈從紅樓夢論齊普夫律中文之適用性〉,《臺大圖書館學刊》,第九期,民國83年12月,頁115–139。

❷ 魯迅《野草》,香港,嶺南出版社,頁7–8。

我不知道那些花草真叫什麼名字，人們叫他們什麼名字。我記得有一種開過極細小的粉紅花，現在還開著，但是更極細小了，她在冷的夜氣中，瑟縮地做夢，夢見春的到來，夢見秋的到來，夢見瘦的詩人將眼淚擦在她最末的花瓣上，告訴她秋雖然來，冬雖然來，而此後接著還是春，蝴蝶亂飛，蜜蜂都唱起春詞來了，她于是一笑，雖然顏色凍得紅慘慘地，仍然瑟縮著。

中國詩詞，那就更見組字的功夫和技巧了。例如，唐朝李白的〈春夜洛城聞笛〉：

誰家玉笛暗飛聲，散入春風滿洛城；
此夜曲中聞折柳，何人不起故園情？

能夠用文字砌造出這樣的神韻的詩句，世間又能有幾人？

曹雪芹被公認為近代中國最偉大的一位小說家。他的《紅樓夢》裏也有著這樣一則纏綿悱惻的詞[27]：

一個枉自嗟呀，一個空勞牽掛。一個是水中月，一個是鏡中花。想眼中能有多少淚珠兒，怎禁得秋流到冬，春流到夏！

當然，像這類千古傳誦的詩句和文章，正如林語堂先生說，只有有「思想性靈」[28]的天才才寫得出來。其實他還應該強調，只有懂得組字湊句技巧的奇才，才能將自己的「思想性靈」利用文字巧妙地合盤烘托出來。

由於漢文具備西文中不見的「字中字」和「字造字」的特點，

---

[27] 曹雪芹《紅樓夢》，臺北，聯經，民國82年，上冊，頁85。
[28] 林語堂《行素集》，香港，光華書店，1954，頁91。

「背誦熟記」與「摹仿」便成了學習中國漢文的捷徑。曹雪芹塑造出來的賈寶玉、林黛玉、薛寶釵等便是這樣一類的人物。不然，他們稚氣未盡，都只「不過認得兩字，不是睜眼瞎子」和「只剛唸了四書」❷⁹，豈能左一道詩，右一道詩的當上了「海棠社」的基本成員❸⁰？

*Ulysses*是James Joyce用了29,899個單字寫出來的希臘神話，全書共260,430字。而曹雪芹只多用了4,662個單字，便寫出了一部長達七十餘萬言的蓋世名著。前者的單字重複使用率約8.71次，而《紅樓夢》的單字重複使用率卻高達155次❸¹！奇怪吧，大可不必。這種單字的重複使用，正是中國漢語舉世無雙的大特色，這也就是筆者所稱「字中字」和「字造字」的漢文特點。在漢語裏，不僅單字可自成一字，而且往往還非重複利用它們來編造「靈性」之句不可。漢文寫作時，總是「重序不重字」，而且字少也不覺其不足，它們的道理就在這裏。

第二節　漢文

漢文所用的字詞，傳統的以單音節字為主，以虛詞和文字排列次序為輔來表示。李家樹說：「歷代漢語當中許多富於表現力、有生命的語詞、以及許多精練的句式仍可以保留在現代漢語裏，對現代漢語的發展又起一定的作用，促使現代漢語內容更豐富，表達能力更提高。」❸²

---

❷⁹　同❷⁷，頁51。

❸⁰　筆者認為這一點是曹雪芹的「疏忽」。他不應該將他自己的文學水平和成熟的人生觀，由幾個十二、三歲的人物中「說」出來。

❸¹　同❷⁵。

談到歷代漢語，就叫人聯想起市上流傳的「俗語」和「成語」。「俗語」是「在日常生活中口頭流傳的一種通俗的話。它言簡意賅，寓意深刻，比喻形象，鮮明生動。」❸「俗語」的名稱很多，包括俚語、傳言、諺語、街談巷語等廿幾種。例如，「百聞不如一見」、「比上不足，比下有餘」、「打腫臉充胖子」、「當一天和尚撞一天鐘」、「狗嘴裏吐不出象牙」、「不到黃河心不死」、「唱戲的是瘋子，看戲的是傻子」、「來而不往非禮也」，像這一類的句子都是俗語。「打盹」、「胡扯」、「一擰擰」、「貓哭耗子假慈悲」、「不吭氣」、「繡花兒枕頭，外面光」、「一根筷子吃麵，獨挑兒」，像這些都是北京人愛用的土話，也就是所謂的「歇後語」。

「成語」，顧文思義，頗有「現成語句」的意思。這類詞句都是從名句中抓出來的。例如，「心悅誠服」是取自《孟子・公孫丑》「以德服人者，中心悅而誠服也。」「班門弄斧」則出自梅之渙題〈李白墓詩〉：「采石江邊一堆土，李白之名高千古，來來往往一首詩，魯班門前弄大斧。」

無論是俗語或是成語，為了保存原句的「味兒」，「字中字」具有與單字一樣不可分割的完整特性，它們的先後次序是不能任意更改的。英語中也有類似的字，例如，Cutback（裁員），Dirt（醜事），Hen（長舌婦），Rats（下三濫）等等。在英文裏，這些字並無特別歷史淵源，也不像漢語中的俗語或成語，它們不僅大都有「典故」，而且在漢文中還擁有永固的地位和價值。

漢語鼓勵文句的摹仿和俗語、成語的套用，結果不僅使文句簡潔生動、詞藻美麗，而且，還增加了語句的瞭解度和語句大眾化。由於

---

❸　李家樹　《語文研究與語文教學》，香港，商務印書館，1989，頁186。

❸　曹聰孫編著　《中國俗語典》，四川教育出版社，1991年，頁1。

漢文有這種「重序不重字」的傳統，表面上中文單字雖然數量少，可是由單字「造」成的「合成詞」如複合詞、俗語、成語、諺語和通行的普通話（國語）等等，在數量上實已相當驚人。我們僅以「合成詞」為例，由大陸語言學者們耗費了十八年編制完成的《漢語大詞典》，一共就羅列了「三十七萬五千餘條」❸❹。筆者認為漢語中這種「字造字」的特點，實有「一粒種子一窩芽」的觸媒功效，它是使得漢字單字雖少而不覺其少的主要原因。

---

❸❹　《漢語大詞典》，后記，卷十二，頁1515。

第四章 「漢語資訊」的特性

世界上無論哪一種語言和文字，都有它們的獨特的文化背景和習俗。凡由這些語言組合成的資訊，也必定反映這類文化的特質與習俗。僅以中國漢字為例，我們就可以很容易地指出它與其他國家語文相異之處。第一，漢字是由圖畫轉變成的❸。一個圖形一個字，一個字一個意義。象形文字就是這樣來的。此外還有用符號表示意義的「會意」，和象形與音符結合而成的「形聲」❸。第二，漢字的書寫款式都是從上到下，從右至左。蜚聲國際學壇的美國芝加哥大學東亞語言文化學與圖書館學院榮譽教授錢存訓博士在《書於竹帛》中這樣地解說❸：

> 中國文字，不論記載在何種材料上，也不論是何種形式的記載，總是從上到下，從右到左，直順著排列和閱讀……這種直行書寫的原因，雖不可確考，但毛筆書寫的筆劃，大多從上到下；竹木材料的紋理，以及只能容單行書寫的狹窄的簡策等，都是促成這種書寫順序的原因。至於從右到左的排列，也與世界各國通行的文字不同，這大概是因為用左手執簡，右手書寫的習慣，便於將寫好的簡策順序置於右側，由遠而近，因此形

---

❸ 呂叔湘《語文常談》，香港，三聯書店，1982年，頁4。
❸ 錢存訓《中國古代書史》，又名《書於竹帛》，香港，中文大學，1975年，頁27。
❸ 錢存訓《書於竹帛：中國古代書史》，新增訂本，臺北，漢美圖書有限公司，1996年，頁187。

成從右到左的習慣。

在同書「勞榦後序」中，勞榦先生說，中國字橫行的書寫方法，每字的筆順總是從左上角開始向右寫去，所以，橫行的字自左而右，應該是最合理的排列[38]。這一點和英文的書寫方式相同，和阿拉伯文自右而左的筆順，卻恰恰相反。

像這類文字上的基本結構和書寫方式，十足表示出語文的文化特色。不過，這只是漢字的表面特徵，若談到漢字「意義」所表現的特點，那就更不同凡響了。例如，漢語中「字造字」和「重序不重字」的特點，就真是天下無雙。而由這種特色組合成的語句，在「意義」的表達上也有意想不到的結果。現在且讓我們分成二部份來解說。

第一節　「語意」變意

所謂「語意變意」是指語言意義在某種情況下使原來的意義發生了變化。這種情況在漢文中相當的普遍。

一、一序一意

每個漢字是「字造字」的基本單元。單字在組成「複合詞」之前，自由度極高，一旦組合成詞，組合成成語、俗語、習慣用語之後，它們排列的前後次序就被固定，而且，該詞或句所含帶的「語意」也就跟著固定。這就是「一序一意」的基本道理。例如，「天明」和「明天」，二組字組合次序不同，意義也就根本不相同。那麼，我們要問：會不會有「一序兩意」和「兩序同意」的可能呢？若

---

[38]　同[36]，頁193。

根據漢語語法，在漢文中「一序兩意」實不可能，在「說話」時則很有可能。例如，在小說中的一對戀愛情侶，女方說「我討厭你」，這句話的意思可能是真「討厭」，也可能是真「歡喜」。像這種「一序兩意」，甚至「一序數意」的現象，就是我們常稱的「口是心非」、「表裏不一」。文字透過「說話」和「說話」時的環境和表情，以及「表錯情」和「會錯意」等，都可使文字的原意改變。不過，在漢語中也確有「一序兩意」，甚至「一序數意」的事實。例如「左右」一詞，既可解說成方向，也可當作「幕僚」（如某人的左右（手）），還可用來加強語氣，如「左右總是那麼回事」❸。至於「兩序同意」，可說為語法不容。排序不同的詞句不可能有同樣的意識，除非，有人願意違反語法和習俗的標新立異。例如，將「山林掩映」，「懶惰成性」，「自作聰明」，「身心健康」等習慣用語，改成「山林映掩」，「惰懶成性」，「自作明聰」，「心身健康」。雖然意義相同，可是，卻非常的不適當❹。

二、序變意變

為了強調漢文具有依賴字序來表達語意的特性❹，我們必須重申「序變意變」的意義。漢文詞句中文字排列的次序一旦有了變更，它所含帶的「語意」也就跟著改變。例如，落、花、流、水這四個單

❸　旅美圖書館教育及漢學家周寧森博士對中文文字的結構素養極深。請參閱 Chou, Nelson. "An Algorithmic Study of the Modern Chinese Language,"《圖書館學與資訊科學》，第十五卷，一期，1989年4月，頁1–19；Chou, Nelson. "Information Retrieval and the Chinese Language," *Essays in Commemoration of the Golden Jubilee of the Fung Ping Shan Library, 1932–1982*, Hong Kong, pp. 80–81.

❹　取材自《詞語評改五百例》，北京，語文出版社，1984，頁86–87。

❹　李家樹《語文研究和語文教學》，香港，商務印書館，1989年，頁184。

字。一般地說，花、水二字為主位語（名詞），落、流二字為述位語（動詞）；假如我們將四字按照我們的習慣，合理地分別組成「落花」和「流水」二組，那麼，「落」與「流」二字便成了形容詞，「花」與「水」便成了名詞。又因這組字沒有述位語，所以它們只能算作短語。在語意上這二組字是不可以分割的。例如：

> 繁華事散逐香塵，流水無情草自春；
> 日暮東風怨啼鳥，落花猶似墜樓人。
>
> （唐杜牧〈金谷園〉）

倘若我們再進一步地將這二組字的次序顛倒而組成「花落」與「水流」，它們就改變成了有主位也有述位的二個句子。在意義上，它們就與前面的「落花」和「流水」不相同了。假如，我們再將這四個字合組成一個複合詞「落花流水」，它便成了一個常用的成語。它既可隱喻情感上的變化，也可形容一種特殊的狀況，例如：「敵人被打得落花流水，潰不成軍。」最後，若我們再學五代時期的李煜，將這四個字的次序，改成「流水落花」，就成了千古流傳的名句：

> 流水落花春去也，天上人間。

從這極簡單的四個單字，由於排列次序的更改，便會產生意義不同的「語意」，實在是一件非常奇妙的事。漢字的「觸媒效果」，不僅增添了不少非常別緻的合成詞，往往還美化了文句。總之，漢語的「語意」端賴語句中文字的次序是如何的安排，絕不可「以字論意」。例如，「快樂」、「快嘴」、「口快心快」，都是「快」；「慢車」、「慢步」、「慢條斯理」，都是「慢」；但是它們究竟「快」甚麼？或「慢」甚麼？那就非要等到知道了前後銜接的單字是甚麼以後，才能

完全瞭解。再說，「快嘴」和「嘴快」，雖然都是「快」，可是由於這二個單字的前後次序的不同，意義也就完全二樣。再例如，「流水」一詞：

　　小橋流水平沙，古道西風瘦馬。

　　　（元馬致遠〈天淨沙〉）

　　這一句的「流水」和上一句的「流水落花」，在意景上可不一樣呢。再例如，「創作小說」與「小說創作」，前者是指一種作品，後者是指寫作活動；「資本主義國家」是指一種國家，而「國家資本主義」則指一種經濟制度。此外，如「電費」與「費電」，「六十」與「十六」等等。

三、意義不定

　　一字多義，一詞數解，可以說是世界語文的共同特點。不過，漢語卻顯得特別凸出。主要原因是漢字單字數量少，為了適應日常需要，不得不採用「字造字」的方法，將相宜的單字予以有次序的組合排列而成為「合成詞」。漢文語意的特異處是這些「合成詞」在「語法」上並無明顯的變格，將相同的幾個字放在一起，由於排列的次序不同，便能夠產生二種或二種以上不同的意義❷。假如分段不同，意義也會不相同。根據呂叔湘先生的說法，這種不同是語法差別的結果❸。他舉出下面數列為證：

a.「一會兒再談」是現在不談；「再談一會兒」是現在談得還不夠。

---

❷　呂叔湘《語文常談》，香港，三聯書店，1982年，頁43；詳請參閱《呂叔湘文集》，第一卷，〈中國文法要略〉，北京，商務印書館，1993年。

❸　同❷，頁44。

b.「三天總得下一場雨」是下雨的頻率高;「一場雨總得下三天」是下雨時間的持續。

c.「下雨天,留客天。留人不? 留。」

「下雨天留客,天留人不留。」

「下雨,天留客。天留,人不留。」❹

d.「清明時節雨紛紛,路上行人欲斷魂。借問酒家何處有? 牧童遙指杏花村。」

「清明時節雨,紛紛路上行人,欲斷魂。借問酒家何處? 有牧童遙指杏花村。」

e.「鹹鴨蛋」是一種蛋,語法上,它也可能指是鹹鴨子生的蛋。

f.「他這個人誰都認得。」這句話可有二種解釋: ⑴他認識很多人,⑵很多人認識他。

　　漢語語意的不穩定,常常會受到「斷章取義」的曲解。語意不穩除了前述的一字多義和一詞數解的透明的意義之外,還有所謂「隱藏的意義」❺。例如,《紅樓夢》第十九回中有「除『明明德』外無書」一句。照字面解,「明明德」三字語出《大學》。前一個「明」字作動詞,彰明,發揚的意思;後一個「明」是形容詞。然而,根據臺灣著名「紅學」家潘教授的研究,卻認為「這分明是作者嚴肅的表明態度,明朝才是正統,除此之外便是國賊。」❻他堅持《紅樓夢》的故事不是描述兒女情長,而實為一部「反清復明」的血淚著。假如我們承認潘教授的論點,那麼我們也應相信語文除了它們表面的意義之外,還可能有「隱藏的意義」❼。

---

❹　此句為筆者加添,呂叔湘先生例句中並無此句。

❺　這是筆者個人的說法。

❻　潘重規《紅學六十年》,臺北,三民書局,民國80年,頁133。

四、語意老化

　　胡適先生在民國初年，為了提倡「白話文學」而高呼打倒「死文字」和「死文學」。他所謂的「死文字」和「死文學」，也就是中國的古字古文❹。他認為古字太難認，古文太難懂，而且，太官僚，太不平民化，所以應該打倒。其實，若我們撇開口號，僅從語言文字的不斷變化來講，我們也實無理由再沿用那些一、二千年前的「死文字」了。在語言中，最常見的一種現象，便是語言的過時，俗話就是「太老」。過時的結果，不僅文字的字形不同了，而它們所代表的意義也有了變化。講到語言的過時或老化，呂叔湘先生講得最清楚，筆者特摘錄如下❹：

　　　語言是不斷的變化的。幾十年不覺得，幾百年就可觀；漢語自從有了紀錄已有三千多年。當然經過了相當的變化。這個變化表現在三方面：一是語音，例如「文法」二字，隋唐以前的人說起來，有點像「門拔普」❺二是詞彙，例如「電燈、鐵路」是現代的事物，古人的語言裏決不會有；「干、戈、節、鉞」今人已經不用。現代的語言裏也就捨棄了這些字。甚至同一物件，同一動作，古語今語也可以用不同的字來表示。例如古人說「目」，今人說「眼」，古人說「足」，今人說「腳」，古人說

---

❹　一般情報人員應用的文字多半含帶隱藏的意義。

❹　胡適《論中國近世文學》（民國11年發表），北京，新華書店，1997年，頁69。

❹　《呂叔湘文集》，第一卷，〈中國文法要略〉，北京，商務印書館，1993年，頁3。

❺　「門拔普」應該是指「文法」二字的讀音。隋唐時代人們如何發音，因無錄音證明，不敢說呂先生的說法為真，也不敢說不真。尚請讀者自己斟酌決定。

　　「臥」，今人說「躺」，古人說「呼」，今人說「叫」。第三是語
　　句的組織，例如春秋時人說「爾何知?」現在的人說「你知道
　　什麼?」

　　在這一段裏，呂先生提到語言三種老化現象：古字不適今用，古
字不適今讀，古文不宜今解。語言的變化涉及語音、語法、語彙㊟三
方面。其中語彙聯繫著人們的生活，變動得也最快、最顯著。例如，
我國古代以馬為主要交通工具。《詩經‧魯頌》中提到馬的名稱就有
十六種之多㊟。生活在廿一世紀初的人，談汽車的人倒大有人在，談
馬的人就很少了。這種時代生活環境的變遷，使昔日的馬名，大都變
成了今日的「不常用字」。這便是文字的老化。

　　另一種情況，是古字今用。可是，它們的意義和發音，都已大不
相同。例如，「尺」字，它是計量長度的單位，十寸為一尺，音彳ˇ。
然而，它在傳統的音樂術語「工尺譜」裏，卻應讀成彳さ。「工尺」
是我國固有音樂的符號，一般使用「上、尺、工、凡、六、五、乙」
七字代表七個音階。中醫古籍裏的「尺」（彳ˇ）指人的經脈部位。
尺脈為診脈時第三指所指的地方㊟。在漢語中，諸如此類古今語音上
的差別，真是太大。漢字不像英文以拼音為主，從字面上是不容易看
出來的，最淺顯的例子，就是讀古詩，除了具備國學基礎的學者外，
一般已很少再注意到文字的「韻」和「平仄」。

　　總之，從資訊的組織上講，語言一旦變成了紀錄的一部分，它的
「語意」（內容）便被禁閉凝固在那個時代的大牢裏，永遠也不會改
變。然而，我們必須瞭解，現代人眼中的「死」文字和「死」文學，

㊟　語彙泛指語文中應用的文字和詞。

㊟　呂叔湘《語文常談》，香港，三聯書店，1982年，頁66。

㊟　曹聰孫編《古書常見誤讀字字典》，北京，語文出版社，1987年。

並非真「死」，只是它們不甚適合於現代的資訊環境而已。其實，對現代的學者來說，過去的「死」文字和「死」文學，實代表那一個特殊時代的「活」紀錄，非常的珍貴。這就像二、三百年後的人，回過頭來看廿世紀的「死」文字和「死」文學一樣。當然，有的文字和文學，甚至其他任何學科的文獻，因為它們的「內容」對人類的生活進步，已不再能提供任何貢獻，對人類已毫無價值(Value)，所以，都真的「死」了，真的不會再有人回頭來閱讀它們了。任何文獻是否立即的「死」，或是永遠的「活」，端賴它的資訊「內容」是否有價值。有關這一點，我們移在「資訊老化」一節討論。

第二節　「語意」變質

在前面一節，我們討論漢語語言文字所表達的意義，在某些情況下常會發生變化，常會與它們的原意不相同。我們稱這種現象為「語意變意」。現在我們意欲說明的是「語意變質」。語言文字所代表的意義，在某一特定情況下，不僅意義可能會起變化，而資訊的本質也會發生改變。這怎麼講呢？讓我們想像著有二組大小完全相同、重量相同的語言和文字，分別放在天秤的二端。按照常理，左右二邊應該平衡。由於某種外在因素，使天秤的一邊重於另一邊。這不是物理現象，更不是化學現象，而是心理現象。談到心理現象，我們就不得不提到一個事實，那就是人類都有極強烈的主觀意識和偏好。就因為人類有這種極強烈的主觀意識和偏好，才使近世紀的物質文明，特別是通訊科技，獲得長足的進步，也使得「文字的天秤」永遠無法平衡。

「語意變質」的特殊點，在漢語中表現最凸出。從漢字上還不太看得出來，只有在「說話」的時候和音響設備上才能彰顯。例如，同

樣的一篇演講詞讓不同的人照著講，或同樣的一首歌曲由不同的歌唱家演唱，聽眾獲得的感應(Sensation)必定不同。筆者認為漢語具有「資訊增質」(Value Adding)或「資訊減質」(Value Decreasing)的效果❺。漢語「說」起來能夠有「抑揚頓挫」的功能，而使聽者產生不同的感應。根據我國著名語言學家趙元任先生的研究，認為漢語的「抑揚頓挫」是因為漢語不僅有「語調」，還有「聲調」。他說❺：

> 漢語除了語調之外還使用聲調，聲調是使漢語特別適宜於物理通訊❺的要素之一。大家知道，聲調主要涉及嗓音的基本音高，在不利的音響條件下，它是最便於傳送的。由於元音和輔音是要靠陪音來刻劃其特性的，我們可以說，漢語既靠基音又靠陪音來表達訊息的基本要素；而不用聲調的語言，例如英語，卻靠陪音來表達訊息的基本要素（詞），靠基音來表示訊息的陪襯要素（態度和心情），這在我看來沒有最有效地使用音量於通訊目的。

也就因為漢語透過了「人工」語調和聲調的塑造效果，能夠使漢字的品質提高，使漢字所代表的意義升格，使得「文字的天秤」在人們心中不能夠保持平衡。英語系國家雖然在說話上，沒有漢語的「動人」，可是他們也發現「資訊增質」的重要，而不惜投下巨資，在音響設備上力求精進。以現代的資訊環境和條件來說，若想提高文字的品質，使「資訊增質」，除了加強語言研究以外，另外的辦法，便是

---

❺ 這是筆者個人管見。
❺ 葉蜚聲譯《趙元任語言學論文選》，北京，中國社會科學院，1985年，頁76。
❺ 「物理通訊」應該指利用聲波傳遞的訊息，例如說話，唱歌等等。

設法改進各類資訊載體的品質和改善資訊的傳輸系統。這二點都與通訊(Communication)有關，且留待下一篇討論。

第五章 有關「語意資訊」的幾個問題

「語意資訊」是一個牽連極深且廣的論題。一來由於它具有強烈的地區特性，二來由於它所代表的純然是人類的主觀意識，世上可說無人能夠將它完整地交代清楚，或說得明白，大都各從各的角度，對這個論題加以論述。我們討論圖書資訊的原理，我們也僅從圖書館學的立場，對有關問題提出一、二種來討論。

第一節 「語意資訊」過多的煩惱

二次世界大戰結束，人們享受到一段長時期的和平，然而，原本平靜似水的資訊世界，卻面臨著空前的危機。這個危機便是「資訊」[67]成長得太快，造成了資訊過多的現象。我們根據1995年Science Citation Index[68]計算，具名文獻的引用數量從1955年至1995年，大約每年平均增加5.82%（請參看表十三）。若以1955年引用的具名文獻77,098條為基數，那麼，1995年的一年引用量702,979條，約為1955年的8.1倍。以文獻累積量16,283,558條計算，則較1955年的基本條數，增加了210.2倍。這些數字來自該索引摘錄的三千餘種文獻。顯然，

---

[67] 本節中所指的資訊概作「語意資訊」解。

[68] *Science Citation Index*, 1995, "Guide & Lists of Source Publications," Philadelphia: ISI.

這僅是世界各地出版的科學文獻全部的一小部份。Eugene Garfield認為這一小部份的文獻，為布萊德福律所謂的核心文獻❺。我們且不討論「核心」所代表的意義是甚麼❻，我們只想指出各種文獻高度成長的事實。

　　昔日各種印刷型文獻，特別是科技類文獻的遽增，雖然增加了蒐集、整理和組織的困難，同時，也反向地阻礙了資訊的有效利用。如今，「全球線路網」(World Wide Web)上的資訊來自四面八方，更使得資訊使用者對資訊的數量、主題甚至資訊的品質，完全失去了控制，而有關Metadata❻的研究才剛剛開始，它的標準化還未可期。假定我們對資訊「過多」所造成的後遺症還感到猶疑的話，且讓我們看看廿多年前的一篇研究報告❻。報告估計：一個人每天讀二篇生物醫學文獻，一年讀365天，若想讀完全部的文獻，他將需要2,700年的時間；若想讀完一年化學文獻，也需要14年；讀完一年中出版的有關癌症的研究文獻，至少也需要70年！廿一世紀裏，這種資訊過多的現象，自會變本加厲。

---

❺　同❺，頁33。

❻　請參閱蔡明月著〈布萊德福定律〉，《資訊傳播與圖書館學》，第5卷第2期，民國87年12月，頁25–49。

❻　Metadata簡單地解釋是「有關網際網上資料的訊息」。它描述網際網資訊資源是甚麼，關係甚麼和貯存何處。

❻　Bernier, Charles. "Reading Overload and Cogency," *Information Processing and Management*, v. 14, no. 6, 1978, pp. 445–452.

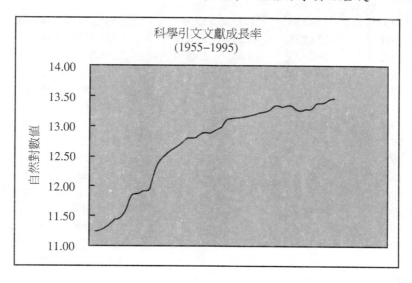

科學引文文獻成長率
(1955−1995)

表十三　科學引用文獻索引數量表

(1955 − 1995)

年	引用文獻數	成長率	自然對數值	文獻累積	自然對數值
1955	77,098	0.00	11.253	77,098	11.253
1956	77,646	0.71	11.260	154,744	11.950
1957	83,147	7.08	11.328	237,891	12.380
1958	92,047	10.70	11.430	329,938	12.707
1959	94,974	3.18	11.461	424,912	12.960
1960	106,067	11.68	11.572	530,979	13.182
1961	134,881	27.17	11.812	665,860	13.409
1962	143,172	6.15	11.872	809,032	13.604
1963	150,962	5.44	11.925	959,994	13.775
1964	155,798	3.20	11.956	1,115,792	13.925
1965	221,301	42.04	12.307	1,337,093	14.106
1966	260,709	17.81	12.471	1,597,802	14.284
1967	289,066	10.88	12.574	1,886,868	14.450
1968	300,441	3.94	12.613	2,187,309	14.598
1969	328,397	9.30	12.702	2,515,706	14.738

1970	350,555	6.75	12.767	2,866,261	14.869
1971	354,851	1.23	12.779	3,221,112	14.985
1972	367,423	3.54	12.814	3,588,535	15.093
1973	397,137	8.09	12.892	3,985,672	15.198
1974	392,875	(1.07)	12.881	4,378,547	15.292
1975	411,617	4.77	12.928	4,790,164	15.382
1976	438,146	6.45	12.990	5,228,310	15.470
1977	488,283	11.44	13.099	5,716,593	15.559
1978	494,766	1.33	13.112	6,211,359	15.642
1979	510,524	3.18	13.143	6,721,883	15.721
1980	514,493	0.78	13.151	7,236,376	15.795
1981	534,019	3.80	13.188	7,770,395	15.866
1982	544,424	1.95	13.207	8,314,819	15.934
1983	561,495	3.14	13.238	8,876,314	15.999
1984	564,218	0.48	13.243	9,440,532	16.061
1985	615,292	9.05	13.330	10,055,824	16.124
1986	609,919	(0.87)	13.321	10,665,743	16.183
1987	616,459	1.07	13.332	11,282,202	16.239
1988	609,688	(1.10)	13.321	11,891,890	16.291
1989	554,671	(9.02)	13.226	12,446,561	16.337
1990	586,566	5.75	13.282	13,033,127	16.383
1991	585,915	(0.11)	13.281	13,619,042	16.427
1992	635,137	8.40	13.362	14,254,179	16.473
1993	648,799	2.15	13.383	14,902,978	16.517
1994	677,601	4.44	13.426	15,580,579	16.562
1995	702,979	3.75	13.463	16,283,558	16.606
平均年增率:		5.82			

資料來源：Science Citation Index.

　　主題文獻成長有增無減，自然合上「知識生知識」(Knowledge Begets Knowledge)的道理，但是下面幾點客觀條件，也該是促成資訊膨脹的近因：

①資訊技術（電腦及通訊）突破性的起飛

②世界人口增加，教育逐漸普及

③學術界「出版抑毀滅」的心態

④世界性經濟和政治環境的改進

⑤新資訊載體層出不窮

⑥資訊工商業界的推波助瀾

在高度知識水平的社會裏，資訊數量及種類繼續增多，原本是一椿可喜的好現象。資訊充裕，能夠供給學者較多的選擇；資訊充裕，能夠使決策者減少猜測而作出較為周全妥善的決定。然而，也有學者和決策者認為資訊多了，反倒礙事❸❹。尤其是社會科學，學者更是議論紛紛，對策略或方案，很少發現意見一致，資訊縱多，於事又何補？

從資訊消費市場的角度來看，資訊量過多，還常會引起學者或決策者消極性的厭惡和抵抗。在資訊市場裏，消費者的心理，一向都是「物以稀為貴」。如今，俯拾皆是資訊，抬頭便是研究報告，對他們來說，資訊的邊際效用已瀕臨谷底。面對著堆積如山的資訊，他們的對抗辦法，便是將注意力集中在極少數幾種文獻或主題資訊之上。這種消極抵制的結果，反倒使資訊多變成了資訊少。多年前，著名的「匹茲堡研究」(Pittsburgh Study)❺，也間接地指出這種資訊多與資訊少的矛盾。圖書館服務的基本理念，是使讀者的資訊需求能夠獲得

❸　請參閱Arkes, Hal R. and Kenneth R. Hammond ed. *Judgment and Decision Making: An Interdisciplinary Reader*. Cambridge: Cambridge University Press, 1986.

❹　請參閱Hansman, Jerry A. and David A Wise ed. *Social Experimentation*. Chicago: University of Chicago Press, 1985.

❺　Kent, Allen et al. *Use of Library Materials: The University of Pittsburgh Study*. New York: Marcel Dekker, 1979.

百分之一百的滿足，於是，總是盡可能地添購資訊，增加服務項目，甚至延長開放時間等等，然而事實上，往往反造成金錢與人力的大浪費。

數年前，美國圖書館界曾興起一股擁護"Just-in-time"（即時供應）⑯打倒"Just-in-case"（預期需要）的館藏發展政策的浪潮，如今，「資訊數位化」(Information Digitization)的聲勢正如日中天，圖書館界人士又開始以"Real Time Access"（立即獲得）來打倒「即時供應」。其實，這些所謂「預期」、「即時」和「立即」都只是文字上的爭論，對館藏發展並無實際幫助。我們認為資訊的供應與資訊的需求，若不能達到平衡，就必定會造成浪費。因此，如何使圖書館的資訊供應與資訊的需求達到平衡(Equilibrium)，如何以資訊的供應來助長資訊的需求，或者反過來，如何以資訊的需要來促進資訊的供應，才是每一圖書館急待解決的現實問題。

第二節　館藏發展的基本導向

館藏發展一向是圖書館的重點作業。而且館藏的質量也是品評圖書館優劣的傳統標準。以美國研究圖書館協會會員圖書館為例，在1985年以前，圖書館經費皆以購置印刷型圖書、期刊和人事費用為大宗。1985年開始，美國全國經濟基礎結構逐漸由生產工業轉型到資訊工業。而圖書館作業與服務一向便是「科技敏感」(Technology Sensi-

---

⑯　從字面上解釋"Just-in-case"應該是「未雨綢繆」的意思；"Just-in-time"應該是「恰是時候」；而"Real Time Access"的"Real Time"二字應該是「立刻，立即」，筆者將它們分別譯成「預期需要」，「即時供應」和「立即獲得」是針對圖書館館藏服務上呈現的三種不同情況，也就是說，它們不是直譯，而是「意譯」。尚請讀者留意。

tive)❻，資訊科技在變，圖書館經費支出的安排也就自然地跟著改變。首先，它們將全年預算的重點，從購置印刷型圖書資料轉移到購置非印刷型資料，如今再從購置非印刷型圖書資料的費用中，抽出7%至15%的經費，改用到添置電子型線上資料，並且，在人事組織「結構更新」(Re-engineering)❻的口號下，將裁減館員所得的經費，也移作購置電腦及各種相應設備，快步走向作業全盤「電腦化」和服務「網路化」。美國圖書館在過去15年中經費結構的逐步轉型，不僅徹頭徹尾的改變了圖書館作業程序及服務方法，而且，館藏發展也明顯的起了導向性的大變化。我們將這種變化分成三段來解釋。

一、預期需要

「預期需要」(Just-in-casc)與「即時供應」(Just-in-time)在意義上並非互相對立。若我們純從館藏發展的觀點上去看，它們之間只有程度上的差別。也許我們可以用二個現成的「成語」來描繪。前者好比「未雨綢繆」，後者則好比「臨渴掘井」。「未雨綢繆」為了防雨，而雨卻未必會立刻下下來，也許明天下，也許後天，也許一個月，也許一年，也許更長一段時間；而「臨渴掘井」，則為了飲水解渴，希望一鋤頭挖下去就有水出來。我們中國人的生活哲學，凡事都主張「未雨綢繆」，事事都怕萬一，不主張「臨渴掘井」。不管花多少時間，費多少人力和金錢，我們總是先挖好井，直到井裏有了水，我們方放下心來，睡一個安穩覺。我們不怕有沒有人需要井裏的水，只怕當有人需要水的時候，臨時再挖，萬一井裏不出水，會白白渴死！這套人生哲理，若挪用到圖書館館藏服務上，就引起了"Just-in-case"與"Just-in

---

❻　此為筆者個人管見。
❻　也有譯成「再生工程」。

-time"的爭議⑥。

「未雨綢繆」的館藏發展方法，並不一定是一個經濟而又實惠的好方法，相反，它還可能最不經濟實惠。「未雨綢繆」的用意雖好，卻總免不了浪費的可能，因為「預期需要」並不常等於「實際需要」。「預期」若不能等於「實際」，那就造成了浪費。然而事實上，進了館的圖書，上了書架而無人問津者多不勝數，根本不足為奇。

美國圖書館學界著名學者 William A. Katz 曾說：「選書者的心中若無為何人而選的理念，他便不可能選得好書。」⑦言外之意，假定選書者知道為何人而選，他選的書一定會有人閱讀，於是「預期需要」便會等於「實際需要」。事實上，二者完全相等的機會極小。由於館員和讀者的「心意」常常不同，縱使選書者知道他為何人而選，他也不可能確知「那人」心裏的資訊意願是否就是為他選購的那一本圖書。更何況在這個恆動的知識社會裏，讀者的資訊領域，越來越廣，早就沒有了明確的範圍和界限。這種「動態」(Dynamic)的事實，使得世上任何一所圖書館的館藏都間接的顯得那樣貧乏，使任何選書方式也都變得與讀者的需求「不相關」(Irrelevant)。也許，就因為這種「供應」與「需求」的不能獲得一致，而引起資訊專家學者追求「立即獲得」(Real Time Access)的實現，積極設法從資訊網路上使資訊「供應」等於資訊「需求」。這樣的要求，若發生在三、四十年前，那不過是「癡人說夢」罷了。

二、即時供應

---

⑥　其實這是美國圖書館界興起的爭議，本與我們無關。筆者僅利用我國的人生觀來說明館藏發展導向改變的道理。

⑦　Katz, William A. *Collection Development, the Selection of Materials for Libraries*. New York: Holt, 1980, p. 3.

「即時供應」(Just-in-time)這句話的意思是說讀者想要甚麼資料的時候，圖書館「恰恰」就有它們。這表示在資訊的需求和資訊供應之間沒有明顯的時間上的耽擱。當然，要求資訊的供求真正「隨求隨應」，沒有時間上的耽擱，那只有等到資訊完全數位化了以後，從線上(Online)直接取得。目前能夠在資訊網路上任意傳來傳去的圖書資訊極少，絕大多數的資訊仍舊是白紙黑字，要靠人工來傳遞。

「即時供應」這幾個字的弦外之音很多，其中之一，便是一廂情願的將別人的館藏當作自己的館藏，講求以「取得」(Access)代替「收藏」(Ownership)。這個觀念，初看起來，似乎有點不合邏輯得幾近荒唐，可是，現在好多的圖書館，都用這個新名詞作為藉口，不再極積地和有計畫性地增添圖書資料，而利用「館際借閱」(Interlibrary Loan)的方式向他館索借。這種方法，看似實惠，實際上卻不一定經濟。不僅館中需要館員專司其務，郵寄往返費時費郵資，而且由於借閱手續費用越來越高，同樣一本書若借用二、三次，所耗費用，足可購置該書而有餘。當然，付費者若是索書的讀者，那又另當別論。其實，「館際借閱」也算不上「即時供應」，「借」不到的時候居多。假如每所圖書館都有同樣的打算，只借不買，那還有誰願意買？假如大家都不願購置圖書，那又向何處去借？在館藏和服務方面，每所圖書館都應保持它的基本主題特色，不斷添購新資訊和新設備，不斷地在網路上捕捉符合該館館藏主題免費而且又有價值的資訊，保證它全面性的「有機」成長。

「即時供應」的第二種解釋，便是免除浪費。購置圖書資料的目的原是提供讀者使用，不是將它們當花瓶，供圖書館作點綴的。這一點正是印度圖書館哲學家藍根納遜(S. Ranganathan)的《圖書館學五律》中的第二律所說：「書有其讀者」(Book its reader)。而購置圖書

的條件，則要求它們被有效地利用，否則便是浪費[71]。圖書館若想達
到這個「不浪費」的條件和達到「即時供應」的目的，唯一的辦法便
是讓讀者推荐。專門圖書館(Special Libraries)多採用這種以「需要」
為先決條件的採購策略。此外，如「資訊經理人」(Information Bro-
ker)，他們更是抱著「一手交錢，一手交貨」的原則，從來不做書店
式的生意，像一般圖書館那種「預期需要」的館藏發展方法，那就更
不必提了。

　　一般性公共圖書館和學術性大專院校圖書館，在主題(Subject)
上，它們的讀者不像專門圖書館的讀者那般的一致(Homogeneous)，
而且，在讀者數量上，它們也較眾多。在館藏發展策略上，一向都採
取「預期需要」的原則。當然，這種方式似已落伍，即使完全採用讀
者推荐的辦法，做到「即時供應」，這種方式又何嘗趕得上「立即獲
得」吃香？

三、立即獲得

　　"Real Time Access"（立即獲得）是「全球線路網」(World Wide
Web—www)上的網站(Web Site)絡繹出現以後，才開始有的新名詞。
它代表資訊的需求和供應不受空間的限制，也沒有時間上的耽擱，真
正是「隨求隨應」。例如，我們想看一篇文章，只要按動鍵盤，電腦
螢光幕上便會立刻顯現那篇文章。廿年以前，這種說法幾近神話，然
而，廿年後的今天，上千種科技類電子型期刊，透過電腦便可立刻讀
到，資訊的「隨求隨應」已不足為奇。表面看起來，好像資訊從網路
上「得來全不費功夫」，非常的容易，其實不然，裏面藏著很深的道

---

[71] Kent, Allen et al. *Use of Library Materials: The University of Pittsburgh
Study*. New York: Marcel Dekker, 1979.

理。首先，為了要使那一篇文章的傳送不受時、空的影響和限制，它們就不能再依賴光波、聲波和觸覺來傳遞，我們必須先將那篇文章的「內容」改變成能在電線或光纜中穿梭的「電訊」，然後這種「電訊」再以「電波」的方式傳輸給收訊者。我們稱「語意資訊」利用「電波」作為中介性「暫時性資訊載體」者為「電訊」(Electronic Information)。「電波」是人造的「暫時性資訊載體」，它與天然的空氣（聲波源）和光線（光波源），甚至觸覺神經感應等「暫時性資訊載體」，都絕不相同。

　　「電訊」的發現者為1837年發明「電報」的二位英國科學家William Cooke和Charles Wheatstone。「電報」的程序是將「語意資訊」中的文字根據暗碼轉換成長短不一的電波，然後再透過電線使這長短不一的電波傳遞給收訊站，收訊站再將收聽到的長短不一的電波，根據相同暗碼而翻譯出資訊的原意。假如人類真有跨進「資訊數位化社會」的一天，我們都應該感謝Cooke和Wheatstone這二位偉大的功臣。四十年後於1876年美國科學家Alexander Bell發明了電話，它的原理可以下圖表示：

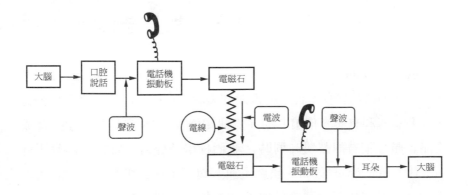

廿世紀後半葉由於通訊科技進步的快速，使「電波」劃分成了「類比」(Analog)和「數位」(Digital)二種。一般地說，「數位」式電波的成品，要比「類比」式的成品「逼真」，而且還可以為「類比」式的成品「藏拙」，使「類比」式中不好的地方變好。它們的傳遞歷程，可以簡單地以下式代表：

資訊源→類比→數位→傳遞管道→數位→類比→資訊終點

至於「電波」如何從「類比」改變成「數位」，我們準備留待「通訊理論基礎」一篇再討論。

電線或光纜中傳遞的「電訊」，例如電話、有線電視節目、電傳文件、e-mail和電子期刊及各種電子型圖書等等，可說都是「立即獲得」的最佳寫照。總之，語意資訊的「立即獲得」已不再是科幻，而是事實，只是圖書館資訊服務要進入「立即獲得」全面化的境界，可能還有一段不短的日子。主要原因，就是圖書館需要的資訊種類繁多，而已經「數位化」了的卻極少，而且「語意資訊」數位化的Coding也缺少世界性的統一標準，因此，在廿一世紀裏，圖書館面對的仍將是一個「有紙」與「無紙」的綜合式的社會。

第三節 「語意資訊」老化

我們常在論著中見到「文獻老化」，卻沒見到過「語意資訊老化」這樣的說法。在本書「圖書館知識論」一篇中，我們將文獻視為一「有意義和有參考價值」的「資訊紀錄」，它是資訊和載體的合成產品，是一個資訊整體。同時，我們採用仙農通訊原理中，將「資訊」(Information)劃分成「語意資訊」與「工程資訊」二種的說法，確定「語意資訊」為圖書館學的資訊基礎。圖書館學的重點在「語

意」，在含帶有「意義」的語言；「含帶有意義的語言」不只包括「說話」和代表「說話」的文字，而且，還包括數字、符號及圖像等等。廣義地說，所謂「有意義的語言」，實際就是指一切人類用來輸通思想、經驗、感覺和理念的「一切含帶有意義的資訊」，無論「意義」的對象是n個「人」或是n個「物」❼(n=1, 2, 3...∞)。

根據上述定義，我們便不難理解「文獻」(Document)是指一組含帶某種主題意義的資訊紀錄，而學者們指的「老化」(Obsolescence, or Aging)則專指其「內容」的「過時」，例如一首詩、一本小說、一篇新聞報導、一篇化學實驗報告、一份太空飛船設計、一份工程材料分析研究、一份有關出土文物的報導等等「內容」中含帶的「意義」會「過時」，會失去時效。這可能嗎？假如我們論「文獻」的出版時間，那麼，打從它出版時開始便可以說已經「老」了，若論到它含帶的「內容」，「老」或「不老」卻不是三言兩語或一兩則數學公式便決定得了的❼，因為它直接牽涉到資訊使用者對特殊文獻的主觀選用、內容的使用和引用。造成「主觀選用」的原因有四❼：研究態度、文獻的供求狀況、主題知識的發展和文獻的價值。筆者認為文獻中「內容」的價值為研究環境的函數。而研究環境又深深地編織於整個社會、經濟、政治、風俗習慣和文明及知識水平之中。我們很難僅從某一特定角度，來論斷文獻的「內容」是否已經真正的衰老到「一文不

---

❼ 人類往往必須借重「物」來傳遞思想、經驗、感覺及理念。在人類的語言世界裏，「物」與「物」之間在「人」的控制操縱之下，也彼此傳輸溝通「含帶有意義的資訊」。

❼ 討論「文獻老化」的專著很多。有關論題的基礎介紹，請參見拙作《文獻計量學導論》，臺北，三民書局，民國83年，頁243–274；周曉雯《我國臺灣地區化學期刊引用文獻老化之研究》，臺北，漢美圖書有限公司，1994年。

❼ 何光國《文獻計量學導論》，臺北，三民書局，民國83年，頁245–250。

值」。有關「價值」的判斷，只有資訊使用者本人的「主觀意識」才能夠作明智合理的決定，他人不可「越俎代庖」。

當我們提到「語意資訊」老化，卻引出了一個迄今尚未見有學者提及的更有趣的問題，那就是：「知識(Knowledge)也會老化嗎?」

我們說「語意資訊」的老化，對象是獨立的資訊個體，例如，一本書、一篇文章、一卷錄音帶、一份專題研究報告等。我們說這些資訊個體中所載負的內容已經失去了時效，變得沒有利用價值了。這也就是說，這些文獻中的「內容」雖然仍含帶「意義」，可是卻已不再有「意義」，這豈不正合上了羅素的矛盾論：r ∈ r if and only if r ⊄ r! **⑦**假如我們更進一步從「語意資訊」的老化指向「知識老化」(Knowledge Obsolescence)，那麼我們就是說整個主題(Subject)失去了時效和失去了意義。在「圖書館學知識論」一篇裏，我們已說明白「知識必有知的主題」，知識必是許多同屬性個體資訊組合而成。若指整個知識老化，也就是指整個主題(Subject)老化，指同一主題內的每一資訊個體都老化。這有可能嗎? 當然有可能，只是可能性非常微小而已。我們認為知識，也就是主題的知，是漸進而累積的。它的同屬性資訊個體種類很多，細小的分枝也多。縱使同一主題中的部分組成資訊個體，失去了時效或失去了意義，其他部份仍然適時有效。失去「意義」和時效的只是部份同屬資訊個體，而不是全部主題。宏觀地說，在知識的進展中，今天的知識必大於昨日的知識，ΔK_n 必大於 ΔK_{n-1} **⑧**。除非主題的根基發生動搖，否則，即使主題知識中少數資訊個體所表達的「意義」已經過時或老化，然而由其他同屬性資訊個體

---

⑦ 證明: for every x, x ∈ r if and only if x ⊄ x , by substitution we obtain: r ∈ r if and only if r ⊄ r.

⑧ 請參閱本書第四篇。

所組成的主題知識的「意義」卻仍舊很年輕，知識的主流總是屹立不衰。因此，我們的結論是主題知識中的個體資訊或分枝中的「意義」可能會老化，然而主題知識卻不會老化的。

第六章　結論

　　圖書館是組織知識、貯存知識、運用知識和推廣知識的所在，而知識是由不等數量、不同種類同屬性資訊個體組合而成。這些資訊個體都必含帶「意義」。凡含帶「意義」的資訊，我們通稱之為「語意資訊」。圖書館學的資訊基礎就建立在這含帶「意義」的「語意資訊」之上。

　　「語意」是指一特定社會共同使用的語言中所含帶的「意義」。語言包括「說話」和代表「說話」的文字、數字、符號、圖像等等。代表中國語言的是漢民族使用的文字（簡稱漢字）和語文（簡稱漢文）。漢字漢文有世界語文中獨特無雙的「字中字」和「字造字」的特色。而且，由於「字造字」的特色，而使漢語「重序不重字」，結果造成「一序一意」、「序變意變」和「語意不定」的桎梏。

　　語意常有老化現象。古字不宜今用，古文不適今解。語意是知識的骨幹，語意的老化，或可使同一主題中部份資訊個體老化，卻不意指整個主題知識的老化。因為主題知識是漸進而累積的，宏觀地講，主題知識總是新鮮適時的。

　　圖書館中貯藏或掌握的主題知識，一旦不再能繼續而又完全解答讀者問題的時候，這就表示館藏的知識結構上已有了嚴重的偏差，必須立即尋求因應之道。有關館藏結構上引發的問題，我們簡略地將它們歸納成四點來說明：

1. 資訊太陳舊：陳舊的資訊不能解答新問題。例如，一份1939年出版的非洲疆域地圖，就無法解釋現在非洲各國的國界。這種現象是資訊趕不上問題。圖書館應繼續不斷地加添「新」資訊個體，繼續強化主題知識。

2. 知識超新：圖書館能夠掌握的主題知識發展太快，問題總在追趕知識。例如，現今的電腦技術，其硬軟體變換改進之快，令人咋舌。讀者對電腦硬軟體的知識，都會有追不上的感覺。這種現象，陳舊的不是知識，而是問題。圖書館應積極以「新」資訊供應來誘導讀者的資訊需求，培養他們的主題知識。

3. 知識太專精：昔日工業時代，作業根據輸送帶的流程方式處理，講究技術上的專精；如今，一切作業皆以知識為基礎，講求知識專精。圖書館應熟悉讀者群和他們的主題傾向，積極擴充和掌握有關主題的資訊。

4. 知識面太廣：知識為人類思想、智慧、經驗和理念的累積。時日越長，知識範圍越廣。知識越廣，問題則更是以藍天為界，無法蓋全。為了滿足讀者「無邊」的資訊願望，圖書館必須搭建通上「資訊超級公路」的網路，使讀者和館員都能從不同「網站」(Web Site)上捕捉到所需的資訊。

第六篇

圖書館學通訊基礎

　　1975年一位英國圖書館學教授K. J. McGarry出版了一本鮮為人知的專書*Communication Knowledge and the Librarian*《通訊知識與圖書館專業館員》❶作者在序中說:「過去，我們從未對人際間的通訊行為和知識紀錄二者之間的關係，作過充分的思考。我們只知迎頭解決紀錄世界引起的種種問題，而不曾注意到它對社會通訊系統的依賴。相信我們一旦研究了社會、通訊和知識之間那般錯綜複雜的關係以後，至少我們可以為我們這行職業所面對的問題、它們的起源和發展，甚至我們這行職業的前途，找到暫時的答案。」

　　在〈圖書館學知識論〉及〈圖書館學資訊基礎〉二篇，我們曾經強調訊息如何開始、資訊如何形成和紀錄如何產生等等，唯獨沒有提到訊息、資訊和紀錄產生的目的。也就是說，我們並沒有討論為甚麼訊息會發生? 資訊為甚麼會形成? 紀錄又為甚麼會產生? 為甚麼? 為甚麼? 一連串的為甚麼。其實，答案只有簡單的一個，就是為了「通訊」(Communication)，為了「溝通」。從通訊的觀點來說，訊息、資訊、紀錄和知識各自代表一種不同層次的通訊階段、形態、功能和目的。一般通訊理論的注意力都集中在訊息的傳遞，也就是所謂的「訊息傳輸理論」(Message Transmission Theory)❷，例如，「說話」。而完全忽略掉訊息轉換成資訊以後的通訊。換句話說，專家學者們只注意研究「說話」部份「語意資訊」的通訊，而忽略了「不說話」「語意資訊」的通訊。圖書館學是研究有關圖書館事務的一門專業學科，在圖書館的領域裏，它的事務離開不了「人」與「物」。因此，圖書館

❶　McGarry, K. J. *Communication Knowledge and the Librarian*. London: Clive Bingley, 1975.

❷　Leiss, Williamb. "Risk Communication and Public Knowledge," in *Communication Theory Today*, ed. by David Crowley & David Mitchell. Stanford, CA: Stanford University Press, 1994, pp. 127–139.

學的通訊理論，不只顧到「語意資訊」中「說話」的一面，還需顧到「語意資訊」中「不說話」的一面。這又怎麼講呢？圖書館學所研究的不僅包括了「人與人」之間的通訊，還包括「人與物」和「物與物」之間的通訊❸。

　　不過，在我們開始討論前述三種不同的通訊方式和通訊對象以前，讓我們對通訊這個論題先有一個輪廓性的瞭解和共識。

---

❸　沈寶環先生從參考工作出發，對「人與物」之間的三種溝通方式也曾加以解釋。他的重點是以參考工作人員為起點。詳見沈著《參考工作與參考資料》，臺北，臺灣書局，民國82年，頁2-3。

第一章 「通訊」的意義

在前一篇，我們曾說過「語意資訊」共分兩種：一種是含帶意義的「語意資訊」(Semantic Information)，另一種則是不含帶意義的「工程資訊」(Engineering Information)。其實，根據Warren Weaver的說法，仙農(Claude Shannon)的「工程資訊」也含帶意義，只是為了研究「方便」而沒有涉及「工程資訊」中含帶意義的部份而已❹。同時，我們還認為仙農所研究的並非「電流」(Electric Current)，而是「電訊」(Electronic Information)❺。「電訊」是利用「電波」傳輸的「語意資訊」。「電訊」與「電流」之間的最大不同點，是前者沒有「觸電」的危險，例如電話線。而普通接通電燈的交流電線，則會有「觸電」的危險。因此，我們認為通訊的「資訊」必指含帶意義的資訊，即使仙農的「工程資訊」也不能例外。

第一節 甚麼是「訊」？

甚麼是「訊」？換句話說，甚麼是含帶意義的「資訊」？含帶意義的「資訊」就是將自己的感覺、思想、經驗和理念，利用說話、文字、圖像以及姿態手勢等方法表達出來的一種「特殊」訊息。而

---

❹ 請參閱Shannon, C. E. & W. Weaver. *The Mathematical Theory of Communication*. Urbana: University of Illinois Press, 1949.

❺ 我們必須再度指出，將仙農的「工程資訊」解釋成「電訊」是筆者個人管見。至今尚未見有人蓄意如此界說。

「訊」的產生目的，則是為了傳達個人(或團體)的「心意」，為了將個人(或團體)獲得的感覺、思想、經驗和理念傳給別人。傳達「心意」最便捷的方法便是「說話」，假如遠了一點，我們「寫信」或「打電話」，現在那就更快了，我們可以利用「電信」(e-mail)和「電傳」。不同的「訊」的傳達方法代表不同種類的資訊。

在本書第二篇中，我們曾說明訊息的來源可以歸納成三類：「現象」(Phenomenon)、「經驗」(Experience)和「理念」(Perception)。我們說客觀的現象，透過人體的眼、耳、口、鼻、觸等「五官」的感應，而產生「訊息」(Information)。「現象」的發生，可能出於「自然現象」(Natural Phenomenon)，也可能源於「人造現象」(Man-made Phenomenon)。

我們將從「現象」使眼、耳、口、鼻、觸等「五官」興起感應(Sensation)而產生的資訊，分成「視訊」、「聲訊」、「嗅訊」、「味訊」和「觸訊」五種。英國科學家William Cooke和Charles Wheatston於1837年又發現一種嶄新的「語意資訊」，筆者稱它為「電訊」(Electronic Information)。它的存在不會直接引起「五官」的感應，然而它的成品(Product)卻無法逃避「五官」的捕捉。「電訊」為當今唯一人造的一種能夠含帶意義的資訊。它的發現和推廣利用，媲美中國人發明火藥、指南針、造紙術和印刷術，勢將改變今後的世界。

人類五官為捕捉訊息的主要工具，其中尤以「眼」和「耳」最重要，其次為「鼻」和「觸」，「口」雖然是人類維持生命的第一重要工具，可是在捕捉和搜集訊息的功能上，它排最末。一個人若希望能獲得「完整的訊息」，五官必須齊全，而且它們的功能也必須健全。一位眼睛近視的人，他能夠捕捉的「視訊」肯定不如一位視力「20/20」的人；同樣的道理，一位聽覺失敏的人，聆賞一場交響樂演奏，

他所獲得的「聲訊」必不完全。因此，除去那些故意「視若不見」和
「充耳不聞」等類人物之外，我們可以大膽地假設，凡五官最健全的
人，他所獲得的訊息也必定最完整最齊全；凡能完全滿足五官功能的
訊息，也必定是最理想的訊息。

表十四 五官功能與訊息

五官	眼	耳	口	鼻	觸
功能	視覺	聽覺	味覺	嗅覺	觸覺
訊息種類	視訊	聲訊	味訊	嗅訊	觸訊
訊息管道	光線	空氣	接觸	空氣	接觸
訊息間距	最遠	遠	最近	較近	近
獲得訊息	形象	聲音	甜酸苦辣鹹	香臭清濁	冷熱粗滑
取代程度	高	最高	低	最低	較低

　　這個道理也可用在資訊的可信度上。我們認為凡能滿足五官功能
的資訊，必定也是最可信的資訊。這種資訊便是「實況實景」。錄影
帶能滿足視、聲二訊，所以它的可信度要比口述、錄音帶、照片、圖
畫、文字和身體語言都高。因為口述和錄音帶只能滿足聽覺獲得「聲
訊」，而照片、圖畫、文字和身體語言只能滿足視覺獲得「視訊」。可
是，無論前述哪種資訊載體，它們所能載負的「語意資訊」，也就是
說，它們能夠表達的意義，總都殘缺不全。所以從這些載體捕獲的間
接資訊，也就不完全可信了。人類對資訊的基本要求為「聲、色、
香、味、觸」俱全。

第二節　甚麼是通訊?

中國近代漢語語言學家呂叔湘先生說:「說話和走路不同,不是一種個人的行為,是一種社會的行為。說得明白一點,要有人聽著,我們才說話。」❻他又說:「說話的效用受兩重限制,空間和時間。這二種限制都可以拿文字來突破。⋯⋯大多數文字的目的在於傳達遠方,卻意外地保存到後世;但也有打頭兒就拿流傳後世做目的的。例如哲學家或詩人,把他們的思想形之於文字,情感發之於詩歌,不但給同時的人看,並且還希望千百年後有更多的人能瞭解他們。」❼呂先生不是通訊學家,可是從他簡短的幾句說白中,我們便不難捉摸出「通訊」的真正含意:「要有人聽著,我們才說話」,「說話受時空限制,利用文字來突破」,「文字的目的在傳達遠方」,「哲學家和詩人,把他們的思想、情感流傳後世,希望千百年後有更多的人能瞭解他們」。在這些句子裏像「聽」、「說話」、「遠方」、「思想、情感」、「流傳後世」和「瞭解」等字句,可說都是所謂「通訊」的必要環境和條件。這也就是說,通訊的必要條件為「訊」的有發有收。電話線的二端,若是只有發話人而無接聽者、或錄音機、或留話器、或竊聽器,這不能算是通訊;教室裏,老師講破喉嚨,學生充耳不聞,這也不能算作通訊;一本書,高置在書架上,從來無人問津,這也不能算是通訊。

那麼要怎麼樣才能算通訊呢?若想替它界定(Define),還真不是一件容易的事。根據Dance和Larson的清單,已知的界定就有126種之多❽,我們不妨再多加上一種。我們認為,「凡將個人的感覺、思

---

❻　呂叔湘《呂叔湘文集》,上卷,北京,商務印書館,1993年,頁1。

❼　同❻。

想、經驗和理念傳給別人，而別人也能夠瞭解的行為便是『通訊』(Communication)」。簡單地說，「訊」必須「通」，「通」必須「懂」。英文Communication一字源自拉丁文"Communis"，有「共識」的意思。這就是說，通訊的目的是訊息發收雙方意欲對某種消息、思想、觀念或經驗，建立起一種瞭解和「共識」❾。

在通訊理念上，我們與仙農的「工程資訊」不同，我們認為通訊的訊息必含帶「語意」，無論這類訊息是屬於「視、聲、味、嗅、觸」或是「電訊」。而且這類通訊系統，至少應該包含下面五種基本要素：

①發訊者（人或物）
②語意資訊：含帶意義的資訊
③資訊載體
④傳輸管道
⑤收訊者（人或物）

它們的結構，可以下圖表示：

發訊者→語意 → 資訊　 → 傳輸　→ 資訊　→ 語意 →收訊者
　　　　資訊　　載體　　 管道　　載體　　資訊

例：魯迅→ 漢文 →《野火集》→圖書館→《野火集》→漢　文→懂得漢文的讀者

打電話→上海話→　電波　→ 電線 →　電波　→上海話→懂得上海話的收聽者

---

❽　Dance, Frank E. X. & Carl E. Larson. *The Foundations of Human Communication: A Theoretical Approach.* New York: Halt, Rinehart & Winston, 1976, Appendix A.

❾　Schramm, Wilbur ed. *The Process and Effects of Mass Communication.* Urbana: University of Illinois Press, 1965, p. 3.

上面五種要素中，任缺其一，通訊程序便不能完成。若要通訊獲得某種程度的「共識」，那麼「懂漢語的聽眾」、「識漢文的讀者」和「懂上海話的收聽者」的條件，是不能沒有的。「語意資訊」的通訊是一種含帶「意義」的通訊，而表達「意義」(Meaning)的媒體便是「語言」(Language)。「語言」是利用文字符號維持和建立信任❿。而任何「語言最好是應用在最『懂』得該語言的地方。」❶

第三節　通訊的方式

我們可從二方面來討論通訊的方式：一方面是通訊的走向，另一方面是通訊的效果。前者又可分成直線單向、直線多向、雙向循環和多向循環等四種。

一、直線單向式

這類通訊屬於「從上到下」的命令型和說服型，是屬於「發訊對收訊」的通訊。為了方便說明，我們暫且將上節所述的「傳輸管道」這個通訊要素藏在心裏，而使含帶語意的通訊系統極簡化有如下列結構：

---

❿　Langer, Susanne. *Philosophy in A New Key*,3rd ed. Harvard Univevsity Press, 1957.

❶　Condon Jr, John C. *Semantics and Communication*,2nd ed. New York: Macmillan Publishing Co., 1975, p.12.

發訊者 → 語意資訊 → 收訊者

例： 皇帝 → 聖旨 → 領旨者

作家 → 著作 → 讀者

雕塑家 → 雕像 → 欣賞者

這類通訊方式所以被稱為「直線單向」的主要原因，是它不容許受訊者有立時反應的機會。皇帝下達的命令，不敢有人反對；讀者閱讀一本著作，無論滿意或不滿意，他也無法將自己的好惡告訴作者。即使透過「書評」表示意見，對該作品本身已毫無影響。歸納地說，凡收訊者不能做立時反應的通訊，通稱為「直線單向」通訊。下面這個訊息流程圖可以說明這種通訊方式的特點：

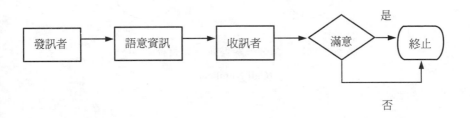

二、直線多向式

這種通訊方式屬於大眾傳播的範圍。它的最大特點是發訊者少，收訊者眾。例如，無線電廣播、電視廣播、報紙、期刊、電影、錄音帶、錄影帶等。在圖書館內，圖書展示就屬於這一類通訊方式。收訊者對資訊內容沒有立時反應的機會。這種通訊的流程可以表示如下：

發訊者→語意資訊→(n 收訊者)

(n=1, 2, 3...k)

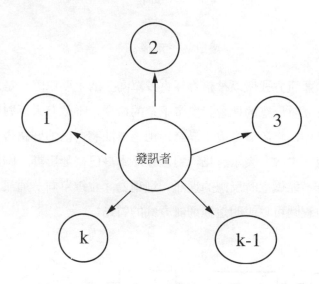

例: 圖書→索書號→(n 讀者)

(Call Number)

三、雙向循環式

這種通訊方式與直線單向通訊方式的相同點仍是「發訊對收訊」，二者相異之處則為雙向循環式容許收訊者作立即(Real Time)反應。因此，在通訊過程中，當通訊開始以後，往往便很難再確定誰是發訊者？誰又是收訊者？例如，圖書館諮詢參考服務、閒聊和辯論、電腦程式的運用和操作等。這種通訊方式的特點，可以下圖表示：

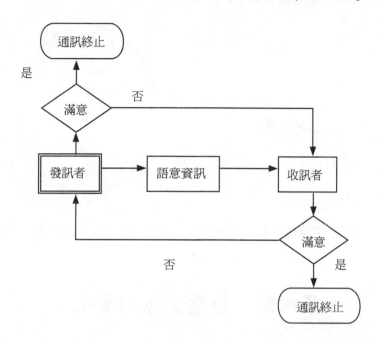

四、多向循環式

這種通訊方式的特點和直線多向式相同，發訊人少，收訊人眾，多向循環式容許收訊者立即反應。例如，教師講課、公開討論會、網上集體性e-mail、網上「交友聊天」等。

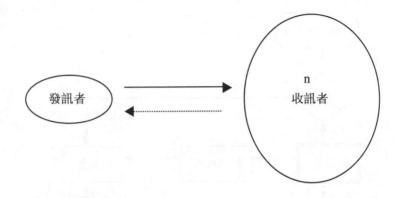

說明： 虛線表示收訊者對語意資訊反應的隨意性，也就是說，收訊者
可以反應，也可以不反應。

第四節　語意資訊的層次

從通訊的理念上講起來，通「訊」若「訊」不含帶語意，這樣的
通訊實無意義。不僅如此，由於通訊中的「訊」所含帶的語意完整程
度不同，還會形成不同的層次。層次的高低決定資訊的可信度。層次
越高，資訊越可信。反之，則越不可信。根據這個假定，手勢、表
情、姿態等表達的所謂「身體語言」(Body Language)，它們的可信
度最低；親身經歷的現場實況，可信度最高。問題在含帶語意的任何
形式的通訊是否能夠「完整」？又是否能夠完全信賴？

現在且讓我們利用一段我國北宋年間(960–1127)有關「端陽節」
龍舟競賽的報導⑫為例來解說：

有小龍舟二十隻，上有緋衣軍士各五十餘人，各設旗鼓銅鑼。

---

⑫　《東京夢梁錄》，卷一。(引自1997年5月20日《人民日報》海外版網站。)

船頭有一軍校，舞旗招引，乃虎翼指揮兵級也。又有虎頭船十
隻，上有一錦衣人，執小旗立船頭上，餘皆著青短衣，頂頭
巾，齊舞棹，乃百姓卸在行人也。又有飛魚船二隻，彩色間
金，最為精巧。上有雜彩戲衫五十餘人，間列雜色小旗緋傘，
左右招舞，鳴小鑼鼓，鐃鐸之類。

從這一小段「實況」紀錄裏，我們可以「領略」到一千多年前，
中國軍民同歡，熱烈慶祝「端陽節」的盛況，參加划船比賽的人數就
有一百好幾十，他們有身著紅色衣服的軍人，有身著黑色衣服的老百
姓。軍人駕龍舟，百姓乘虎頭船。另外還有二艘金黃色彩的「飛魚
船」。船上約有五十多名身穿彩色戲裝，手舞小旗和紅傘的啦啦隊。
比賽時，鑼鼓喧天，好不熱鬧！

熱鬧固然熱鬧，可是，這篇報導是否完整？是否為比賽現場的全
貌？恐怕不是。我國近代著名散文家沈從文，也曾有過一段在湖南家
鄉箱子岩觀賞端陽節龍舟競賽的經驗，他感慨萬千的寫著[13]：

提起這件事，使我重新感到人類文字語言的貧儉。那一派聲
音，那一種情調，真不是用文字語言可以形容的事情。

沈從文說明了一件事，那就是「一支禿筆，畫不出花兒來」。語
言文字的大毛病，就是它們永遠無法100%表達人類的思想。假如，
我們說思想是一個看不見的形象，那麼語言文字，便是用來描繪那個
「形象」的工具，使那個「形象」變成「真實」。難怪，英國哲學家
羅素說：「哲學中最困難的問題，便是如何區別形象與真實。也就是
說，區別『好像是如此』與『事實是如此』。」[14]

---

[13]　沈從文〈湘行散記〉，《沈從文作品經典》，第四卷，中國，長春，東北師
　　　範大學出版社，1996年，頁202。

若讓我們回頭再來看那段發生在一千多年前的報導。經過仔細研究，我們會產生很多的疑問。例如，我們首先懷疑這段報導的真實性。它是否虛構？有沒有「加油添醋」？這場比賽是否確實發生在北宋時期？比賽發生於何時何地？天晴還是下雨？有風還是沒有風？比賽場中有沒有觀眾？假如有觀眾，有多少？觀眾都穿著甚麼樣的衣裳？觀眾之中，男多還是女多？大人多還是小孩多？諸如這類問題，我們還可繼續問下去。總之，我們對這篇報導的真實性心存懷疑，而引起這層懷疑的原因，就是它沒有提供給讀者驗證其真實的憑據，這也就是說，從這一段簡短的報導中，我們很難斷定有關這場比賽的「事實」(Facts)。當然，我們不可能相信這一段報導給予我們的是真正的「事實」，它只不過是一千多年前一位記錄者的「個人所聞所見」而已。我們且先不必去計較這段報導有多少分的「事實」， 至少它絕不會是「全部事實」。我們都明白每個人都有強烈的「主觀意識」，而且每個人天生都戴有一副「有色眼鏡」和一對構造不同的「耳機」，十個人閱讀同一篇文章，會有十個不同的結論；十個人聆賞一場歌唱會，也會有十種不同的感受。

美國近代著名輿論權威李普曼(Walter Lippmann)在他的經典名著 *Public Opinion*❺中"The World Outside and The Pictures In Our Heads"一節，他說我們雖然都生活在同一個世界，可是我們每一個人卻想著、感覺著不同的世界。他又說，每個人似乎在他個人生活環境與真實環境之間，還存有著一個「虛構的環境」(Pseudo-environment)。他說，當然沒有人蓄意偽造他的生活環境，可是，每一個人獲得的經驗

❹ Russell, Bertrand. *The Problems of Philosophy*. London: Oxford University Press, 1981, p. 9.

❺ Lippmann, Walter. *Public Opinion*. New York: Harcourt, Brace, 1922.

永不會同於他人，而且，每一個人總利用他個人獲得的「舊」經驗來解釋面對的「新」經驗。尤有甚者，一大半他所獲得的經驗卻來自他人「過濾」過(Filtered)的資訊和經驗，例如新聞報導、教科書、研究報告、傳統、習俗、流言和謠傳。

在這樣「人心不同」的環境中，若想真正獲得任何「事實」，除了每個人身歷其境以外，就別無他途了。可是，事實上，我們又不可能，當然也無必要事事都需身歷其境，在我們日常生活和作息上，絕大多數的「事實」皆為間接獲得。雖然「事實」間接獲得，但是生活在廿一世紀裏的人，卻不願再見到那篇缺少確實行為(Credibility) 的「龍舟比賽」的報導。我們要求「從間接中獲得直接的事實」。

一千多年來，人類追求物質享受的結果，使我們透過「中介媒體」獲得的間接「事實」已與身歷其境相差不遠。假如，一千多年前那場龍舟賽，發生在今天，那麼那些紅衣軍人，黑衣老百姓，龍舟，虎頭船，「飛魚船」和那些身穿彩色戲裝，以及手舞小旗和紅傘的啦啦隊，都會完整地經過「數位錄影機」(Digital Camcorder)，貯存在磁帶裏，然後接上電視機或多媒體電腦，我們便能看見那場熱鬧的比賽，雖然仍不如身歷其境的現場，至少比讀那段報導要「真」得多了。「數位錄影機」唯一比不上現場觀賞的一點，便是無法親身嗅到龍舟賽現場中鞭炮的火藥味（「嗅訊」），嚐試到小吃攤上的點心味（「味訊」）和體驗到人擠人的熱絡味（「觸訊」）。簡單地說，除了「實境實況」能夠提供「聲、色、香、味、觸」完整齊全的訊息以外，其他任何間接的資訊傳達方法都不完整不齊全。就在這不完整、不齊全的情況下，我們根據其程度而排列層次如圖六：

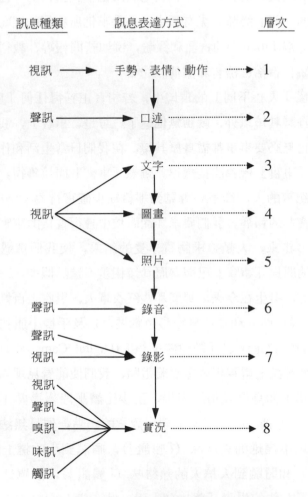

圖六　訊息表達層次

　　我們的假設是層次數量(1-8)越大，越接近「事實」。這也就是說，在有關「事實」的訊息傳遞上，手勢、表情和動作不如口述；口述不如文字；文字不如圖畫；圖畫不如照片；照片不如錄音；錄音不

如錄影；錄影又怎能比得上親身經歷的現場實況呢？

第五節　資訊的真實度

　　「語意資訊」的真實或不真實與它的可信或不可信，就像一枚硬幣的兩面。凡最可信的「語意資訊」，也必是最逼真的「語意資訊」。它們之間的分別，只是立足點不同而已。從前節，我們可知「語意資訊」的真實不真實，並不是資訊源的真實與否❶，而是資訊的載錄和傳輸方式不同造成的結果。我們認為，資訊源為客體，必真。一旦它的記錄和傳遞經過了中介媒體，那麼所傳遞的資訊必定失真，至少，它與資訊源有了差異。這就是李普曼所謂的「各有各的世界」。這種理念，使我們再次地肯定「身歷其境」獲得的訊息不僅最直接最完全，而且也最真實最可信。原因無他，客觀與主觀之別。我們認為客觀的「語意資訊」必真，主觀的「語意資訊」必不真。但是，我們必須說明，不真並不等於偽。以下圖 a， b 二條直線為例，直線本身完全相等，只因線的二端各加了「＜」和「＞」的符號，使人的視覺受了「欺騙」，而使我們對a， b 二線產生了「不相等」的錯覺。

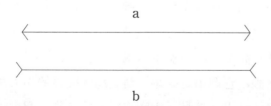

a

b

　　任何實境現場所含帶的語意資訊皆客觀，所以， 它所傳達的資訊

---

❶　訊息源為客觀個體，不能不真。其所以後來造成真與不真之別，筆者認為完全是摻入了「主觀意識」的結果。

也必真。反之，任何在實境現場以外的語意資訊皆主觀，故必不真。美國學者Brenda Dervin將客觀的資訊(Objective Information)定為Information-1，將主觀的資訊 (Subjective Information)定為Information-2❼。她將二者界定如下：

> Information-1: 為真實的描繪，天生的結構，或真實的模型和資訊資料。
>
> Information-2: 為一種理念，人造的結構，或真實中摻入了人造的圖像。

她更進一步地說，客觀資訊是指外在的「不真實」，而主觀資訊則指內在的「真實」。換句話說，在她眼裏，客觀資訊是一種純真，一種自然的真，而主觀資訊則是人造的偽真。Dervin論文的重點在通訊，特別是指出圖書館的資訊供應與讀者的資訊需求，似乎存在著天然的偏差，而不能取得一致。她認為圖書館資源是客觀的，然而，讀者的資訊需求卻是主觀的。客觀與主觀之間永遠有著矛盾。所以，她認為圖書館若欲解除與讀者之間的矛盾，唯有著手加強圖書館員與讀者之間的溝通。

我們認為Dervin「淡化資訊，強調通訊」的觀念在原則上無可厚非，可是，我們不能同意「圖書館資訊是客觀」的看法。對讀者來說，圖書館中任何資料皆客觀，也就是說，任何資料在讀者心中都是一片空白，毫無所知。可是，一旦他心中有了所求，他就興起了「主觀意識」，對圖書館中的資料有了取捨的選擇。而且，圖書館的資料，也絕非客觀，它們都是經過了負責選購圖書的個人或團體蓄意挑選「過濾」後的結果，這是「主觀意識」的結晶。圖書資料所代表的「主觀意識」與讀者的「主觀意識」常不能獲得一致。所以，在前一

---

❼ Dervin. Brenda. "Useful Theory for Librarianship: Communication, not Information," *Drexel Library Quarterly*, vol. 13, no. 3, 1977, p. 22.

篇中我們曾說明圖書館選購資料時應與讀者溝通，與他們產生共識，而在本節中，我們認為圖書館的通訊基礎應該建立在「雙向循環」的通訊原則之上。我們之所以強調「雙向循環」的通訊原則，主要原因便是設法消除館員與讀者，圖書與讀者，甚至於電腦軟硬體之間，因「主觀意識」不能協調而引起的種種財物及人力上的浪費和損失。

第二章　一般通訊理論

　　「通訊」(Communication)不僅關係人生，而且根本就是人生。人類若無高層次的通訊功能，他們最多只能像野獸一樣，亂吼亂叫。我們所謂高層次的通訊，它需要有一種發收訊息雙方彼此都能互相傳遞、描繪(Descriptive)和辯論(Argument)的「語意資訊」。「語意資訊」的觀念，在廿世紀以前，一直都是通訊理論的主流。直到十九世紀80年代，由於電報和電話的相繼發明，才開始有了一種人造的「電訊」，而使「語意資訊」從人類五官獲得的「視」、「聲」、「嗅」、「味」、「觸」五種資訊，增加至六種。「電訊」的特點是在有線或無線的輸送和傳遞過程中，它完全「隱藏」於人類五官捕捉之外。我們既看不到它，聽不到它，嗅不到它，嚐不到它，也觸摸不到它。

　　在1948年以前，有通訊卻無「通訊理論」(Theory of Communication)。它的出現完全得歸功於美國一位名為仙農(Claude Elwood Shannon, 1916–)年輕數學家的劃時代的獨特貢獻。仙農出生於美國密西根州蓋洛市。1936年他從密大獲得電機工程和數學雙料學士學位。旋即進入麻州理工學院，繼續研讀電機工程和數學。他在類比(Analog)計算機設計家Vannever Bush教授指導下，於1939年提出以二位值邏輯計算機設計的碩士論文 "A Symbolic Analysis of Relay and Switching Circuits"。在那個時候，還很少有人注意到英國邏輯數學家布耳(George Boole)於1854年發表的0與1二值邏輯理論。自從仙農將該理論應用到電路開(1)關(0)的設計上以後，幾十年下來，這個理論就成

了今天一切電腦發展的根本。

　　1940年獲得博士學位以後，仙農以國家研究學者的資格到普林斯頓大學高等研究所，跟隨Hermann Weyl教授研究布耳代數。從這時開始，他開始積極致力通訊理論的研究❶。1941年他離開普林斯頓進入聞名全球的「貝爾電話實驗所」(Bell Telephone Laboratories)鑽研如何最有效地輸送訊息(Information)的問題❶。不久，他便發現布耳「二值邏輯」與電話線路的開關(Switch)道理相似。到了1948年，他研究出量化資訊的方法：將1和0定為以2為基數(Base)的資訊基本單位，每一個英文字母和英文中採用的符號，都定為一個byte，而每個byte又有8個bits。於是任何資訊在這種原理之下，都可轉變成1和0，都可用bits和bytes來計量。他的「二值」理念於1948年以"The Mathe-matical Theory of Communication"為題分二期（7月和10月）在*Bell System Technical Journal*上發表❷。立時贏得通訊工業界及學術界的重視和讚譽。

　　仙農通訊理論中最凸出的一點，是有關「熵」(Entropy)的部份。他認為「熵」的現象是造成資訊在發收二端不能完全一致的主要原因。同時，他歸咎「輸送管道」(Channel)中的「噪音」(Noise)，使得訊息量在輸送中被減少或遭到損壞❸。仙農並相信，假定資訊在「寫

---

❶　Pierce, J. R. "The Early Days of Information Theory," *IEEE Transactions on Information Theory*, IT–19, 1973, pp. 3–8.

❷　從這裏我們可以清楚地看出仙農所研究的實為「電訊」而非「電流」。所以，「工程資訊」不含語意，只是他的「假設」(Postulate)。

❸　在二次世界大戰未結束時仙農這篇論文列為國防機密，原為一題為"A Mathematical Theory of Communication"的備忘錄。他於戰後「改寫」發表。

❹　筆者對仙農的說理，稍有不同的看法。筆者認為訊息發收二端不能「完全相同」的原因是傳送「電訊」的電波(Electronic Wave)在輸送途中受到干擾(Interference)。引起或造成「干擾」的原因，可說完全繫於輸送管道的品質和環境。美國資訊工業界採用「二值邏輯」，目的就是「控制」輸送

碼」(Encoding)時，能有一種自動核對的功能，那麼收訊的一方自會
獲得正確的訊息。於是他發現英語中字母的「重複」利用正是這種自
動核對功能的表現。

　　仙農雖是「通訊理論」的開山人，可是他獨專於「工程資訊」，
獨專於計算bits和bytes，似乎與「世人」無關。其實，真正的通訊並
不是bits和bytes，而是「語意」的溝通，它不是單純的發收，或一
「線」二端的現象，而是一種社會行為。若論及社會性的通訊，我們
就不能僅以仙農的理論為準了。而且，在社會通訊中，仙農的說法只
能算「其中」之一。

第一節　通訊模式

　　通訊情況複雜多變化。為了方便討論這個複雜多變的論題，我們
僅選擇幾種代表性的模式作為分析對象，並且採用簡單的架構。這些
簡單架構，除了簡單以外，還脫不了非常的理想化和抽象化。　一般
地說，模式(Model)具備三種功用[22]:

①概略地描繪出整個系統的結構
②簡單說明系統操作程序
③可用來預測作業成果

　　環境，盡量使電波穩定規律化。其實，電波就如同聲波和光波，很容易受
　　到環境的影響。不過，由五官捕獲的訊息，不論是視、聲、嗅、味、觸，
　　由於訊息發生雙方「主觀意識」不相同，而使訊息發收二端很難一致。所
　　以筆者認為「語意資訊」通訊實有「噪音不滅」的現象。
[22]　請參看Sereno, Kenneth & D. Mortensen. *Foundations of Communication
　　Theory. New York: Harper, 1970.

在人文和社會科學裏，所討論的模式大約可分成「結構模式」和「作業模式」二種。而我們的注意力則集中於「結構模式」上。

西方學者搭建的通訊模式，大多分成「直線單向」和「多向循環」二類。無論中外，古老的通訊方式，大都為直線式的單向通訊。就以我國來說吧，漢武帝時期董仲舒提出「賢良對策」，尊儒而貶百家，使孔子的「君君、臣臣、父父、子子」的正名思想深植社會人心，為中國樹立起一條綿延了二千多年的直線單向通訊系統。在政治上，皇帝與僚臣之間的通訊，絕對單向。在家庭裏，父親和長輩的「話」(多半是教訓)是絕對不可違抗的。像這種從上至下一條線的通訊系統，我們可以下式代表：

$$發訊者 \rightarrow 語意內容 \rightarrow 受訊者$$

例： 皇帝 $\rightarrow$ 聖旨 $\rightarrow$ 領旨者

父親 $\rightarrow$ 訓誡 $\rightarrow$ 子女

長兄 $\rightarrow$ 訓誡 $\rightarrow$ 幼弟

在早期的西方封建社會裏，盛行奴隸制度，那時的通訊系統，也是一條線的直線單向。希臘哲學家亞里斯多德(Aristotle, 384–322 BC)最瞧不起奴隸，所以他在*Rhetoric*特別強調通訊一條線：

$$說話者 \rightarrow 說話內容 \rightarrow 聽話者$$

這種直線單向的通訊觀念，直到民主自由思想發達了以後，才有雙向通訊方式的出現。然而，從通訊理論上講，基本的通訊模式只有二大類：一為「直線單向通訊模式」，另一為「多向循環通訊模式」。現在就讓我們分段略加說明。

第二節　直線單向通訊模式

在直線單向的通訊觀念中，比較重要的有三種理論。這三種理論的代表人物為Harold D. Lasswell，David K. Berlo，和仙農。

一、Lasswell通訊模式

Harold D. Lasswell是一位著名的政治學家❷和宣傳家(Propagandist)❷。在1946年，他將古典單向的直線通訊模式簡單地修訂延伸成下列一則問句❷:

Who	誰
Says what	說甚麼
In which channel	透過甚麼管道
To whom	說給誰聽
With what effect	甚麼效果

一般學者多將上面這個通訊模式，分開來逐項研究。例如，有關「誰」的研究，列為「控制分析」(Control Analysis)；有關「說甚麼」的研究，則歸為「內容分析」(Content Analysis)；有關「透過甚

---

❷　請參閱Lasswell, Harold D. *Politics: Who Gets What, When How*. New York: Meridian Books, 1958.

❷　Lasswell的博士論文在第一次世界大戰時，發生了相當大的影響力，1927年，該論文以*Propaganda Technique in the World War*為書名，由紐約Peter Smith公司出版。

❷　Lasswell, Harold D. "The Structure and Function of Communication in Society," in *The Communication of Ideas*. New York: Cooper Square Publishers, 1964, pp. 37–51.

麼管道」的研究，則稱為「媒體分析」(Media Analysis)；有關「說給誰聽」的研究，歸為「聽眾分析」(Audience Analysis)；而有關對聽眾產生何種「效果」的研究，則稱為「效果分析」(Effect Analysis)㉖。

Lasswell認為通訊在社會中有三種功能㉗：

①督導生活環境
②維繫社會關係
③傳遞文化遺產

Lasswell通訊模式的最大特點，便是發訊人不十分重視收訊人的立即反應，可是卻特別重視訊息對收訊人可能產生的影響，在Lasswell的眼中，發訊的目的只在「影響」收訊者㉘。這種通訊方式最能代表大眾傳播事業的單向通訊，特別是廣告宣傳。

二、Berlo通訊模式

這個通訊模式可說是仙農模式的縮影，不過，Berlo強調人類行為在通訊過程中的重要㉙。Berlo模式也常被簡稱為S-M-C-R模式㉚。它的結構如下圖：

㉖ 請參閱Smith, Bruce L., Harold D. Lasswell, and Ralph D. Casey. *Propaganda, Communication, and Public Opinion: A Comprehensive Reference Guide*. Princeton: Princeton University Press, 1946.

㉗ 同⑭，頁38。

㉘ George Gerbner在1956年曾提出的通訊模式似為Lasswell模式的增訂。請參閱G. Gerbner ,"Toward a General Model of Communication," *AV Communication Review*, vol. 4, 1956.

㉙ Berlo, David K. *The Process of Communication: An Introduction to Theory and Practice*. New York: Holt, Rinehart & Winston, 1960, p. 73.

㉚ 同㉙。

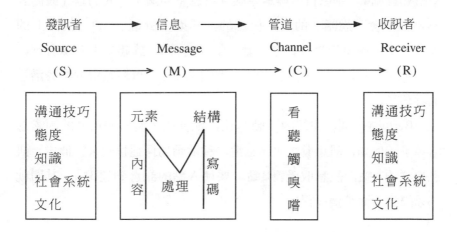

Berlo模式中有很多論點與圖書館學通訊理論的主張極為相近。相近的地方倒不在細節，而是在原理。我們說過，「通訊」的大原則，不僅是「訊」要「通」，而且，「訊」要「懂」。「訊」不「通」不行，「訊」通了不「懂」也不行。換句話說，「訊」必須要「懂」。Berlo對這一點的解釋，可以從「發訊者」及「收訊者」項下列舉的幾個條件中體會出來。這些條件包括「溝通技巧」(Communication Skill)、態度(Attitudes)、知識(Knowledge)、社會體系(Social System)和文化背景(Culture)。假如發收訊雙方具備這些相同的條件，那麼通訊效果必佳。反之，若條件之間稍有差異，通訊結果必將不理想。

　　雖然Berlo的說理也是建立在「直線單向」的通訊觀念之上，可是他的重點在「人性行為」(Human Behavior)。雖然他的通訊仍有「說服」的意味，可是卻絕不像其他「一線式」那樣的專橫霸道。我們以教學為例來說，教師的「態度」和學生的「態度」，實可說是教師與學生之間能否溝通的重要條件。至於「信息」(Message)內容的

組織和結構❸，那就自然與那些條件更息息相關了。我們以「說話」
為例，不會「說話」的人，使聽的人「如坐針氈」。會「說話」的
人，除了口齒伶俐以外，還有動人的「內容」，講起話來有條有理，
聲音抑揚頓挫，使「聽話」的人「如沐春風」。這點區別就屬於溝通
的技巧了。

　　Berlo將一個極複雜的活動簡化，他就難免將一些重要的因素忽
略掉了。例如，訊息發送與訊息這二種活動如何連接起來？假定，訊
息發送為A點，訊息收受為B點。要使A點的訊息到達B點，其間就
必須經過下面這個歷程：

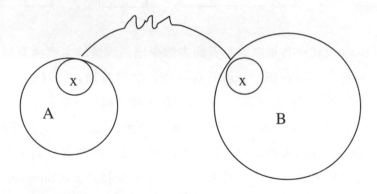

　　①A點的訊息 x ，在傳遞中需保持其原始結構及組織

　　②A點的訊息 x ，傳遞媒體必須「照單全收」，不容變更

　　③A點與B點之間必須要有相容的傳遞管道

　　④收受的B點必須合理的存在

　　⑤收受的B點必須要有收納A點訊息的容量，A≤B

　　⑥收受的B點必須要與訊息的傳遞媒體相容

---

❸　信息方格內的"M"型字樣，仿照原文繪製。Berlo用來象徵「信息」的結構
　　組織。

Berlo理論中的大缺點是通訊「管道」(Channel)一段。他所謂的管道特指看(Seeing)、聽(Hearing)、觸(Touching)、嗅(Smelling)、嚐(Tasting)。也就是說，在他心目中，「信息」的獲得是透過看、聽、觸、嗅和嚐。我們不能說他不正確，只是說他不如我們對視、聲、嗅、味和觸等五種訊息分析來得嚴謹。例如，「看」並不是管道。對視覺來說，真正的管道是「光線」。在伸手不見五指的黑夜裏，雖然有眼睛，可是不能見「物」。只有「電訊」在傳輸中不依賴光線和空氣等自然管道。

綜括地說，以上二種模式，它們的共同弱點是：

①通訊觀念為單向直線，而沒有考慮它們的循環可能
②將通訊重點放在開始，而忽視收訊一端
③忽視訊息發收二端訊息的差別
④過度重視個人通訊，忽視其社會性
⑤重視通訊的機械化，忽略它的有機性

三、仙農通訊模式

在通訊理論領域裏，仙農在1948年發表的通訊系統，雖然並不是舉世一致認同的惟一系統[32]，但卻最具影響和最具代表性的單向直線通訊系統。它一共包含五種基本元素[33]：

①訊息源(Information Source)

---

[32] 另外比較著名的除了Harold R. Lasswell, David Berlo, 還有Theodore M. Newcomb, B. H. Westley & M. S. MacLean Jr.等等學者提出的通訊系統。

[33] Shannon, C. E. "A Mathematical Theory of Communication," *The Bell System Technical Journal*, 27 (3), July, 1948, pp. 380–382.

②傳送器(Transmitter)

③管道(Channel)

④收受器(Receiver)

⑤資訊終點(Destination)

　　根據他繪製的系統圖(下圖)，其中還包括資訊內容(Message)、訊號 (Signal)、噪音源 (Noise Source)、收得的訊號 (Received Signal)、收得的資訊內容(Received Message)等五種輔助元素。在這裏，我們可以明顯地看出，仙農的通訊系統並非完全排除「語意資訊」，只是他的研究重點專注在「工程資訊」而已。他的目的是研究訊號在管道中輸通的環境。所以仙農假定它不含「語意」。

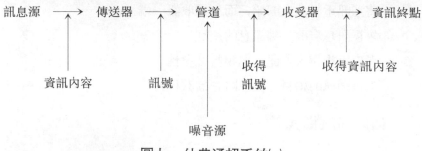

圖七　仙農通訊系統(一)

　　仙農認為:「通訊的根本問題，是傳送訊號一端所傳送的資訊內容，能否在收得訊號的一端，完全相同或相似地複製。」❸他的研究重點在「線」的二端。根據這個原理，使他發現:

1.經過「管道」傳送的「資訊內容」(Message)，因為受到「管道」❸中「噪音」的干擾，使輸送的訊號在收訊一端不能一模

---

❸　同❸，頁379。

一樣的複製(Reproduce)。

2. 強調通訊「管道」為噪音（干擾）之源**㉟**。

3. 強調通訊中有關「語意」部份與通訊系統中的工程問題無關**㉛**。

4. 強調訊號量、管道容量、和訊號在管道中的通行速度，均可以2為基數的「二位數」(Binary Digits) 或簡稱為 bits，來計算**㉜**。

此外，仙農還挪用了熱力學原理中的「熵」(Entropy)，來解釋訊號(Signal)在傳遞管道中所受到干擾的現象。同時，他還發現英文中有「重複」(Redundancy)的特性，他還認為訊號的「重複」，往往可以彌補在傳輸時，訊號因受干擾而引起含糊不清的問題。最簡單的例子，莫過於海上遇難船，不停地「重複」打出"SOS"的求救信號，目的便是要使別人聽到。在同一篇論文中，仙農還發現通訊時會發生一種「負熵」(Negative Entropy)的現象。這種現象與訊號的輸送管道無關，它發生在收受的一端。所謂「負熵」，是說：即使訊號在傳送時經過管道受到干擾或其他的原因，使得發出的訊號變得模糊，可是，基於收訊一端的「某種特殊能耐」，對含糊不清的訊號仍然能夠瞭解。例如，外國人講中國話，不論如何的詞不達意，中國人多半能夠瞭解。

數十年來，仙農對美國通訊工業影響至大。在通訊設備上，他們不斷地改革和改進，努力克服訊號在傳遞管道中遭遇到干擾的問題。

㉟　仙農所指的通訊「管道」即電線。

㉛　同**㉝**，頁382–399。

㉜　同**㉝**，頁380–382。

㉘　同**㉝**，頁407–415。

他們的目的不外:

1. 使傳遞管道中的「熵」趨於零。換言之，儘量使「噪音」或干擾減低:

    ① 儘量使訊號(Signal)從類比(Analog)轉變成數位(Digital)[39]

    ② 從類比(Analog)轉換成數位(Digital)時，儘量使頻率sampling 的時間間距趨於最短

    ③ 儘量增加電腦硬碟的貯存容量和轉速

    ④ 以光纜(Fiber-optic Cable)取代電纜

    ⑤ 國際性加強Internet，地區性加強LAN，Intranet

2. 增加「反熵」效果:

    ① 改進傳遞管道的品質，譬如，將電纜改為光纜，以增加管道的Bandwidth[40]

    ② 不斷改進Demodulator，增加電訊傳輸速度

    ③ 不斷改進訊號收受硬體

3. 利用「重複」原理:

    ① 訊息檢索避免利用Stop Words

    ② Data Compression: 以錄影影像為例，一個畫面約需二千七百萬bits，假如壓減到一百萬bits，那個畫面仍然可觀[41]

    ③ 幫助自動分類設計

上述各種改進，只有一個共同的最終目的，那就是使發訊一端所

---

[39] 有關類比轉換成數位的簡單說明，請參看本篇附錄。

[40] Gates, Bill. *The Road Ahead*. New York: Viking, 1995, p. 31.

[41] 同[40]，頁30。

發出的訊號，無論原始訊息的格式(Format)為何，無論天高地遠，都能夠極快地、經濟地和有效率地在收訊一端，毫釐不差地、真實地複製(Reproduce)❷。現在的美國資訊工業界，還齊頭並進的配合高性能多媒體微電腦，為全球建立起了網際網和資訊超級公路，還正積極設建「全球通訊網」(National Information Infrastructure)❸。歸根結底，若想使這些理想一一實現，以目前的科技水平來說，恐怕還力不從心。資訊數位化(Information Digitization)只能算是一個漫長旅途中的起點而已。

　　固然，仙農通訊理論受到通訊界的交相讚譽和重視，而它受到的批評也不少。首先，Yehoshua Bar-Hillel便認為「工程資訊」被稱為Information，實在非常不當，應該稱它為訊號(Signal)，而仙農的通訊理論應改稱為「訊號傳輸理論」(Theory of Signal Transmission)❹。假如，仙農的通訊理論，真成了「不含帶語意」的「訊號傳輸理論」，那麼，仙農的理論對「瞭解人與人的通訊可說毫無幫助」❺。本來也是，若資訊不帶語意，就不該稱為資訊。可是，若武斷地直稱它為訊號，也不完全正確。那該稱它做甚麼呢？我們認為應稱為「電訊」(Electronic Information)，也就是借助「電波」傳輸的「語意資訊」。但是，根據Weaver的解釋，仙農的「工程資訊」實帶有意義❻。

❷　Lebow, Irwin. *Information Highway & Byways*. New York: IEEE Press, 1995, p. 213.

❸　也有譯成「國家資訊基礎結構」。其實，真意是指利用各類資訊媒體，包括電腦為基礎所設建的全球性通訊網。

❹　Bar-Hillel, Yehoshua. "Concluding Review," in *Information Theory in Psychology*, ed. by Henry Quastler. Glencoe, IL: Free Press, 1955, p. 3.

❺　Conant, Roger C. "A Vector Theory of Information," in *Communication Yearbook 3*, ed. by Dan Nimmo. New Brunswick, NJ: Transaction Books, 1979, p. 178.

❻　Shannon, Claude E. & Warren Weaver. *The Mathematical Theory of Commu-*

Weaver不僅提到 Semantic Receiver，而且，還提到 Semantic Noise。除Weaver以外，不少的學者都認為「管道噪音」(Channel Noise)與「語意噪音」(Semantic Noise)應該有區別的[47][48]。若將他的解釋與仙農理論混合一起，我們便可獲得一個相當「完整的」仙農通訊理論結構圖[49]：

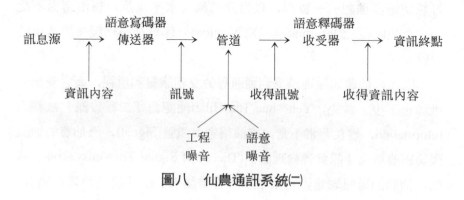

圖八　仙農通訊系統㈡

假如上圖可被接受，那筆者所稱的「電訊」，就更站得住腳了。

Weaver心目中的「完整」仙農通訊理論，也就是上述含帶語意的通訊結構，所面對的最大的二個問題便是如何量化「語意資訊」和如何消除通訊管道中的「語意噪音」？我們對這二個問題的回答都是否定的，因為：

1.含帶語意的訊息，可說無法正確量度，尤其是筆者提到的「語

nication. Urbana, IL: University of Illinois Press, 1963, pp. 24–28.

[47] Schramm, Wilbur. "Information Theory & Mass Communication," *Journalism Quarterly*, vol. 32, Spring 1955, pp. 131–146.

[48] Sereno, Kenneth K. & C. David Mortensen. *Foundations of Communication Theory.* New York: Harper & Row, 1970, p. 81 footnot.

[49] 請參閱Crowley, David & David Mitchell ed. *Communication Theory Today*, Stanford, CA: Stanford University Press, 1994, p. 129–132.

意增質」❺。「語意增質」是無法秤斤論兩的，也就是說，無
法利用bit來量度的。

2. 語意變化多端，並非一字一義，尤其是各國語言具備強烈的地
區色彩，同義的字，所得的bits都不相同。

3. 各人文化背景不同，生活環境相異，再加上各人主觀意識的不
同，使管道中的「語意噪音」永遠不會等於零。筆者美其名為
「語意噪音不滅論」。

第三節　直線多向通訊模式

這一組模式的特點，便是儘量排除直線單向通訊模式的缺點。我
們只預備提出Schramm一種模式來說明。其他如Newcomb❺、Westley
& MacLean❺、Gerbner❺等模式，為了節省篇幅，就不再細說了。

Wilbur Schramm為美國伊利諾大學大眾傳播學教授。他的通訊模
式在美國學術界甚有名氣。Schramm認為通訊的必要元素為訊息源
(Source)、信息(Message)和目的地(Destination)。他對這三要素的定義
如下❺:

1. 訊息源: 可能是一個在說話、寫著、繪畫、打手勢的個人，或
者是一通訊組織，例如報社、出版商號、電視臺、電影攝影

---

❺ 請參閱本書第五篇。

❺ Newcomb, Theodore M. "An Approach to the Study of Communicative Acts,"
Psychological Review, vol. 60, Nov. 1953, pp. 393–404.

❺ Westley, Bruce H. and Malcolm S. MacLean, Jr. "A Conceptual Model for
Communication Research," *Journalism Quarterly*, v. 34, 1957, pp. 31–38.

❺ Gerbner, George. "Toward a General Model of Communication," *AV Commu-
nication Review 4*, 1956.

❺ Schramm, Wilbur. "How Communication Works," in *The Process and Effects
of Mass Communication*. Urbana: University of Illinois Press, 1965, pp. 3–4.

廠。

2.信息：也許是文稿、空中的聲波、電訊的波動、搖手、旗號、
或其他任何含有意義的訊號。

3.目的地：也許是一位聆聽、觀看、閱讀的個人，或者是討論會
中的成員、一場演講會的聽眾、一群足球賽的觀眾、或一群暴
徒、或一群閱報人和一群電視觀眾。

它們的基本結構如下圖：

訊息源→寫碼→訊號→釋碼→目的地

它們的演進步驟為：

①訊息源將待發的信息改寫成可以傳輸的格式
②訊號傳輸（發訊者無法控制的階段）
③訊號經過釋碼手續改變成可以瞭解的信息

Schramm考慮到發訊者所發送的訊息與收訊者的解釋可能會不一
致。於是他又摻進了累積性的「經驗領域」(Field of Experience)。他
認為訊息收發二方，相同的經驗領域越廣，通訊越方便，否則，將非
常困難⑤。

最後，他認為「通訊永不休止」。他說在不知不覺中，訊息使我
們不停地在改變⑯。他為了想正確的解釋這種「通訊永不會休止」和
「改變不停發生」的現象，而提出了一個圓形通訊模式⑰。這個模式
的中心旨意，是將訊息的產生與訊息的結果相連在一起。顯然這個模

---

⑤　同⑭，頁6。
⑯　同⑭，頁8。
⑰　同⑭，頁8。

式強調通訊的有機性，而且，表示通訊活動的有始無終。

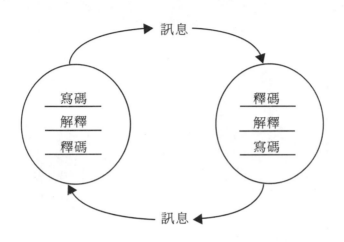

從「通訊永不休止」、生活習慣和能力不停地改變的觀點來看，Schramm的通訊理論實已進入了知識增長的範圍。上面這一則沒有休止的通訊圖，實已與我們討論的「知識論」非常的相似。在那一篇裏，我們曾說，知識綿延滋生的有機現象和人類知識的進步，依賴知識的不斷增值，將人類物質文明不斷地推上更高層樓。「知識孕育知識」與「資訊孕育資訊」的先決條件，便是開放通訊，使同一主題(Subject)的專家學者能夠自由地交換心得與經驗。

綜括地說，由於每位學者的考量角度不同，每一種通訊模式雖然說理的中心點都環繞在「人與人」的通訊關係上，可是卻發展出不同的結構。我們可以這樣大膽地說，到目前為止，在通訊領域裏還找不出一個典範模式。假如找得到，那也與「模式」(Model)的意義相抵觸。所謂「模式」，本就是「真正世界」的一個極簡化的表徵。我們提出前述各種模式，目的在借鏡。然而，站在圖書館通訊的立場，我們卻未發現一種模式適用於圖書館的作業與服務。因此，我們必須為

圖書館學「發明」一個新的通訊系統和模式。下面一章便是我們的心
意與目的。

第三章　圖書館通訊系統

　　一如本篇開始那位圖書館學教授在廿五年以前說的話，過去圖書館界從未對人際間的通訊行為和知識紀錄二者之間的關係，作過充分的思考。我們只知埋頭去解決有關紀錄的種種問題，而不曾注意到它對社會通訊系統的依賴。即使到廿世紀的末葉，我們還不見圖書館學界從事圖書館通訊系統的研究。

　　半個多世紀以來，美國通訊及資訊工業受了仙農(Claude E. Shannon, 1916–)通訊理論的影響，投下了大量資本，致力管道(Channel)中訊號輸送環境的改進。可是，他們也應該清楚，訊號的數位化，僅不過是人類跨進「數位化資訊時代」的第一步，若要使全人類遠離「工業後社會」，各種型態的「語意資訊」都必須全面數位化。否則，「數位化資訊時代」就像天邊的一道彩虹，可望而不可及。

　　圖書館的傳統工作中心在「資訊紀錄」(Recorded Information)的徵集、整理、貯存、展示、和運用。而「資訊紀錄」必然含帶「語意」。在圖書館的世界裏，一切通訊❸都必然是「語意資訊」。因此，圖書館的通訊系統必與以訊號為主的「工程資訊」有差別。仙農以訊號為主的那一部分通訊系統並不適用於圖書館的領域。不過，話又得說回來，由於廿一世紀裏，「語意資訊」全盤數位化的結果，將會促使「語意資訊」與「工程資訊」這二個原本「敵」「友」難分的通訊系統，合組成了一個不可分割，而且相當完整的圖書館通訊系統。這

---

❸　「通訊」一詞必須作極廣義解，最好還帶點幻想(Imagination)。

便是筆者意欲在本章先特別強調的一點。

圖書館通訊以「語意資訊」為主。在實質上，它不僅比仙農的「訊號」要複雜得多，也遠比 Lasswell, Berlo, 和Schramm等提出的通訊理論落實。在通訊過程中，「語意」是一組含帶「意義」(Meaning)的資訊或訊息。通訊的目的在收受雙方「語意」的溝通。鬼畫符不是通訊；一個人自言自語，獨自在那裏嘮叨，無人知其所云，這也不能算作通訊。同樣的道理，電話的另一端，若無收聽的人或錄話機，也不能算作通訊；而且，假如電話一端的發話人滿口上海話，而收聽的一端，卻是一位從來不知道地球上還有上海這麼個地方的人，這樣的通訊也不能算作通訊。那麼，要怎麼樣才算通訊呢? 簡言之，「訊」必須「通」，「訊」必須「懂」。否則，都不能算作通訊。「語意」通訊，在結構上，與仙農的「通訊系統」略似而不盡同，尤其是在「語意資訊」通訊的本質上，它們之間的區別是很容易劃分的。「語意」通訊的結構具備下列五種基本元素:

> 1. 訊息源
> 2. 資訊內容
>   (1)表達媒體
>   (2)表達手段
> 3. 暫時性資訊載體
> 4. 資訊傳遞管道
> 5. 資訊收訊者（人或物）

現在，我們就開始分節來討論圖書館通訊系統中這幾種基本元素。

第一節 訊息源

訊息[59]來源可以歸納成三大類：現象(Phenomenon)、經驗(Experience)和理念(Perception)。

「現象」的發生，可能出於自然(Nature Phenomenon)，也可能源於人造(Man-made Phenomenon)。無論是自然抑人造，現象的本身皆不能構成訊息，除非它被人的「五官」覺察到或捕捉到，使他們因覺察或捉摸而興起了一種感應(Sensation)之後才會產生出訊息。所以，我們稱「現象」為訊息之源，倒不如說「五官」感應為訊息之源還比較恰當了。

由「五官」捕獲的「現象」，產生感應而獲得的訊息，可以分成「視訊」、「聲訊」、「嗅訊」、「味訊」和「觸訊」等五種[60]。如今再加上「電訊」就變成了六種不同種類的資訊。譬如：

1. 視訊：由視覺興起感應而產生的訊息。

   自然：自然環境。

   人造：錄影帶、電視、電影、廣告、圖書索書號。

2. 聲訊：由聽覺興起感應而產生的訊息。

   自然：庭園中的鳥語、蟬鳴、風聲、雨聲。

   人造：錄音帶、唱片、圖書館內的談笑聲、步聲、桌椅聲。

3. 嗅訊：由嗅覺興起感應而產生的訊息。

---

[59] 「訊息」是組成資訊的基本元素。資訊是「過濾」後同屬性訊息的組合。在結構層次上訊息最低，其次為資訊，再上便是知識。英文裏的 data 一字與訊息意義相當但不相等。Data 意義必較狹窄。

[60] 為筆者個人的解釋。

　　自然：庭園裏的桂花香、圖書館內空氣新鮮。

　　人造：食物的氣味、圖書館內空氣污濁、香水。

4.味訊：由味覺興起感應而產生的訊息。

　　自然：清甜的飲水、甜蘋果。

　　人造：污濁的飲水、棒棒糖。

5.觸訊：由觸覺興起感應而產生的訊息。

　　自然：夜涼似水。

　　人造：點字書刊、雕塑品。

6.電訊：由電波傳輸的訊息。

　　自然：無。

　　人造：數位化電子期刊、電傳、電信。

　　在這六種訊息當中，只有視訊和聲訊二種訊息的獨立性較高。不過，它們卻有一個最大的共同缺點，那就是視訊的獲得，必須要有亮光(Light)，視界也不能受到阻礙；而聲訊的獲得，則必須空氣和少噪音。就因為它們有這些天生的缺點，古往今來，各種有關通訊工具的發明，如望遠鏡、Hubble、太空衛星站、雷達等的發明，莫不旨在增進人類的視、聽功能，欲使人人都變成「千里眼」、「順風耳」。嗅訊、味訊、觸訊，它們的功能有限。從訊息蒐集的觀念講起來，唯有五官功能最健全的人，他所獲得的訊息才能最完整最齊全。

　　十九世紀末葉開始，由於電話、電報的發明，而有了人造「電訊」(Electronic Information)的發現。在廿世紀裏科學家和實驗家們，就利用「電訊」原理，而設計出了不少稀奇古怪的視聽器材、電信、電傳、電腦之流，使通訊透過網際網和超級資訊公路，真像瀉地水銀，「無孔不入」。而且，人們 「間接」 獲得的資訊，例如歌唱、影

像，幾可亂真。雖然「電訊」在輸送傳遞時不受時空限制，可是，在產生「電訊」之前，仍必須依賴適當的電流(Electric Current)。就像燃燒汽油推動汽車引擎一樣，「電訊」需靠電流來啟動。電流是「電訊」的動力(Power)。沒有動力⑥，「電訊」就無法產生。

再說，從「經驗」獲得的訊息，是我國荀子所謂的「徵知」⑥，是墨子所謂的「聞」和「親」。從「理念」獲得的訊息，得自於人類的五官直覺、記憶和經驗，是墨子所謂的「說」，是英國哲學家羅素(Bertrand Russell, 1872–1970)所謂的「相關事實的連接」⑥。這些說理一直都是近代西方通訊學者的中心思想，沒有絲毫新的長進和新的發現。

總括地說，從現象獲得的訊息屬於外在的訊息，從經驗和理念獲得的都是內在的、人造的訊息。假如我們將這三類訊息源串連起來，便可獲得一個訊息的流程，在這個流程當中，除了「現象」以外，其他每一點都能產生訊息：

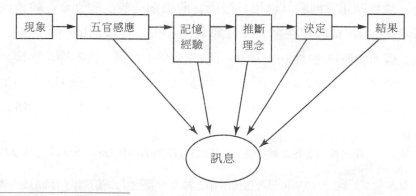

---

⑥ 　現在已朝向太陽能的方向發展，希望不再依賴定位性人造電源。

⑥ 　近代西方學者所稱的Verification Argument， 實際上就是二千多年前荀子的「徵知」。

⑥ 　Russell, Bertrand. *Human Knowledge: Its Scope and Limits*. New York: Simmon & Schuster, 1967, pp. 421–508.

第二節　表達媒體[64]

人類生存靠溝通訊息。而訊息的溝通必須靠有彼此熟悉的「表達媒體」[65]。在蠻荒時代，人們利用的表達媒體為喊叫和手勢。大約一萬年前，人們開始利用口語為溝通訊息的「表達媒體」；三千年前，有了文字，人們才開始在口說之外再加上文字作為溝通訊息的工具。在別章中，我們曾說過，文字是口說語言的定型化、形格化。而且，無論何種「表達媒體」，它們的先決和必要條件，便是利用「表達媒體」所「表達」的事物，必定為通訊雙方明白瞭解。例如，漢人懂得漢字表達的「意義」，湖南土語只有湖南人懂。三千年後，仙農根據英國「無師自通」邏輯數學家布耳(George Boole, 1815–1864)所著的多篇邏輯代數的啟示，所發現的「二位字」(Binary Number)[66]，只有電腦及其週邊設備能「懂」。於是，現代的人，除了說話和寫字以外，還會利用電腦和其他相容設備，將他們的說話和文章，轉換成「二位字」，或貯存在多元「資訊載體」裏，或借助Internet傳遍天涯。假如我們稱文字的發明，是「表達媒體」的第一次革命，那麼，「二位字」的出現，就應該算是它的第二次革命了。長此下去，相信人類的「表達媒體」還會有第三次、第四次……的革命。文字這種

---

[64]　「表達媒體」一詞為筆者用來描述訊息溝通的一種必要手段。

[65]　西方學者沒有表達媒體的說法，他們只籠統的稱其為Symbols，同時沒有媒介的意思。

[66]　「二位字」是1938年仙農在他的碩士論文中提出「二值邏輯」的結果。請參看 Moss, Lawrence & Jerry Seligman. "Classification Domain and Information Links: A Brief Survey," in *Logic and Information Flow*, ed. by van Eijck, Jan and Albert Visser. Cambriedge, MA: MIT Press, 1994, pp. 112–124; Hailperin, Theodore. *Boole's Logic and Probability*. Amsterdam: North-Holland, 1976, p. 245.

「表達媒體」具備描繪(Descriptive)和辯論(Argumentative) 的「見字明意」或「說話明意」的間接功能，所以，英國哲學家包伯認為文字的發明是人類知識進步的開始[67]。

過去，人們聽演講(口語)，想要留下一個紀錄，必須作筆記。現在卻不同了，演講詞可以錄音，演講現場可以錄影。過去，複製文獻依賴抄寫和印刷，而且，白紙黑字，不動不跳，了無生氣。如今有了「二位字」，「資訊數位化」了，使每一個字，每一種符號，每一個數字，每一個音符，每一組影像，和每一節電波，上自大部頭書，如百科全書、辭典、重要參考工具書、索引、摘要、重要科技類期刊等，下至各類文教和娛樂性視聽產品，如照片、影片、錄音、錄影等，只要需要，其不都透過鍵盤、掃描器(Scanner)、或其他高科技設備，將它們轉換成以bit為單位的0與1二位字，一系列地被貯存在磁碟、光碟、CD-ROM、硬碟這類新型的「資訊載體」裏，只要有一臺相容的高性能、多媒體的微電腦，便會使那些原本呆頭呆腦的文字，活了起來，「書中的顏如玉」也會變成 3–D，在螢光幕上有說有笑。

顯然，在效能上，「二位字」這種「表達媒體」，滿足了人類「視」、「聽」的基本要求和享受，使人類的生活更加活潑有趣，同時，在新世紀裏，它還能使現代的圖書館，長上翅膀，任憑世界各地讀者的召喚，不分晝夜，不顧雨雪風霜，將需求的資訊轉瞬間送到他們的身邊眼前[68]。

廿年前，當美國圖書館學家F. W. Lancaster在他的名著*Toward Paperless Information System*[69]中第一次提出「無紙社會」(Paperless

---

[67]　Miller, David, ed. *Popper Selections*. Princeton, NJ: Princeton University Press, 1985, p. 71.

[68]　何光國〈虛擬世界與未來圖書館之變形〉，《圖書館學與資訊科學》，第21卷第2期，民國84年10月。

Society)即將到來的預測。事隔廿年，雖然我們仍舊生活在「有紙社會」裏，但是「表達媒體」從口語、文字、符號、圖像等轉換成0與1「二位字」的情形看起來，至少已使我們漸漸地離開了那「惟紙社會」(Paper Only Society)，而走向以電腦為中心的數位化資訊和多媒體(Multi-Media)的數位化資訊社會。

在第五篇中，我們曾提到過一個有趣的論題，那就是「資訊增值」和「資訊減質」❼。我們舉例說，同樣一首歌，有的唱得非常好聽，有的則荒腔走板，很難聽；同樣一篇演講稿，有的講得非常動人，有的就像唸經。為甚麼會有這樣的差別呢？原因就在「表達手段」的不同。懂得中國京劇的讀者，諒必對梅、程、麒、馬、余各派唱腔做工不同，都有很深的印象。這便是「表達手段」各異的最佳寫照；再說，在寫作上，作家們在詞藻及結構方面，也各有不同的風格。中國近代著名女作家張愛玲一讀到《紅樓夢》第九十二回「寶玉也問了一聲妞妞好」，就知道該書的最後四十回不是曹雪芹寫的❼。這也是「表達手段」不同闖出的禍。所以，當我們討論「語意資訊」時，就不能不提到「資訊變質」的問題。尤其在圖書館通訊中，「人與人」交談時的「語氣聲調」及態度(Attitude)就屬於「表達手段」，說得好聽一點，就是「說話的藝術」。

當我們談到「資訊數位化」的時候，曾說電訊經過數位化後，可以美化原來的資訊。例如，數位光碟(DVD)，無論聲、色，都要比類比的光碟「逼真」很多。可是，數位化卻不能好到使啞巴唱歌，使瞎子看到秋天的紅葉。這就是說，資訊數位化，可以增加「真實」的程

---

❻⁹ Lancaster, F. W. *Toward Paperless Information System*. NY: Academic Press, 1978.

❼⁰ 請參閱本書第五篇第四章第二節「語意變質」。

❼¹ 張愛玲《紅樓夢魘》，臺北，皇冠文學出版社，1995年，頁17。

度，卻無法使偽成真、使無生有。

第三節　「語意資訊」的通訊系統

在一個真正的資訊時代裏，社會中除了說話仍舊利用彼此皆能瞭解的口語以外，其他一切含帶「語意」的「資訊紀錄」，都將會轉變成「二位字」。這個社會的特徵，倒不在資訊(Information)的數量多、種類雜，而是在數位資訊的傳遞和傳佈上，將會有與現代截然不同的途徑和效果。雖然我們很難確切地斷定那途徑和效果究竟會是甚麼，至少，根據最近十數年「資訊數位化」的情況來觀察，我們似可窺探出來一點蛛絲馬跡，那便是一切「語意資訊」正在快速地從類比(Analog) 轉變到數位 (Digital)。由於「語意資訊」逐漸地從傳統的印刷型改變到數位型，於是圖書館的一切通訊與活動，也必須跟著更換調整。

根據本章開場白中列舉的圖書館通訊五種基本元素，我們組織成圖書館語意雙向循環通訊模式 (圖九)：

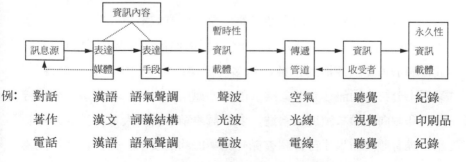

圖九　圖書館語意雙向循環通訊模式

假如我們將上面的結構通用化，可將上面的模式簡化成下面的結構：

發訊者←→語意資訊←→傳輸管道←→語意資訊←→收訊者→資訊載體

在電報、電話發明以前，幾千年來人們藉以通訊的管道，只有空氣、光線和觸覺神經。我們說話靠空氣傳輸聲波；我們看書靠光線將書中的字畫反射的光波傳進我們的眼裏，使我們的視神經興起感應；「夜涼似水」是靠身體的觸神經將「涼」的訊息傳給我們的神經中樞，使我們生出「涼」的感應。可是，1837年英國科學家William Cooke Charles Wheatstone發明了電報，1876年美國科學家Alexander Bell發明了電話以後，世界上才多添了一種新的資訊載體「電訊」和傳輸「電訊」的管道——電線和電纜。在廿一世紀的今天，又出現了一種光纜(Fiber-optic cable)。這些新發明，大大地擴充了人類通訊的範圍，同時，也使得通訊系統變得越來越複雜。為了方便討論，讓我們暫時將正常的通訊系統再一次地簡化成：

發訊者 → 語意資訊 → 收訊者

在本篇第二章，我們介紹了直線單向、直線多向、雙向循環、多向循環的通訊模式和理論。我們所獲得的結論是直線單向的通訊方式，屬於命令與說服的一種，而多向循環通訊模式的「有始無終」，又不十分符合通訊「有始有終」的基本原則。另外，我們還提到直線多向和雙向循環二種通訊系統，我們認為前者屬於大眾傳播的通訊範圍，唯有雙向循環才符合圖書館作業與服務的要求。因此，我們認為「雙向循環」才是圖書館學的通訊理論基礎。根據雙向循環的通訊原則，我們可將前面的結構圖改成下式：

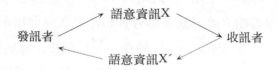

　　上式的簡單解釋便是發訊者將自己的「心意」(語意資訊X)傳遞給收訊者，假如收訊者對收到的資訊不瞭解，他(或它物)將以「新」發訊者的資格，循著原來的路線，向原發訊者發出「新」的資訊(語意資訊X′)。同一主題，但不一定同內容的語意資訊X和X′，就這樣地二邊傳來傳去，直到一邊無意再繼續下去，或直到二邊都感到滿意為止。到這個時候，發收雙方有了某種「共識」Y，取代了X和X′，使通訊程序停止。依照這種解釋，我們再將上式，改為下列三式：

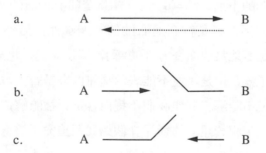

　　說明：上面三式中的A，B為通訊發收訊息二端。A代表原始發訊者，B代表原始收訊者。

a式：

　　當原始發訊者A發出的訊息，B產生疑問而回饋的時候，B便成了第二回合的原始發訊者，A便成了第二回合的收訊者；如此，A，B雙方互相易位，使通訊不斷地繼續下去，直到一方停止，或雙方都感到滿意為止。說到這裏，我們需要增加二點補充：第

一，通訊的繼續沒有一定的時間限制，只要主題(Subject)不變。例如，圖書館為讀者找尋參考資料，或代向別館索借圖書資料等。第二，雙向循環通訊的特徵，便是透過「溝通管道」，能使發訊一方的「心事」被另外一方完全瞭解，從而對事件產生一種合理的共識、判斷和決定。我們也可以套句俗話，透過溝通期間使「大事化小，小事化無」。這裏的「事」，是讀者面對浩瀚似海的圖書資訊興起的「疑難之事」。在雙向循環的通訊環境中，發訊一方的Uncertainty(猶疑)因訊息(Information)的增加而遞減，終至Uncertainty等於0，或趨於0。

b、c式：

b和c二式，代表二種「訊」不通的情況。在仙農理論中，代表「線路」的不通，bit=0；在「語意資訊」通訊的情況下，「訊」的通或不通，只是符合通訊的第一個條件，另外一個條件便是「訊」是否能被收訊一方「瞭解」，縱使a式，也只表示A和B二端搭通了線，但是，並不能表示通訊內容是否已被完全瞭解、部份瞭解或不瞭解。假如我們不提內容是否被瞭解，那麼a式便代表仙農「工程資訊」的通訊。假如我們追究「語意資訊」在傳遞中產生的效果(Effect)，那我們就得條件性地考慮b和c二式。

b式：A方發訊，B方拒收

c式：B方發訊，A方拒收

若單獨來講，b式就好像一位阿拉伯人想與一位不懂阿拉伯語言的人對話。正常的通訊，一開始就無法進行。c式則恰好相反，一位懂得阿拉伯語言的人，偏偏要和一位不懂英語的阿拉伯人用英語來對話，結果，當然通訊也無法進行。b式也表示一種「語意資訊」在通

訊中，受到收訊人五官感應不健全的「干擾」(Interference)。譬如，通話對方是一位耳聾的人，一冊圖書對一位盲者，香味對一失去嗅覺的人等等。再進一步的舉例說，邀請一位完全不懂中文的外國人去聆賞一場京戲，表面上他在「聆賞」，骨子裏卻在受罪。

　　c 式通訊與 b 式通訊的不同點，是發訊人在通訊過程中受到了干擾。例如，圖書館排架上的索書號錯誤，而使讀者無法找到那一本書；同樣的道理，一位沒有主題常識，又沒有線上檢索經驗的人，常常找出一些完全不相關的資料。

　　圖書館通訊的困難，少在發收訊息二方，多在溝通。也就是說，一切通訊，收發二端都必須完全瞭解，否則，「語意資訊」的通訊目的就不能算是圓滿達成。然而，要想使得收發二端對訊息的完全瞭解，我們就必須考慮到下面幾個基本條件：

1. 「人與人」：例如館員對讀者的通訊，基本條件包括通訊技巧、態度、相容主題知識、生存環境、文化背景。

2. 「人與物」：例如館員購書、編書、典藏、展示；讀者瀏覽排架、找尋資料、「讀者有書」❷、「讀者與電腦」等。基本條件「人知物」的程度。

3. 「物與人」：例如館藏特徵與讀者❸；網際網上資料與讀者；網際網上資料與館員等。基本條件「物」必須與「人」的需要相容。

4. 「物與物」：例如電腦與電腦；硬體與軟體。基本條件「物」與「物」必須相容。

---

❷　Ranganathan, S. R. *Five Laws of Library Science*，第二律："Every reader has book"。

❸　同❷，第三律："Every book its reader"。

雙向循環的通訊系統，應用到日常圖書館作業和服務上，共有四種不同的模式。現在就讓我們逐個兒來簡單地舉例說明：

1. 「人與人」：例如讀者與館員之間的磋商和諮詢：

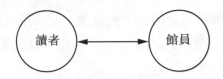

  (1)談話的技巧和態度，仔細地聽，清楚地「問」
  (2)談話的內容，仔細的問，清楚地「解釋」
  (3)直到雙方都感到滿意為止

2. 「人與物」：例如，讀者尋書：

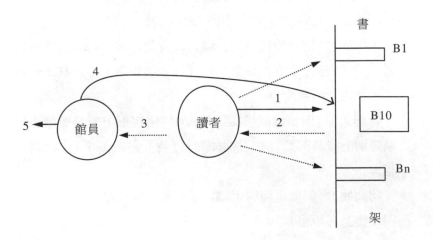

  (1)讀者找尋圖書B10
    環境：書架上同類的圖書從B1到Bn (n=2, 3...k)

條件：B10必須在書架上

　　　B10必須在一定的位置

　　　B10的索書號必須清晰無錯誤

⑵讀者找尋不到B10

⑶詢問館員（讀者與館員交談）

⑷館員代為找尋，找到B10

⑸館員尋求館際借閱B10

⑹直到讀者獲得圖書B10或雙方滿意為止

3.「物與人」：網路上電子期刊供讀者使用：

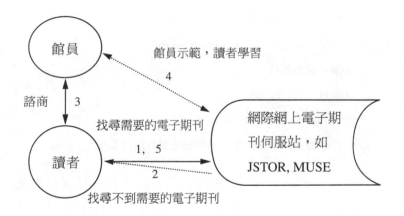

⑴讀者找尋電子期刊

⑵讀者不會使用電腦找尋需要的電子期刊

⑶讀者與館員交談

⑷館員示範，讀者學習

⑸讀者再從網上找尋需要的電子期刊

⑹直到讀者找到所需電子期刊或雙方滿意為止

4.「物與物」: 例如Magazine Collection為匣式縮影片(Cartridge)
　　縮影捲片，必須相容閱讀／複印機：

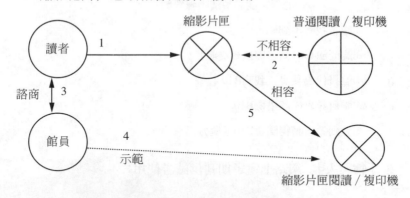

⑴讀者索用匣式縮影片(Cartridge)縮影捲片

⑵普通閱讀／複印機不適用，裝放錯誤

⑶讀者諮詢館員

⑷館員示範，讀者學習

⑸讀者試用正確閱讀／複印機

⑹直到讀者熟習運用匣式縮影機或雙方滿意為止

　　在傳統式「定位」的圖書館環境裏，上面頭三種通訊都是面對面，近距離的雙向循環的通訊模式。也就是說，這三種模式雖然都有不同的通訊對象和目的，而且，無一不是以「語意」為出發點，無一不是以「溝通」、「相容」為目的，但是，它們卻無需顧慮輸通「電訊」的管道是否有「噪音」，是否「資訊內容」在管道中輸送時因有「噪音」而「失真」？它們所關切的只是傳送的「語意資訊」是否能被收訊一方瞭解。90年代，微電腦普及，圖書館才從第四種通訊模式（物對物）中，發現了「噪音」的嚴重性。當人們進入了「數位化資

訊社會」，他們（包括圖書館中一切資訊資源、館員、讀者）的通訊系統將會成為：

網際網

發訊者→電腦→資訊超級公路→電腦→收訊者

干擾　　　　干擾　　　　干擾

　　在這樣的情況下，仙農的「工程資訊」便會越來越重要了。廿世紀90年代裏，仙農的通訊原理，加上資訊科技的成就，已經改變了「語意」通訊系統中的「暫時性資訊載體」，使聲波、光波都改變成了數位。如今一切的「語意資訊」，無論它是一冊由文字砌成的著作，或是一幅由彩色塗成的國寶級的山水畫，或是一座由泥巴❼堆成的塑像，或是演講、歌唱、舞蹈等等，經過不同的程序，通通都可從類比變成1和0二位數，透過光纜(Fiber-optic cable)或衛星等資訊傳遞管道，將那一冊著作、那一幅山水畫、那一座泥巴塑像……希望能夠「原樣」地傳到全世界每一個終端機前或銀幕上，供識者欣賞。使那些原本單調無奇，以文字為主的「資訊」，經過了一陣比閃電還快的轉換，都會突然有「聲」有「色」地活動起來。問題是電訊在資訊超級公路上傳輸過程中有沒有受到「干擾」，而使收獲的資訊與「原樣」不相同。除此之外，發收雙方的電腦也常因其品質、性能和相容性(Compatible)不同，而引起「干擾」，使收獲的資訊與「原樣」相異。

　　圖書館活動，雖然都屬於「語意資訊」，但是它的通達，則必須仰賴「電訊」——「訊號」——的輸送傳遞。到了廿一世紀後半

---

❼　四川土話，意指濕的泥土。

葉，當全球資訊網路四通八達和資訊全盤數位化以後，圖書館的活動將不會再見圍牆，「語意資訊」與「工程資訊」二者間的關係，就越發地密不可分了。 這就是說，在新世紀裏，圖書館通訊系統中，仙農的「工程資訊」，指他研究的「電訊」部份，則成了不可缺少的一環。我們從下列的通訊結構圖，可以看到圖書館通訊系統的演變：

一、「語意數位化前」通訊系統

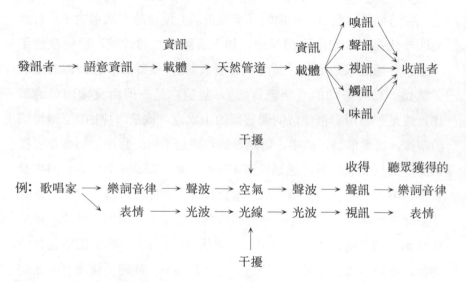

二、「語意數位化後」通訊系統

發訊者 ⟶ 語意資訊 ⟶ 電波 ⟶ 管道 ⟶ 電波 ⟶ 語意資訊 ⟶ 收訊者

（收得）（收得）

數位化　　干擾　　數位化

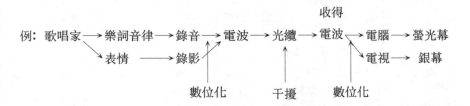

例：

綜合起來說，「資訊數位化」的結果，將會引起圖書館的作業與服務拔根的變化。我們都明白，圖書館的傳統心態是定位性的「製作、蒐集、組織、展示、散佈、分享、和利用資訊」[75]。可是，由於電腦與通訊工業的猛進，使我們進入了一個恆動的，一切以數位資訊為本位的通訊新天地。在廿一世紀裏，人們必定還會繼續生活在一個有紙的社會之中，而圖書館則必定會成為社會裏一個專業性「無紙資訊」(Paperless Information)的大本營，一個專以服務社會大眾的伺服站。「屆時，每所圖書館都極有可能成為一個動態、進取、多媒體的資訊供應者，成為全球資訊網上一個有效的環節，足能提供所需的任何資訊。」[76]從表十五，我們將不難瞭解語意資訊數位化以後，對圖書館賴以為生的各類資訊紀錄造成的影響。

---

[75]　Ching-chih Chen "Information SuperHighway and the Digital Global Library: Realities and Challenges." *Micro Computers for Information Management*, v. 11, no. 3, Sept. 1994. p. 143.

[76]　同[75]。

表十五　「語意數位化」前後通訊系統表

訊息源		資訊內容		暫時性	傳遞管道	資訊終點	永久性
		表達媒體	表達手段	訊息載體			資訊載體
語意資訊	著作	文字，符號，數字	主題，詞藻，結構	光波	光線	眼睛（視訊）	印刷品
	繪畫	色彩，畫意	色彩，畫面結構	光波	光線	眼睛（視訊）	畫紙，畫布
	雕塑	塑料，塑意	形象，結構	光波	光線	眼睛（視訊）	雕塑成品
	口語，演講	語言	聲調，語氣，表情	聲波	空氣	耳朵（聲訊）	紀錄，印刷型成品
	演奏，演唱	音律，音韻	音色，音調，表情	聲波	空氣	耳朵（聲訊）	紀錄，印刷型成品
	手勢（啞者）	手語	手勢，語意，表情	光波	光線	眼睛（視訊）	紀錄，印刷型成品
	凸凹（盲者）	點字	語意結構	觸覺	觸覺	手（觸訊）	點字版
工程資訊 ↓			訊號（電訊）	電波	電線	訊號	↓
各類資訊		語意資訊數位化		數位(0,1)	電線，光纜，衛星	電訊，視訊，聲訊	數位化多媒體電腦，伺服站貯存專門功能之晶片(chip)

第四節　滿意度的計算

　　在上一節，我們提到圖書館內的一切通訊，無論是「人對人」、「人對物」，或「物對物」都要求達到雙方滿意為止。當然，圖書館最高的願望是能夠100%的滿足讀者的資訊需求。這可能嗎？假如一

所圖書館只想滿足少數讀者的部份資訊需求，也許可能做得到，若想滿足全部讀者的全部資訊需求，可說世界上任何圖書館都辦不到。那麼，站在圖書館的立場，讀者的滿足下限(上限為100%)應該如何決定呢？由於每所圖書館的生存環境和讀者對象不同，最客觀的方法便是每所圖書館為自己建立一個可行的合理上限標準，例如80%，70%，60%，50%等等。下面的計算方法，只是我們的建議。

我們試以計算圖書借出的滿意度為例來說明。首先，在圖書館館藏上我們應有幾點共識。第一，選購圖書的重要基本函數為：

$$Q = f \ (B, \ U, \ L, \ P)$$

Q：購書量（書為一切圖書資訊之族類用詞）

B：圖書經費

U：讀者人數

L：圖書借次統計

P：圖書平均價格

根據上式，說明在原則上，凡圖書經費充裕、讀者人數多、圖書借次高，那麼購書量應多；若書價高，購書少，書價低，則購書多。這就是說，圖書館每年購書量的多少，受著客觀的限制。第二，館員或專家選購圖書的主觀意識，與讀者需求圖書的主觀意識通常都不一致，而造成「書無讀者」和「讀者無書」的浪費現象。第三，讀者對每種圖書的評價不同，即使提供讀者全部所需，在實質上，讀者也不會獲得100%的滿意。第四，圖書的需求和供應很難獲得平衡(Equilibrium)。圖書供多於求，造成浪費；求多於供，引起不滿。第五，館際借閱，績效不彰。而且，費時、費錢、費人力，不能滿足讀者「隨求隨應」的心理。圖書館要想100%的滿足讀者的資訊需求慾望，可

說絕無可能。

有了前述的共識，我們可以下式來計算讀者借出圖書的滿意度。

$$滿意度 = \frac{獲書量}{索書量} \times (主觀評價率)$$

假定借出量 $= 6$

索借量 $= 10$

$$主觀評價率: r = \frac{1}{n} \sum_{i=1}^{n} u_i$$

$$(n = 1, 2, 3...k)$$

本例中設定獲得圖書6冊，對讀者來說，每冊的滿意度（百分比），也就是說，讀者對每一本書的價值，並不一定相同。我們假定讀者對這6冊書的滿意度分如下表：

冊	1	2	3	4	5	6
滿意度	0.2	0.8	0.5	0.8	0.4	0.6

$$r = \frac{1}{6}(0.2 + 0.8 + 0.5 + 0.8 + 0.4 + 0.6) = 0.55$$

這就是說，讀者對這6冊書的平均滿意度為55%，也就是我們所謂的主觀評價率為0.55。於是：

$$讀者滿意度 = \frac{6}{10} \times 0.55 = 0.33$$

圖書館的館藏品質高，讀者的平均評估價值也必高，滿意度也相對的提升。例如，主觀評價為0.9，那麼，雖然10冊書只借到6冊，而滿意度則提高到54%。假如10冊書借到了9冊，那麼，該讀者的滿意度將高達81%！套句老話：「書不在多，在精！」一般估計讀者借書滿

意度僅求取「獲書量」與「索書量」之比，而根本忽略讀者對所獲得讀物的主觀評價，這是很不正確的。因為，前者只是獲得率，在通訊理論上，它僅代表一種直線單向通訊獲得的結果，而不是讀者真正的滿意度。根據我們「人與物」雙向循環通訊理論，真正滿意度必須要讀者對獲得的讀物，作出主觀評價，在雙向循環通訊系統中，讀者對讀物好壞作了回饋反應。

在這個例子裏，還可以說明二點事實：⑴每種圖書的價值各異；⑵不同讀者對同一圖書會有不同的評價。假如有A和B二位讀者借到同樣的一本書，A對該書的滿意度可能為0.75，B可能為0.5，讀者A當然會開心一些。

廿世紀裏的圖書館服務，已逐漸遠離了「守門員」的形象。讀者儼然成了圖書館最重要的顧客。其實，讀者並非「顧客」，顧客與雇主之間，很少有感情的存在。圖書館員應將讀者視為自己的親戚朋友，在求知的道路上，幫助了他們，就等於幫助了自己。愛默生有句名言：「快樂猶如香水，向別人身上灑，很少自己不也沾上幾點。」圖書館員對讀者就應該有這般「灑香水」的精神，使讀者們悶著頭進來，滿身「書香」高高興興地離去。

第四章 圖書館與「熵」

對圖書館學甚至其他人文和社會科學的學生來說，「熵」很可能是一個絕頂怪異的單字。這個字譯自英文Entropy。而這個英文字譯名之多，簡直到了「混淆紛亂」的程度[77]。我們都明白「熵」(Entropy)是古典熱力學第二律中的一部份原理。

根據一般資訊學者的廣義解釋，「熵」代表一個閉塞環境中一種完全沒有組織、沒有秩序和難以預測的紊亂狀況。可是，根據另一派學者的看法，若將「熵」解釋成一種沒有秩序和不可收拾的混亂情況，似乎有點牽強附會，而且，根本就是一種誤會[78]。而造成誤會的主要原因有二：一個是近代資訊學者將與牛頓齊名的英國電磁物理學權威James C. Maxwell (1831–1879)[79]，在第九版《大英百科全書》中撰寫的一則有關「擴散性」(Dissipation)短文中的「秩序」(Order)二字與「熵」錯誤的連在一起[80]；另一個則是他們將美國加州大學著名物理學教授G. N. Lewis，於1930年在美國Society of Arts and Sciences的頒贈金獎年會中發表的一篇題為"The Symmetry of Time in Physics"的專題演講中提到的「紊亂」(Disorder)二字與「熵」錯誤的連在了

[77] 湯廷池、賴鼎銘、吳萬鈞〈從Entropy的翻譯看中文參考書的「亂度」〉，《資訊傳播與圖書館學》，第二卷，四期，1996，頁32。

[78] Denbigh, K. G. & J. C. Denbigh, *Entropy in Relation to Incomplete Knowledge*. London: Cambridge University Press, 1985.

[79] *New Encyclopedia Britannica*, 15th ed., 1985, vol. 7, p. 968.

[80] *Encyclopedia Britannica*, 9th ed. 被公認內容最充實最堅強的一版。（1st ed. 於1768–1771年出版）

一起❽。這真所謂「失之毫釐，謬以千里」。近百年來，中外學者便「將錯就錯」地將「熵」視為一種「無秩序」和「紊亂」情況的代名詞了。「熵」的真意雖沒有「無秩序」和「紊亂」的主觀意念，可是，若直取其意，來描繪一個主觀現象，也實無可厚非。也許，這正是仙農的看法吧。因為，他是近代科學家中最重視「熵」這種亂象的學者。仙農通訊理論中的「管道噪音」(Channel Noise)就建立在「熵」的理念上。

第一節 「語意資訊」與「熵」

在資訊學中，「熵」代表一種紊亂和沒有組織的狀況。因為它有不能預測的特性，也許最好是將它視為數學中的「變數」(Variable)。在一般情況下，一些有經驗的人，對日常生活中面對的各種情況，多半能夠預測其結果。我國民間流傳一句俗話：「有雨天邊亮，無雨頂上光」。意思是說舉頭望天，假如頭頂的天，黑壓壓一片，而四面的天邊卻很光亮，這就表示有繼續下雨的徵兆。反之，四方黑暗，而頭頂的天空卻非常明亮，這就表示要天晴了。中國農民這種觀測天氣的辦法，表面上雖然不甚科學，可是，日子久了，由於經驗的累積，它的應驗率雖不能「十拿九穩」，其正確度也是相當高的。在本書中談到資訊源(Sources of Information)的時候，曾經指出「經驗」也是資訊產生的源流。這句俗語所帶來的間接的意義，便是「資訊」可以減少觀察事態的「不確定性」(Uncertainty)。而造成「不確定性」的主要原因，便是「熵」作祟。換句話說，「熵」就代表事態的

---

❽ Lewis, Gilbert N. "The Symmetry of Time in Physics," *Science*, no. 71, 1930, p. 573.

「不確定性」。

可是，讓我們引用Gilbert N. Lewis的一段話[82]：

> 熵的增加，來自已知分佈[83]的轉變成未知分佈。熵之得，即訊息之失。這是一個主觀的觀念。不過，我們可以用最不主觀的方法來表示這個觀念。假定我們閱讀一頁有關物理化學的文章，其中附有詳細的資料，幫助說明這個系統，那麼這個系統的熵，就決定在這詳細說明之中。假如資料中任一項被擦拭掉，熵就會增加；假如另外一項重要資料加入系統的說明，那麼熵就會減少。

上面這段話顯然在說「訊息」越少，「不確定性」就會越大，於是熵也越大。反之，訊息越周全、越多，「確定性」就越大，於是「熵」就越小。當我們談到這裏，我們必須先歇口氣。因為Lewis的說理似與「熵」的「真意」恰好相反。真正的「熵」，也就是「科學的熵」，是說「資訊越多，不確定性就越大。反之，當一事態完全確定以後，資訊便等於零，也就是說，沒有了資訊。」形成這二種180度不同解釋的原因在哪裏呢？原因就在仙農等資訊理論家心目中的資訊(Information)，只是那些可以量度的訊號(Signal)，而不是那些含帶信息(Message)、事實(Facts)和意義(Meaning)的資訊，也就是我們稱的「語意資訊」(Semantic Information)。

可是，話說回來，當我們仔細地分析上面二種不同的解釋，發現所謂的差距，並不如我們想像中那麼大，那麼寬。例如，一方面我們

---

[82]　Lewis, Gilbert N. "The Symmetry of Time in Physics," *Science*, no. 71, 1930, p. 573.

[83]　指氣體分子的分佈。

說資訊多的正面代表「不確定性」，而它的反面，卻可以減少「不確定性」。要澄清其間的差別，我們可以用「選擇」的自由來說明。例如，一枚硬幣只有「面」和「背」二種選擇，也就是說，只代表二種資訊(Information)，它的確定性為1/2；一粒骰子有六面，代表六種訊息，它的確定性只有1/6。於是，資訊越多，確定性越小，這樣的說法是不錯的。根據這個道理，我們可以說，「熵」是選擇數量的函數。

現在再讓我們利用不同的例子來解釋它的反面。我們去飛機場接朋友，飛機場裏人頭滾滾，我們一定會東張西望地在滾滾人頭中，找尋一位面孔熟悉的人。「滾滾人頭」就代表「熵」，代表「無組織」，代表「亂」，代表最大的自由選擇度。而那「熟悉的面孔」便是「反熵」，便是「反無組織」，便是「反亂」的資訊。假定我們期待的是一位幾十年不見的朋友，那麼我們找到他的「確定性」就遠不如找尋一位經常會面的密友。因為後者供給我們有關「識別」的資訊，遠比那位數十年未曾見面的朋友要多。於是，「資訊多」使我們減少「不確定性」。不過，我們必須留意一點，有關朋友的資訊是朋友的「特徵」，「特徵」是含帶意義的資訊，也就是「語意資訊」，不是bit代表的訊號。

在通訊領域裏，「語意資訊」的「反熵」特色，除了表面所代表的意義以外，還有更深一層的「瞭解」(Understanding)。在本篇中，我們曾強調「語意資訊」通訊，不僅要求「訊」通，更重要的是「訊」要被正確的瞭解。若要傳遞的「訊」獲得正確的瞭解，首先要做到對「訊」有正確的「解釋」(Interpretation)。若要求得對「訊」有正確的「解釋」，那又得設法減少語意的含糊不清和解釋的模稜兩可。明顯的辦法便是「語意重複」(Semantic Redundancy)，縮小

「訊」的「解釋」面。這就像美國南部的綑牛比賽，若要使小牛服服
貼貼，一定要將牠綑了一圈又一圈，讓牠動不了身。

第二節 「語意重複」與「熵」

世界上任何語言系統，都有「有話說不清」和「詞不達意」的現
象。因此，似乎已成了一種世界性的習俗，每種語言都利用「語意重
複」的方法，來減少對「訊」的誤解。在中國人用的漢文裏，文字的
重複利用不僅常見，而且必須❽。漢文裏「重複」(Redundancy)一詞
是指同樣的事物「一次又一次」的出現。在修辭學上，不講究同樣文
字的一用再用，因為它代表贅字、贅詞、贅言，很不美麗，應該刪除
掉。我們常常讚佩語句的「言簡意賅」。然而，文句過簡，往往就造
成「詞不達意」和意義「混淆」的毛病。

在通訊理論中，訊息重複雖然不美麗，但並不是壞事。它能促進
收訊者對訊息的瞭解。這樣的說法，似乎與稍前所稱的贅字、贅詞、
贅言相矛盾。其實不然，贅字、贅詞、贅言是指重複的不當。而通訊
中的重複，則指語言結構中的一種必要。以漢文來說，假如字詞的利
用不重複，那就很可能字不成字❽，句不成句。例如下面一段文章，
其中沒有一字「重複」，不算標點符號，全部共60字：

> 住慣城市的人，不易知道季候變遷。看見葉子掉是秋，綠春；
> 天冷了裝爐，熱拆，脫棉袍，換上夾，下穿單；過如此罷。星
> 斗消息，地泥土裏，空中風吹，都關我們事。

---

❽ 請參閱本書第五篇第三章。
❽ 指漢字「字造字」和「字中字」。

這段小文中，我們故意減去全部重複的單字，初看起來，頭幾句還能勉強揣摩出文意，越往後便越模糊。根據仙農的研究，英文字中平均約有50%的重複。筆者發現普通常用的中文漢字的重複率約58%，中文姓名的重複率則高達86.3%❽。假如我們要完全「看懂」上述的一則短文，我們勢必要適當地填進很多的字。在我們填字之前，先瞭解一下填字的困難。例如，下面有這樣的一句話：

　　我們＿天在公園裏。

漢字有「字造字」的特點。所以，僅那麼一個空白，可能的單字至少就有今、昨、明、後、整、成、天、全、每、春、夏、秋、冬、陰、晴、雨、雪、冷、熱、白等廿個單字可以選擇，而且每字的意義都不相同❼。在前面的一段文章中，按照原文，共缺36字，也就是說，共有36個空白。假如不以原文為準，可填的空白數量便多到不可預測，而每個空白中有多少個單字可以利用，那就更無法逆料了。因為，漢文字詞的排列，不像英文那麼規矩，所以不能利用Markoff Chain 原理，不能揣摩字序的安排。這種情況，便合上了「熵」的基本條件：「不確定性」高、自由選擇度高、無秩序，而且亂七八糟。由於，無法確定自由選擇率，我們也就無法求得這一小段散文的「熵」有多少bits的資訊。這就是「語意資訊」難以量度的主要原因。我們知道「語意資訊」中文字或文句的重複，是「熵」的死敵，是「負熵」的一種。文字或文句的重複，使語意清晰、有秩序、增加「確定性」、減少文字自由選擇的機會、有了組織。「語意資訊」中的

---

❽　請參看拙作〈中國漢字之結構與漢文姓名及稱謂的「熵」〉，《圖書館與資訊研究論文集》，臺北，漢美，1996，頁109–121。

❼　「成天」，「每天」和「天天」的意義相近，但語氣不同。

「熵」量越小，該資訊就越容易被瞭解。由於收訊者(指人)的才智和生存環境不同，他對資訊的瞭解程度(k)，當在0與1之間，也即0≤ k≤ 1。

為了證明文字重複為「熵」的死敵，我們現在將該段原文摘錄於下，看看漢文文字重複是何等的重要：

> 住慣城市的人，不易知道季候變遷。看見葉子掉知道是秋，看見葉子綠，知道是春；天冷了，裝爐子，天熱了，拆爐子；脫了棉袍，換上夾袍，脫下夾袍，穿上單袍；不過如此罷了。天上星斗的消息，地下泥土裏的消息，空中風吹的消息，都不關我們的事。（摘自〈我知道的康橋〉，《徐志摩全集》，頁六）

第三節　圖書館學與「熵」

「熵」在物理科學中是指分子在受熱後分布不均衡的一種暫時現象，在通訊理論裏，它指的是一種使發收訊息二端產生差異的「噪音」，在社會科學中，「熵」被用來表示一種沒有秩序的紊亂狀況。假如，我們欲將「熵」的觀念移用到圖書館學的領域中，最恰當的比喻就是「茫茫書海」。平心而論，「熵」在物理科學，甚至通訊理論中，都有它特別的意義，唯獨用到人文及社會學科，甚至圖書館學上，便顯得有點削足適履，十分的勉強了。其實，在人文、社會和圖書館學的活動圈圈裏，早就有了亂、雜、多和不均等字眼，用來顯示不同的紊亂狀況。根本就用不著再加上一個「熵」的新名詞。若站在文字學的立場，我們倒蠻可以用這個「熵」字來囊括所有形容亂象的字詞。基於這個小小理由，我們將「熵」和圖書館學扯連在一起，也就說得

過去了。

在本書前幾篇，我們說明圖書館的產生和興起，自有它獨特的歷史意義和背景。它是社會的產物，也是文化和文明的結晶。人類衝著優越的智慧和敏捷的心思，從蠻荒一腳跨進了專屬於「人」的世界開始，數千萬年下來，孜孜不倦地向亂而無知的環境挑戰。現在套用一個時髦的字，一部人類的文明進步史，便是與「熵」為敵的成績。俗話說，「道高一尺，魔高一丈」，在人類的生活環境裏，「熵」便是魔。雖然人類不停地想剷除它，可總是「野火燒不盡，春風吹又生」。舊的魔被打倒了，新的魔又接踵而至，使得人類永無安寧的一天。當然，話又得說回來，人類之所以能夠享有今天這樣的物質環境，最大的原因，便是「熵」與人類的生活形影不離，成了人類生活的一部份。我們稱「熵」為惡魔，倒不如說它是社會進步的激勵素。一個沒有「熵」的社會，必定是一個暮氣沉沉，沒有進步的社會。這個道理，也同樣地適用於圖書館，只是程度上沒有社會中的「熵」那般劇烈而已。

從古至今，圖書館一直隨著社會進步不斷的向前演進。不同時期，社會面臨不同的「熵」，圖書館自也面臨不同的麻煩。例如，西周「守藏室」遭逢的問題，絕對不可能與現代圖書館所面臨的種種問題相提並論。然而，在圖書館的基本功能上，二個不同時代的圖書館並沒有太大的出入。這又是甚麼道理呢？原因無他，二千多年前的「守藏室」和二千多年後的圖書館，一直都在經營著同一類的「東西」。這些「東西」便是貯藏人類智慧和經驗的紀錄。西周「守藏室」老子李聃經營管理的紀錄是一塊塊的甲骨，而現代圖書館所經營管理的則是一些會說會唱的錄音影帶，和從萬里以外透過網路傳來的文字和圖像。也許西周時代的李聃唯一不如後代圖書館員的地方，是

他不懂得為那些甲骨編製目錄。根據大陸南開大學來新夏教授的研究，我國最古的一則目錄是《周易‧十翼》的〈序卦傳〉❽。而奠定我國目錄學基礎的，則是劉向(77–7 BC)編製的《別錄》和他的兒子劉歆(53–23 BC)撰成的《七略》❾。我們都知道圖書目錄的主要功用便是先讓讀者明白圖書館裏都有哪些書？書名是甚麼？著者又是誰？何人何時何地出版？否則，「不明，終是亂讀。」❿會讀書的人，總會先檢視目錄，圖書目錄自然地便成了「熵」的第一個敵人。同樣的道理，圖書館選購圖書資料、組織資訊、貯存資訊、展示資訊等，無不都是一系列的抗「熵」措施。圖書館還設計各種告示及指標(Signs)，讓讀者清楚圖書館有些甚麼和能為他們做些甚麼。否則，即使他們跨進了圖書館，「不明，終歸是亂闖」。

綜結地說，圖書館與其依附生存的社會一樣，總會有「熵」的存在。無論怎麼樣說，圖書館應該時時搜尋它們，剷除它們，使圖書館在經營管理上，少一分「熵」，多一分效率；使圖書館在讀者服務上，少一分「熵」，多一分滿足資訊需求的機會。

---

❽ 來新夏、徐建華編《古典目錄學研究》，頁1。

❾ 同❽，頁11–14。

❿ 同❽，頁3。

第五章　結論

　　世上無人知曉人類通訊始於何時、何地或何人。但是，人類所以能夠幸運地生活在這個地球上，原因就在人會說話、會用文字符號作紀錄，換句話說，人會發明語言彼此溝通。我國古代思想家，如孔子、墨子、荀子都有「通訊」的觀念，例如孔、荀二位的「正名」學說，可是卻無可考的通訊理論。西方思想家，例如柏拉圖和亞里斯多德，都有簡單的通訊說理。在 *Rhetoric* 裏他們明白表示人與人的通訊不僅是一種藝術，而且，還是一種值得鑽研的課題。然而，有關通訊理論研究一直到廿世紀中方才開始。最早的一套通訊系統出自 Lasswell。二次大戰以後，仙農的通訊理論才正式發表，隨後一批大眾傳播學者如 Schramm、Berlo、Westley and MacLean 才提出他們的主張。且不論他們的中心通訊思想為何，不過，蛛絲馬跡似可看出仙農和 Weaver 對他們的影響。

　　這些理論的共同特點，便是100%以人與人通訊為出發點。他們之中，無一發現「人與物」和「物與物」之間不僅能通訊，而且，還必須是雙向循環的通訊！圖書館學通訊理論就建立在以「語意資訊」為經，以人、物為緯的交相配合和雙向循環的通訊原則上。

　　圖書館學是研討一切有關圖書館事務之學，而一切有關圖書館事務卻包括人與物。我們曾在本書第二篇圖書館學哲學基礎一篇中說：「一所『真正』優良的圖書館，應該知道如何配合圖書館的特質與構成圖書館形體的基本元素，使它們產生出一種澎湃的合力(Vector)，

表十六　通訊模式綜合簡表

模式	基本結構元素	理論特徵	通訊目的	通訊方向
Aristotle	發訊者，訊息內容，收訊者	訊息下達	命令，說服	直線單向
Lasswell	發訊者，訊息內容，管道，收訊者，效果	重視效果	宣傳，廣告	直線單向
Shannon	訊息，訊號，管道，訊息	管道噪音，熵，重複，負熵	發收二端訊號相同	單向，回饋
Schramm	發訊者，訊息內容，目的地	重視發收方經驗領域，通訊不止	發收方建立共識	單向，回饋
Berlo	發訊者，訊息內容，五官管道，收訊者	溝通技巧，態度，知識，社會系統，文化背景	收方對訊息之瞭解	直線單向
圖書館學通訊模式(1)	發訊人，訊息內容，收訊人	溝通技巧，態度，知識，社會系統，文化背景	使發收方主觀意識間之差距趨向於零	雙向循環
圖書館學通訊模式(2)	發訊人，訊息內容，收訊物	人知物的程度	人使物被有效利用	雙向循環
圖書館學通訊模式(3)	物，反映訊息內容，收訊人	物對人的需求相容	使物適人所需	雙向循環
圖書館學通訊模式(4)	物A，使用特性，物B	物對物的使用相容	增進物的使用效率	雙向循環

推使圖書館的功能發揮得淋漓盡致。假如我們稱圖書館的基本構成元素，賦予了圖書館形體，那麼，圖書館的特質，則給予了圖書館靈性。然而若要使得形體與靈性有效的配合而產生出強有力的合力，則不能少了理性。這個理性便是圖書館內有一套包羅人與物的完整通訊系統、深具遠見的領導和精明幹練的經營。」

　　圖書館作業及服務的是否成功，端賴圖書館通訊系統的是否健

全。正如前述，它代表圖書館的「理性」。一所沒有「理性」的圖書館是不可能成功的。

附錄　類比(Analog)與數位(Digital)

「類比」有「相類比較」的意思。例如，一只普通手錶，靠時針與分針在錶面上指示的位置，判斷「大概」的時間。可是，一只數位(Digital)手錶，可以在錶面上顯示出「實際」的時間。這種「大概」與「實際」的差別也就是類比與功能上的差別。從統計學的觀點，抽樣(Sampling)是類比，而實際清點則屬數位。

表十七　類比與數位之效果比較

項目	類比		數位	
	處理機	類比	處理機	1..文／字母 2..序列
時間	普通手錶	時針，分針，秒針	數位手錶	1.數字，上午，下午 2..時，分，秒，上下午位置
音樂	電唱機 卡式機	溝紋深，寬 磁性強弱	數位光碟 數位音帶	1.Bits 2..序位
口語	說話	腔調，聲音高低強弱	音節，音律，音韻或文字紀錄	1..音符及序位 2..文字，數字，符號及序位
圖畫	繪畫	結構, 色彩,寓意	彩色製版	1.點或空白 2..二緯畫面
任何種類資訊	無	無	電腦通訊系統(Compunications)	1.各種文字 2..多維畫面

資料來源: Oettinger, Anthony G. "The Abundant and Versatile Digital Way," in *MASTERING THE CHANGING INFORMATION WORLD*, ed. by Ernst Martin L., Norwood, New Jersey: Ablex Publishing, 1992, p. 115.

由於仙農研究「二值邏輯」的成功，資訊，特別是電腦，工業界極力發展「二值」工業，而有所謂「數位革命」的出現。如今，只要

技術許可，一致都朝向數位化。「資訊數位化」了的結果，最明顯的一個好處，便是「壓縮」資訊，使資訊載體的貯存量增加。例如，一片CD-ROM可以貯存250,000頁的文字，或1,500片5 3/4"的軟磁碟片，或75分鐘的音樂。一片光碟(Optical Disk)的bits容量為1.5GB，約等於700,000頁文字。我們都清楚，紙上的文字或圖像，不能「壓縮」，只能「小型化」(Miniaturization)。然而基於人的視力和微影技術的限制，資訊「小型化」只能小到 −32 倍，再小，就會不但不經濟，而且還不再適用。可是，若將文字、圖像等資訊予以數位化，也就是說，將文字和圖像都改換成0和1兩個數字，情況便大不相同。以矽晶片(Chip)來說，1975年以前，每片只能容納4KB，由於Chip工業的精進，幾乎每三年便增加一倍，據估計到2000年，每片Chip的容量將可高達48MB以上。Chip貯存量的不斷增加，間接促成了資訊數位化的快速發展。比較起來，類比需要的貯存量遠比數位為少。

類比變換成數位有一定的程序。它一共包含三個步驟（請參見圖十）：

1. 抽樣(Sampling)：首先測量一定時間間隔內類比(聲、光、電)波的頻式。波段決定訊號(Signal)，它的高低、速度與頻寬(Bandwidth)，可以發振器(Oscillator)測驗出來。以聲波來說，聲頻最高為3,000Hz，[91]最低為200Hz，頻寬為2,000Hz，或3 KHz。一般聲訊大約佔用20KHz的頻道，而一般普通的視訊則需佔用6MHz。

   週波抽樣的速度應為週波頻寬的2倍每秒次。例如，聲波頻寬在200–20,000Hz之間，所以抽樣速度應為：2×20,000 =

---

[91] Hertz (Hz)代表每秒頻次。因德國物理學家Heinrich Hertz而得名。

40,000Hz。市面上錄音機很少能錄製高過30,000Hz的聲音。聲波抽樣大都以30,000Hz為準。普通說話的聲波頻寬為3,000 Hz，所以抽樣為6,000Hz。光波約6,000,000Hz。

2. 度量(Quantization)：為了容易改變成數位值，普通都以2為基數來決定級等(Level)，例如，2，4，8，16，32，64，128和256。至於採取何種級等，那就要看精確度的要求為何。我們用的例子（請參看附圖）採用8 (0–7)級等，我們用的時間間隔為ΔT。取得的振幅為6.5，3.3，2.0，2.5，4.4，5.0等等。採四捨五入法，最後獲得的度量為7，3，2，3，4，5等等。從理論上講，ΔT越接近零越佳，可是，每當ΔT減短，也即意謂著貯存量的增加和每秒輸送速度必須相對增快。例如以256為級等的聲波，每級以8bits為準計算，8,000波段(T)，就必須8×8,000 = 64,000bits/sec的輸送速度。

3. bit寫碼(Encoding)：因為我們早決定採用8級等，所以每byte只需要3bits。假如為16級等，每byte將需要4bits，256級等，則每byte需要8bits等等。我們利用2位值換算，可得111，011，010，011，100等等二位數。到此，類比改變成數位的手續便算完成。後面的一半，反過來處理，便可再回復到類比。

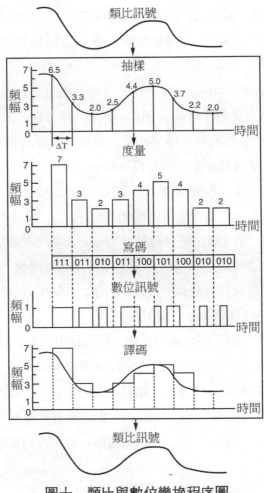

圖十　類比與數位變換程序圖

第七篇

「新經濟」與未來圖書館發展

數千年來，人類經歷的經濟環境，跟著科技和物質文明的進步，已變更了好多次。而經濟生產必需的資源元素，也亦步亦趨的跟著改變。例如，在農業時代（遠古–1750）的舊經濟「王政以食為首」的環境裏，人們靠以活命的五穀糧食都出自土地，因此，在西方古典經濟學派的理念中，土地(Land)、勞工(Labor)和資本(Capital)就成了生產必需的三大基本元素。那個時代的生產基本資源只有有限的土地和「無限」的勞力❶。當時的人，生活方式簡單，識字的人極少。以人手和體力為主的農耕，被視為人民的正業及社會安全的保證和倫理道德的基礎❷。這樣的社會，是一個標準的勞力密集(Labor Intensive)的社會，也是馬爾薩斯(Thomas Malthus, 1776–1834)眼中「人將無立錐之地」的悲慘世界❸。

公元1750年（清朝乾隆年間），英國首先展開了所謂的歐洲工業革命。在往後250年內，一直到1900年，歐洲人逐漸以粗糙的機械代替人工，以鋼鐵代替木材，以電報和電話代替飛鴿和千里馬，以鐵路和公路取代崎嶇不平的羊腸小道，以汽車、輪船和飛機代替步行。在工業時代裏的歐洲人，土地已不再是他們唯一賴以維生的主要資源了，代之而起的是國際貿易和工業生產技術。他們已跨進了「資本密集」(Capital Intensive)的社會，而中國則仍舊停留在農業社會裏。

兩度世界大戰的煙火，燒燬了廿世紀的前半個世紀，犧牲了千萬無辜，損失了億萬財產，然而，美、英二國的國防工業，卻像黑雲邊上的陽光，一枝獨秀，進步特別神速。戰後，國防工業技術轉移，改

---

❶ Malthus, Thomas. "Essay on the Principle of Population," in *The Worldly Philosophers*, 5th ed. New York: Simmon & Schuster, 1980, p. 71.

❷ 張研田〈中國古代農政與農政思想〉，《雲五社會科學大辭典》，第五冊，臺北，商務，民國68年，五版，頁51。

❸ 同註❶。

良了美英二國的客機和越洋輪船的性能，也改善了汽車、冰箱和其他
消費產品的品質。就以戰後美國通訊工業起飛一事來說，也是因為仙
農(Claude E. Shannon, 1916–)在戰時視為國防機密的一則通訊理論，
在1948年獲准解禁公開發表的結果。再說，在1946年美國賓州大學工
學院師生聯合設計成功的一臺重30噸、裝置17,000支真空管和只能貯
存80個字的ENIAC (Electronic Numerical Integrator And Calculator)電
子計算機❹，也是美國軍方出資研究發展。原本準備用它來快速計算
大炮射程，增加射擊的精確度❺，結果卻讓IBM等電腦公司拾了便
宜，發展出了一系列的超級大電腦。一向由美國軍方投資從事國防研
究的貝爾實驗所(Bell Laboratories)，1947年12月，William Shockley、
Walter Brattain和John Bardeen等三位高級研究員，聯合發明了電晶體
(Transistor)❻，結果幫助了電腦工業的擴散，使微電腦成為事實，而
終於引起了一場空前的「資訊革命」❼。在短短三十年的時間內，員
工僅二萬的美國微軟公司(Microsoft Inc)的市場價值，就已超越員工
數十萬的通用電器公司(General Electric Inc)、通用汽車公司(General
Motor)等排名第一。Bill Gates，Paul Allen和Steve Job等也變成了世界
上最年輕的億萬富翁。這是以資訊技術為主的世界「新經濟」的開
始。

---

❹ Gates, William. *The Road Ahead*. New York: Viking, 1995, p. 27.
❺ 同註❹， p. 26.
❻ *TIME*, December 29, 1997–January 5, 1998, p. 48.
❼ 請參閱Reid, T. R. *The Chip: How Two Americans Invented the Microchip and Lunched A Revolution*. New York: Simon & Schuster, 1984.

第一章　資訊經濟

在這個「電腦密集」(Computer Intensive)的新經濟環境裏，「基本經濟資源已不再是資本，或自然資源，或勞工，而是知識。」❽這就是說，必需的生產元素已從「人多好種田」轉向了「知識為先」。學者們稱這個以電腦為中心的新經濟環境為「資訊經濟」(Information Economy)。這個新經濟環境的特色，便是新知識會引發一系列的連鎖反應。例如，新知識引發新工業技術，新工業技術促使經濟新發展，新經濟發展又促使社會和政治環境的改變，社會和政治環境的改變又影響全民教育和人生觀，最後全國和全世界便有了一種「新秩序」。根據這些特點，我們編製成表十八來說明社會的演進。顯而易見，在任何成長中的社會，「知識」這個角色是何等的重要！

在1958年，美國「知識工業」的全國生產毛額，只佔29%❾，到了1980年，已增加到34%❿。從1986年開始，短短五、六年的時間內，美國的「舊」經濟體制已被「新」經濟體制所取代，生產業中，原以勞力為本位的製造工業，95%也都已轉型到以知識為本位的「知識工業」⓫。在這段新舊轉型期間，美國工商業界雙管齊下，一方面

❽ Drucker, Peter. *Post-Capitalist Society*. Oxford: Butterworth Heinemann, 1993, p. 7.

❾ Machlup, Fritz. *The Production and Distribution of Knowledge in the United States*. Princeton, NJ: Princeton University Press, 1962, p. 362.

❿ Rubin, M. R. & Mary T. Huber. *The Knowledge Industry in the United States, 1960–1980*. Princeton, NJ: Princeton University Press, 1986, p. 3.

⓫ Quinn, J. B. *Intelligent Enterprise: A Knowledge and Service Based Paradigm*

表十八　社會之演進

社會環境		原始社會 →　農業社會 →　工業社會 →　知識社會			
工業	能源	人力	人力，動物，風力	石油，煤炭，水力發電	太陽能，風能，核能
	材料	獸皮，石頭	樹木，棉花，羊毛	銅，鐵，金，木	金屬，人造材料
	生產工具	石斧，石刀	手造工具，水車，紡車，農具	機械器具	電腦，人工智慧
	生產方法	無	手工	輸送帶方式，使用零件	自動化
	交通系統	步行	馬，牛車，小舟	汽船，火車，汽車，飛機	太空船
	通訊系統	口語	書信	印刷型資訊，電報，電話	國際性通訊網路
經濟	經濟體制	狩獵，捕魚	自給自足地區性經濟	市場經濟，製造業	國際經濟，知識工業
	管理經營	無	以貨易貨	分工合作，科學管理	知識增值，知識生產力
	生產資源	人力	人力，土地	人力，土地，資本，技術	知識，資本，科學技術
社會	社會	族群	封建社會，家族制度	社會階級制度	個人本位
政治	政治體制	族長	君主專制	國家組織，憲法，民刑法	國際合作組織
教育	教育制度	無	教育極少數人	教育普及	個人教育，再教育
	知識基礎	自然現象	天文，數學	物理，化學，工程	生物工程，生態科學
生活典範	中心思想	求生存	宗教信仰，宿命論	優勝劣敗	人性價值觀

推動全盤電腦化，另一方面積極致力「結構更新」(Re-engineer-

for Industry. New York: Free Press, 1992.

ing)⓬，結果，不少人因而失業，全國經濟也嚴重的陷入蕭條。幸而
美國資本雄厚，教育普及，人民智識水平較高，轉業的適應力強，所
以很快地各種工業便又逐漸恢復了正常，就業率日增，生產力也每年
皆有增加。

事實上，「新」、「舊」經濟體制的差異，不僅是生產資源、生產
過程及出產品或服務的基本結構起了變化，在管理方法上，也有了明
顯的不同（請參看表十九、二十）。

圖書館是一個經濟個體，它的一切活動都受到社會中經濟環境的
直接影響。因此，1990年前後美國工商業界經歷的「結構更新」的風
浪，也沒有跳繞過圖書館。不過，我們相信，當時，縱使美國社會中
沒有興起「結構更新」的運動，圖書館界全力推動「整合電腦系統」
的結果，也自會引起各種相應的革新和改進。為甚麼呢? 主要原因，
便是圖書館「跟著科技走」，使用尖端電腦和通訊設備的結果，大大
地增加了圖書館的生產力(Productivity)。若不即時從事自我「結構更
新」，那麼無論在人源和財源上，都會造成無謂的浪費和損失。圖書
館本來就是一門「科技敏感」的行業，它的作業與服務別無選擇的必
須「跟著科技走」。它對生產資源的需求，也必須跟著改變。一如社
會中新經濟環境的需要一樣，圖書館對員工的需要，也從純人工轉變
到了以電腦為導向的專業知識⓭，而深厚的主題知識背景，也逐漸成
為專業館員不可缺少的一項重要條件⓮。

⓬　也有譯為「再生工程」。

⓭　Corrall, Sheila. "Information Specialists of the Future: Professional Develop-
ment and Renewal," and other articles in *Information Superhighway: The Role
of Librarians, Information Scientists, and Intermediaries.* Essen, Germany:
Essen University Library, 1995.

⓮　同⓭。

表十九　舊經濟體制

輸入(Input)	生產(Production Process)	輸出(Output)
生產資源(Production Resources) 　勞工(Labor) 　自然資源(Natural Resources) 　資本(Capital) 　工業技術(Technology)	作業(Work) 　程序(Procedures) 　表現(Performance)	結果(Results) 　出產量(Quantity) 　出產品質(Quality) 　盈利(Profit)
管理方式(Management Style) 　資訊管理(Resources Management) 　（古典派經濟學家）	管理方式(Management Style) 　科學管理(Scientific Management) 　(Frederick Taylor) 　計量管理(Quantitative Management) 　（管理學院派） 　行為管理(Behavior Management) 　(Douglas McGregor)	管理方式(Management Style) 　目標管理(MBO) 　(George Odiorne) 　完全品質管理(TQM) 　(Edwards Deming)

表二十 新經濟體制

輸入(Input)	生產(Production Process)	輸出(Output)
生產資源(Production Resources) 　具備專業知識的勞工(Labor with Specialized Knowledge) 　資本(Capital) 　工業技術(Technology) 　生產原料(Materials)	作業(Work) 　系統設計(System Design) 　電腦與通訊(Compurnication)	結果(Results) 　知識輸出(Knowledge Output) 　產品及服務(Goods & Services)
管理方式(Management Style) 　知識管理(Knowledge Management)	管理方式(Management Style) 　效率(Efficiency)	管理方式(Management Style) 　知識生產力(Knowledge Productivity)

　　廿世紀50年代以來，人們在生活上經歷到的最顯著的變化，便是資訊工業[15]的日日精進。五十年後的今天，人類沿襲了數千年的一切含帶意義的資訊，例如文字、符號、圖像等等，都可變換成1和0的bits，以每秒300,000公里的光速在「資訊超級公路」(Information Superhighway)上穿來梭去。資訊工業這樣凸出的發展一旦有了起點，可就再也看不見它的終點了。在將來的日子裏，資訊工業還不知會發展成甚麼個模樣。不過，若我們細心觀察，不難發現它具有下面十種特點。這些特點將是工商業界未來生產營利的方向，也應該是圖書館

---

[15] 為通訊與電腦工業的總稱。

今後作業和服務發展的指南：

①資訊本體二值化

②資訊載體多元化

③資訊內容密集化

④資訊組織自動化

⑤資訊需求個別化

⑥資訊服務專業化

⑦資訊供應商業化

⑧資訊溝通雙向化

⑨資訊傳遞宇宙化

⑩資訊資源國際化

　　圖書館為社會中不以營利為標榜的一個經濟個體。它的基本生產元素是員工、專業技術和資本（館舍、館藏和設備）。圖書館的一切作業與服務，都受著社會中經濟環境的影響和約束。古典派經濟學家亞當·史密斯(Adam Smith)曾比喻這種經濟環境就像一隻「看不見的手」，操縱控制著社會中每一個經濟個體的經濟行為。凡生活在同一經濟體制中的個體，無一能逃出「那一隻手」的掌心。一、二千年來，中外圖書館就在那掌心中翻來覆去。所幸，不像一般農人靠「地」吃飯，極容易遭受到天降的厄運，圖書館員是靠「知識」生活，說得更確切一點，他們靠組織「資訊紀錄」，使這些「資訊紀錄」成為「主題知識」(Subject Knowledge)的專業知識而生活。只要世間「新」的「資訊紀錄」絡繹不絕，社會對圖書館員組織「知識」的專業知識的需要總是缺少不了的。

　　從圖書館的角度來說，在早先的農業社會裏，「紀錄」少，「知

識」也稀薄，所以，圖書館的生產資源只有人工和極少的資本，它的作業和服務也顯得十分粗糙簡陋；工業社會到來，「紀錄」多了，「知識」也廣博了，圖書館生產資源的重點在人工之外已開始加添了使用少許機械的專業技術和知識，作業及服務的績效也有了明顯的增加；廿世紀後半個50年，資訊工業技術的突飛猛進，使人類的一隻腳已踏進了所謂「數位化資訊社會」的門檻。在這個新環境裏，人們賴以維生的工具，已不再是機器和勞力，而是電腦和腦力(Brain)。無論哪一種行業，不論是動手或是由電腦支援，或是由電腦控制的處理程序，都需要與往日完全兩樣的知識和技巧❻。在廿一世紀「數位化資訊社會」裏，資訊將全盤「數位化」，「紀錄」的格式也必然趨向統一，那時人類的「知識」也必定比這個時代的我們更淵博精湛。雖然，預估圖書館的將來發展決非是一樁十拿九穩的事。不過，根據廿世紀末某的情況，察微知著，我們似可肯定將來的「它」與現在我們所熟悉的會大大的不相同。也許，我們可以這樣比喻：現代的圖書館是毛毛蟲，廿一世紀後半世紀裏的「圖書館」將會是一隻美麗萬千的蝴蝶。

❻ 何光國 〈"數代分化"與圖書館社區服務〉，中國圖書館學會2000年學術年會中學術報告講詞，7月17日—7月20日，海拉爾，中國內蒙古自治區。

第二章　數位化資訊世界與未來圖書館

從80年代開始，資訊技術(Information Technology)，尤其是微電腦的興起與普及，圖書館無論是在一般作業或在資訊檢索服務方面，都有了事半功倍的好成績。90年代，校園網路和區域網路的興起，在資訊檢索服務上，更有了一日千里的進境。近十年來，以美國為首的資訊科技界，正大力鼓吹興建全球通訊網(National Information Infrastructure —NII)，積極地在為廿一世紀的數位化資訊世界鋪路。

實說起來，十足的「數位化資訊世界」還只是一個幻境。在那個真正的「數位化資訊世界」裏，全部「語意資訊」，無論它是文字、數字、聲音(Voice)、圖片(Photos)、或影像(Video)，通通都改換成了0和1二位數的「數位格式」(Digital Form)，而且，都永久性或暫時性的儲存在磁碟、光碟、電腦或其他新型載體裏❼。任何人只要有一臺相容多媒體微電腦和具備一個通訊的暗碼(Password)，他便可以不拘時地，簡便俐落地收受和發送任何資訊。到那個時節，人們將生活在「網路生活方式」(Web Lifestyle)和「網路工作方式」(Web Workstyle)的環境裏❽。

在那個幾近無紙的「世界」❾，圖書館的形象和經營方式，也與

---

❼　Gates, Bill. *Business @ the Speed of Thought, Using a Digital Nervous System.* New York: Warner Books, 1999, p. xvi.

❽　同❼。

廿世紀末葉，甚至與廿一世紀上半段的圖書館，會有很大的不同。稍前，我們說過，圖書館作業與服務，一向都屬於一種「勞力密集」(Labor Intensive)的工作。自從生產社會由農業轉型到工業，它就逐漸地走向「資本密集」(Capital Intensive)，如今則更走上了「電腦密集」(Computer Intensive)的不歸路，大量利用各種新型電腦和通訊設備來加強圖書館的工作效率。這種結果，正的一面，使圖書館的作業及服務迅速了，確實了。然而，負的一面，卻使得圖書館上下，養成了一種唯「科技」的依賴心理。根據少數學者的說法，電腦和網路通訊的快速進步，不僅沒有增加多少圖書館服務的效率，反而，無形中還矮化了圖書館專業的地位⑳，引起了所謂的「網路沉迷失調症」(Internet Addiction Disorder)㉑。

　　廿一世紀裏的資訊技術進展，無疑地將會更加劇烈快速。在那種幾乎日日新的時代，圖書館與圖書館專業館員應該採取何種走向，真可說是眾說紛云。大致說起來，我們可以粗略地將不同的說法分成保守和激進二派。保守派（也可稱他們是「緩進派」）主張圖書館人面臨新資訊技術的挑戰，不僅不應該放棄自己的專業知識本位(Professional Knowledge Base)，而且還更應該努力加強它，以求自保。激進派的專家學者則認為若欲圖書館事業在廿一世紀裏仍能保持不墜，惟有自我「革命」(Revolution)㉒。他們所謂的「革命」是叫圖書館人改

⑲　「無紙環境」與「無紙社會」均不宜狹窄地解釋為紙的滅跡，應該廣義地解釋為紙在傳播媒體中由現在的主位(Dominant)變成了輔位(Support)。

⑳　Lancaster, F. W. "Librarians, Technology and Mediocrity," in *Opportunity 2000: Understanding and Serving Users in an Electronic Library.* Essen, Germany: Essen University Library, 1993, pp. 101–106.

㉑　盧秀菊〈沉迷網際網路之探討〉，《中國圖書館學會會報》，第60期，1998年，頁29–37。

㉒　Helal, A. H. ed. *Information Superhighway: The Role of Librarians, Information Scientists, and Intermediaries.* Germany: Essen University Library, 1995.

弦易轍，脫掉舊裝，換上新裳，重新做「人」。因為在他們的眼睛裏，圖書館和圖書館專業館員這行職業很快就會成為鏡中花、水中月。

現代的圖書館和圖書館員，在「數位時代」裏，難道就真無立錐之地？假如我們平心靜氣地去分析，所獲的答案可能就不會那麼樣的一邊倒了。最好，讓我們先從Jesse H. Shera的一席老話說起。

第一節　從三角到二點

當許多圖書館學專家學者一窩蜂的正在那裏高喊「電子圖書館」(Electronic Library)的時候，我們還常見到不少文章引用美國圖書館學家西拉(Jesse Shera)早在1970年說的一句老話[23]：

> 圖書館的目的是盡可能地將人類與有紀錄的知識建立起有結果的關係。

西拉這句話實有三種含義：一指圖書館為一處讀者與資訊紀錄交會的固定地方(A Place)；二指圖書館員是館藏與讀者的中間人(Middleman)；三指圖書館員具備一般人所不具備的主題知識和專有的圖書館運用技巧。在他心目中，讀者、圖書館員、圖書資訊有著一種三角關係。而圖書館則是這三種角色的交會場所。在這種三角形的環境裏，讀者必須透過圖書館員的協助，才能獲得他索取的文獻資料。他所指的圖書館就是我們所熟知的圖書館，也就是流傳了幾千年的傳統性圖書館。然而，在未來「圖書館」的環境裏，前述的三角關係會不

---

[23]　Shera, Jesse H. *Sociological Foundations of Librarianship*, 1st ed. New York: Asia Publishing House, 1970, p. 30.

會仍存在呢？我們的回答卻是也許會，也許不會。

我們周知，現代圖書館是徵集資訊、組織知識、傳播資訊和知識的所在。而圖書館專業館員則是徵集資訊、組織知識、傳播資訊和知識的專業人才。在圖書館裏，這些五花八門、各式雜陳的資訊通稱做文獻(Document)。而「知識」(Knowledge)則是各式文獻透過圖書館專業館員的專業知識與技術，將它們根據各個不同主題分類有序地組合而成❷。

從理論上看，在真正的「數位化資訊世界」裏，只有「網際空間」(Cyberspace)，而不再有「圖書館」這類人際活動的空間和固定地方(Space)了。資訊需求者，將無需再依靠任何「中間人」的協助，只要他們擁有電腦和通訊檢索的權利，他們便可以自由自在地暢遊翺翔於無際無邊的資訊空間裏，直接與索求的資訊打交道，舉世資訊都如同掌握在他們的手指尖上一般。這也就是說，讀者與資訊之間，在那種環境裏只有「二點」的關係，再也不會有「三角」的關係了❷。也許，就因為「數位化資訊社會」裏的訊息交流，有這種擺脫「中間人」的共同走向，很多的資訊專家學者才毫不客氣地宣告了圖書館的即將沒落與煙消雲散。同時，他們還大膽預言，圖書館專業館員這一門行業，也馬上會在501種行業的名單中❷被刪除。這樣的觀念很容易瞭解，但卻不能為識者照單接受。

我們都明白，自從有了電話，我們已不再拜託白雲傳達思念；自從有了電傳機(Fax Machine)和電信(e-mail)，我們已節省了不少掛號

---

❷ 請參看拙著《圖書資訊組織原理》，臺北，三民，民國79年。

❷ 假如我們仔細推敲西拉的說法，三角形的底邊應該是虛線，以表示「讀者」與「圖書」之間僅只間接的關係。要等到中介人圖書館員將二者連在一起之後，關係才正式建立。

❷ 根據美國1990年的人口調查資料，美國共有501種不同的職業。

郵資；自從有了網際網(Internet)，我們可以從「線上目錄」(OPAC)中發現「別人有」。像這些通訊上的發明，使我們擺脫了白雲、郵差、和電話等「中間人」或「中間物」，同時也為我們節省了不少金錢和時間。達到通訊目的，而又省時、省錢，這才是人們真正意欲擺脫「中間人」的根本原因。可是，站在讀者的立場，問題的本身，並不在「中間人」的擺脫或不擺脫，而是在他們擺脫了圖書館和圖書館員之後，資訊的獲得績效是否會真正提高？在廿一世紀的前50年，所獲的答案，恐怕是「得不償失」。目前，圖書館提供給讀者的不僅是片斷和零碎的資訊文獻，還提供主題知識，更何況圖書館除了提供主題知識以外，圖書館專業館員還提供書店和出版商從不提供的讀者資訊參考服務！只有經過課堂與經驗中磨練的圖書館專業館員，才最懂得如何審查資訊品質的優劣和追蹤它們的來源。老實說，在資訊工業界裏，圖書館專業館員才是真正的「知識工作者」(Information Worker)。

圖書館還有一種其他任何資訊機構或組織不具備的WYSIWYG㉗的功能：讀者在線上目錄中看到甚麼，讀者就可以得到甚麼㉘。這種「可見即可得」的主／從環境，一直都是傳統圖書館在館藏和服務上千百年來日夜追求的最高目標，它也是圖書館最顯著的特色。資訊技術的進步雖然已使圖書館服務更接近讀者的要求，可是仍然沒有達到他們對各類文獻「可見即可得」的地步。癥結所在，便是現代的圖書

㉗　WYSIWYG是Lotus 1-2-3附加的一種印刷功能(Printing Capability)。它的全意為"What You See Is What You Get"。意思是說「你從螢光幕上看到的是甚麼畫面，那麼你印出來的也是同樣的畫面」。

㉘　在理論上，圖書館自己的「書名目錄」應該確實地列載該館全部圖書文獻，以達到讀者「有求必應」的基本服務原則。但是，事實上由於各館書目紀錄的不完整或不正確，館藏的缺乏清點管理和其他因素，很有"What You See Is NOT What You Get" (WYSINWYG)的可能。

館還不能飛。除非「數位化資訊世界」裏的資訊組織和機構能夠展翅飛翔，否則，它們將永遠無法取代現代的圖書館和圖書館專業館員。它們最多只能以新通訊技術，彌補現代圖書館和圖書館專業館員力不從心的一小部份。我們認為，在廿一世紀後半葉，任何不能「飛」的圖書館組織或機構，都不是真正「數位化資訊世界」裏的「圖書館」，它最多只是現代圖書館的一種不頂理想的變形而已。

第二節　資訊、知識、圖書館

　　一般資訊工作者和讀者都有一種難予寬恕的錯覺。他們總將資訊(Information)和知識(Knowledge)混為一談，認為資訊便是知識，知識也就是資訊。他們分不清圖書館與坊間書店之間有甚麼不同？也分辨不出廣播電臺或雜誌社與圖書館有甚麼差異？換句話說，他們根本不知道圖書館的真正工作是些甚麼？它們對研究者的價值又如何？在他們的眼裏，它們與圖書館之間唯一不同的地方，是後者多了一幢美麗堂皇的建築。

　　前面說過，圖書館不是書店，也不是出版商店。它的工作重心不在提供讀者片斷的資訊，而是根據知識分類的方法，將同一主題(Subject)的資訊片斷，作系統性和計畫性的徵購、組織和整理，然後，再分類性地、有序地排列在圖書館裏，盡量提供給讀者「主題知識」(Subject Knowledge)的全貌，圖書館裏滿藏著各種各類的主題文獻❷，任讀者瀏覽選取。

　　學者做研究，最需要的也就是知識的全貌，他們不需要那些片斷

---

❷　F. W. Lancaster也強調圖書館館藏主題功能的重要性。Lancaster視主題(Subject)為主題。而筆者則視主題為知識(Knowledge)。

的資訊(Information)或零零碎碎的資料(Data)。供應知識與供應資訊是截然不同的兩碼子事。換句話說，尋求知識的讀者與那些看電影的觀眾或購買家庭用品的顧客不相同，後者的需求只是片斷的、獨立的訊息與物。而前者所需求的則是整體的、相關資訊的集合。我們談整體，談相關，我們就不能單指一篇文章、一本書、一張幻燈片、一卷錄影帶、或一張唱片，而是指幾頁幾十頁的書目(Bibliography) 中所列載的相同主題(Subject)的幾十篇文章、幾百本書、幾百張幻燈片、幾十卷錄影帶、和幾十張唱片。這樣的工作，絕非任何線上(Online)或離線(Offline)書店、出版商能夠做得到的。

在資訊傳遞上，也許不出廿年，片斷的、獨立的資訊就會經過有線網路(Cable Network)進入50%的美國家庭。但是，若要使讀者擺脫傳統的圖書館，而從網路上「立見立得」的隨求隨應，獲得需要的整體知識，那恐怕還得等上好幾十年，甚至一百年，直到整個社會中的語意資訊完全數位化了以後方能實現。然而，語意資訊的完全數位化，只算完成了「立見」的一部份，至於如何「立得」(Real Time Access)，那就得看在網上檢索的人（或物），是否能有效地利用「搜尋引擎」(Search Engine)捕捉到正中需要的主題資訊。據估計，公元1999年，每天「全球資訊網」(World Wide Web)上的資料增加量將近百萬「電子頁」(Electronic Page)，而這些五花八門的片段電子資訊，就靠著將近十億左右「註釋性超連接詞」(Annotated Hyperlinks)稀鬆鬆地連接著。過去，人們利用「控制字彙」(Controlled Vocabulary)或關鍵字(Key Words)來捕捉線上資料，如今假如再如法泡製地在網上檢索，他將會獲得近千頁的資料，而且其中大半都是「垃圾」。不僅如此，以廿世紀末葉的幾家著名「搜尋引擎」為例，它們合在一起，大約在三百萬個伺服網站中，除去重複，只能涵蓋全部「電子頁」的

42%⑳。它們的分佈如下表㉛:

「檢索引擎」公司	伺服站涵蓋率
Northern Light	16.0
Snap	15.5
Alta Vista	15.5
HotBot	11.3
Microsoft	8.5
Infoseek	8.0
Google	7.8
Yahoo!	7.4
Excite	5.6
Lycos	2.5
EuroSeek	2.3

　　因此，網上檢索當務之急，實不在資訊片段的創造，而在如何設計出一套極有效的「搜尋引擎」，使檢索者能夠「立見立得」，正中需要的主題性知識(Subject Knowledge)。

　　在資訊領域裏，圖書館不創造資訊，而是在掌握資訊、組織知識和管理知識。而且，它在組織知識和管理知識這方面所佔據的層次，遠比其他任何資訊製造業都高。坊間的各類索引或書目錄編製公司，在組織知識的功能上雖與圖書館相仿。但是這些公司只能提供目錄，而不能像圖書館一樣地供應原本(Physical Volume or Piece)。現在資訊界成天吵吵嚷嚷地在那裏煞有介事的高喊著Internet，將Internet看作

⑳　"Search Engines Fall Short," *Science*, vol. 285, July 16, 1999, p. 295.

㉛　同㉙。

傳播資訊和知識的萬靈法寶。根據前面的分析，目前的Internet對主題知識的傳播功用可說極微。原因是資訊數位化尚未普及，而已經開始數位化的文獻資料，包括美國國會圖書館正在積極進行的「線上館藏」(Online Collection)方案和極少數的電子期刊在內，只不過是人類文明知識積累中的九牛一毛，絕大多數的圖書文獻，仍舊依靠人手的傳遞。換句話說，現在能夠借重網際網輸送的資訊，畢竟極少。而且，一如稍前我們所說，雖然目前全球資訊網上片段資訊千百萬，可是仍無一可靠的「搜尋引擎」，有效地捕捉到所需的主題資訊。然而那些既不見樹，又未見林的一些資訊學者和專家，居然此時就預測圖書館的即將消逝，圖書館員即將失業，不僅言之過早，且徒貽笑大方。殊不知，現在一般圖書館中使用網上資訊的讀者，對圖書館專業館員的依賴，比往日還更變本加厲呢。

第三節　「會飛」的圖書館

「虛擬圖書館」(Virtual Library)是「數位化資訊世界」裏一個未來「會飛」的專門處理資訊、組織知識、傳佈資訊和知識的機構，是一所「會飛」的圖書館。

「虛擬圖書館」將是全球資訊系統中的假想伺服站(Server)。在本質上，「虛擬圖書館」只是現代圖書館的一種必然的變形(Transformation)。現代圖書館若安置在「數位化資訊世界」裏，就好比是一條未變成蝴蝶以前的毛毛蟲。除非它也能像毛毛蟲那樣的脫胎換骨變成蝴蝶一樣翩翩飛舞，否則，它就不能算作「虛擬圖書館」。因為，只有長了翅膀會飛的「圖書館」才能隨著讀者的召喚，立刻飛到讀者的身邊，使他的資訊需求真正達到「立見立得」和不受時空限制的地

步，使他產生一種「天下知識寶藏皆我有」的幻覺(Illusion)。「虛擬圖書館」的翅膀便是遍及全球每家每戶的通訊網路，而它的軀體便是完全數位化了以後的各種各類的館藏文獻❸。二個條件中任缺其一，無論它的組織和結構與現代的圖書館有多大的不同，它仍舊不過是一條毛毛蟲。毛毛蟲的生命一向都是很短的。

　　一般圖書館學者專家將「虛擬圖書館」都解釋得非常狹窄。他們認為只要一所圖書館能夠透過網際網提供讀者作遠距離的資訊檢索(Remote Access)，能夠透過網際網察看到千里或萬里以外各種圖書目錄，這所圖書館就成了一所「虛擬圖書館」❸。其實，一所理想的「虛擬圖書館」除了對文獻必須做到「立見立得」和能「飛」送的基本條件以外，它還需具備一些與現代圖書館不同的生存環境。假如這個環境一天不存在，即使能飛，它也一定飛不高，飛不遠的。

　　宇宙萬物，都有它們個別的生存條件和發展歷程。因此，「虛擬圖書館」也有它的生存基本條件和必經的道路：

　　1.一個理想「虛擬圖書館」應具備的基本條件：

　　　①各種語意資訊已全面數位化

　　　②數位化資訊傳輸到全球每戶每家

　　　③數位化資訊世界性地公有公享，不分貧富，人人平等

　　　④數位化資訊傳遞和收受的各種硬軟體設計規格劃一

　　　⑤數位化資訊傳遞和收受不受時空的自然或人為限制

　　　⑥數位化資訊傳遞、檢索和使用格式標準統一

---

❸　文獻是資訊的匯集。資訊是組成文獻的重要元素。所以，若文獻不能完全數位化，換句話說，若網際網上不能傳遞和獲得所索文獻，只能傳遞資訊(Information)，那麼「虛擬圖書館」就不能算做圖書館。

❸　請參看Saunders, L. M. ed. *Virtual Library: Visions and Realities*. Westport: Meckler, 1993.

⑦數位化資訊編目分類品質管理統一集中

⑧數位化資訊檢索及獲得權在不侵犯智慧財產權原則下應絕對
免費

⑨數位化資訊編目分類統一採用「宇宙分類碼」❸(Universal
Classification Code)（這個條件僅適用於「虛擬圖書館」以外的地
方性多元媒體圖書館）

2.「虛擬圖書館」的三個發展階段：

範圍	理念	通訊管道
(1) 校園資訊網 (LAN)	校園觀念 (Campus Concept)	Copper Wire, Telephone Network
(2) 區域資訊網 (WAN) (Internet 2)	雲層觀念 (Cloud Concept)	Fiber-optic Cable Network Abilene Project
(3) 網際網 (Internet) (Internet第二代)	環球觀念 (Earth Concept)❸	Fiber-optic, High-bandwidth Network, Wireless, Project Teledesic❸ Broadband

其實，要使圖書館這樣的資訊機構都長出翅膀，並不困難，只是
時間而已。首先得完成「資訊超級公路網」的興建，使資訊和文獻能
夠透過網路輸送到家。根據Gates的估計，要使通訊系統跨進每家每
戶，在美國最多只需要十年。可是，若要使它們都能起飛，換句話
說，使比恐龍體積還要大上千萬倍的世界館藏文獻，縮小成一隻蝴

---

❸　筆者自用名詞。

❸　筆者自用語。意指將來的網際網將會遍及全球各地。

❸　為美國AT&T和Microsoft公司合作投資的新方案。當2001年計畫完成後，
將有840個太空衛星環繞地球，提供全球無線和多媒體型Internet。這正是
筆者所謂的Earth Concept的網際網。 Teledesic讀成Tell-a-DESS-ik。 *USA
Today*, 1996.12.23, "Special Report" Sect. B。

蝶，縱使聰明如Gates，相信也無法說出一個肯定時間來。當然最簡便的方法，便是「不走回頭路」，從現在開始，一切資訊都全盤數位化，一切新線路都採用光纜(Fiber-optic cable)。問題是誰會願意作這個投資？僅後者一項，所需費用即達500億美元。前者，由於沒有統一的製作規格，小規模或地方性的嘗試或有可能，若欲形成氣勢，恐怕再等上一百年也難。

我們說真正的「數位化資訊世界」只是一個幻境，並不為過。不然，我們就必須接受「數位化資訊世界」初期的資訊機構必將是一種混合式的組織。它既藏有各種印刷類型媒體的文獻，它也能透過國際網路上的特定的「虛擬圖書館」——「資訊管理站」，擷取到數位化了的各種無形文獻❸。同時，這個資訊機構裏既有真實的圖書館專業館員，也有生活在「虛擬圖書館」裏的「虛擬圖書館員」(Virtual Librarian)。

將來總有那麼一天，當讀者擺脫了真正的「中間人」以後，面對著浩翰似海的片段資訊，他們會發現仍舊需要依靠另一種「中間人」，使他們與索求的資訊或知識能夠「立即」和「有意義地連結在一起」。只是這個「中間人」，已可能不再是我們現在所熟悉的圖書館員，而是電腦螢光幕上的一個「她」或是從電腦擴音器中傳出的聲音。「她」的「才智」和主題知識必定超越常人。而且，「她」還具有一個最不平常的長處，那就是不論雨雪風霜，白天黑夜，窮鄉僻壤，天涯海角，「她」總是隨「傳」隨到。這個「中間人」便是我們所稱的「虛擬圖書館員」(Virtual Librarian—VL)❸。

❸ *The MIT Libraries at the Beginning of the* 21ˢᵗ *Century, A Strategic Plan*, Report of the President for the Academic Year 1987–1988, p. 4.

❸ 一位獲得普林斯頓大學通訊工程博士Bob Kahn， 在1985年說在未來社會中， 將會出現一種 「知識機器人」 (Knowledge Robot, 或簡稱為"Know-

「虛擬圖書館員」可說是現代圖書館專業館員的未來化身。在螢幕上，VL都將是一位最理想的萬能圖書館員。VL不僅精通各國語言，還會說各地方言。在主題知識上，VL可說是專家的專家。當VL面對小學生的時候，VL活像一位親切的小學老師；當VL面對大學生的時候，VL的主題知識遠勝過任何教授；而當VL面對一位真正的主題專家的時候，VL又會是一位夠資格獲諾貝爾獎的頂尖學者。

美國圖書館學家F. W. Lancaster似乎很不樂意接受像這類「虛擬」的推理，他曾公開地抱怨圖書館過分依賴資訊技術，忽視培養館員的主題知識。結果，使得現在的圖書館專業館員在素質上遠不如三十年前（指1960年左右）❸❾。三十年以前，圖書館裏恐怕還很少看到電腦，更不用談微電腦、網際網、OPAC了。通訊技術的進步，增加了資訊尋求者的「能見」度，可是在資訊「可得」的問題上，卻並無多大的改進，這倒是事實。我國有句俗諺:「畫餅充飢」。對資訊尋求者來說，「立見不能立得」的結果，不但無法充飢，反會使他餓得更厲害，更會引起他滿腹的牢騷與抱怨。不過，這並非是專業館員主題知識的素質在減退，而是資訊技術發展得太快，使現代的館員無法徹底掌握資訊檢索的方法。隨著時日的成長，像這樣的「素質」低落只會有增無減。唯一解決之道，恐怕只有祈禱「虛擬圖書館員」的早日

bot")。"Knowbot"一字已成為美國Corporation for National Research Initiatives (CNRI)的智慧財產。根據Bob Kahn的說明，「知識機器人」是一位自動的博學圖書館員，她旅行於資料庫中，幫助資訊尋求者搜索所需的資訊。有關各節，請參考Lebow, Irwin. *Information Highways and Byways: From the Telegraph to* 21ˢᵗ *Century*. New York: IEEE Press, 1995, pp. 272–279. 因為「知識機器人」的觀念與筆者的「虛擬圖書館員」意義相似，但不盡相同，特別提出來供讀者參考。

❸❾ Lancaster, F. W. "Librarians, Technology and Mediocrity," in *Opportunity 2000: Understanding and Serving Users in an Electronic Library*, Essen, Germany: Essen University Library, 1993, pp. 101–106.

到來。

第四節　網際網2

在上節，我們說「數位化資訊世界」的真正來臨，必須國際性「資訊超級公路網」完全建成以後，使數位化了的資訊和文獻能夠透過網路輸送進每一個家庭。到目前為止，因為耗資太大，而乏人問津。不過，小規模的興建，倒是常見提及。以美國來說，數家資金雄厚的通訊公司，例如AT&T、MCI-World Communications、America on Line、Bell Atlantic、Bell South和Ameritech都在改變電訊輸送系統，將電線改裝成光纜(Fiber-optic Cable)，增加電訊的傳送速度和真實度。最近又有所謂的「愛比林方案」(Abilene Project)的出現。

我們周知的「網際網」(Internet)開始於1969年10月20日。那一天，美國加州大學洛杉磯分校(University of California at Los Angeles)的一群電腦科學家，在「網際網之父」Leonard Kleinrock教授的策劃下，第一次成功地利用該校的電腦與史丹佛研究所(Stanford Research Institute)的電腦完成了「通話」。在「網際網」30週年慶祝聚會中，Kleinrock教授對客人們形容那天「通話」的情況❹：

> 加州大學洛杉磯分校的一位同事，坐在一臺電腦前，戴上一具電話收講器，對史丹佛研究所那邊的同仁通話。假如一切正常，加州大學洛杉磯分校的同事鍵入了"log"，史丹佛研究所那邊的電腦便會自動地加上"in"，而完成"login"這個字。當一切準備就緒，加州大學那位同事鍵入一個"L"，立即詢問史丹

---

❹　Miller, Michael. "Rocky Road to Information Superhighway," http://dailynews.yahoo.com/h/nm/19990902/wr/tech_internet_3.html, 1999.9.2.

佛研究所那邊「收到L沒有?」 回答是「收到了L」。但是當再繼續鍵入"0"時，整個系統便當機了!

「網際網」是美國政府Advance Research Projects Agency (ARPA)投資興建。「網際網」的原始目的是欲使重要研究中心的研究工作者，能夠在線上使用他人電腦中貯存的資料，而免除人工傳遞資訊的費用❹。「網際網」的原始名稱為"ARPAnet"。三十年來，「網際網」在微電腦和通訊技術的雙雙躍進下，早已不是「吳下阿蒙」，影響之深遠實已凌駕電話通訊之上。根據1999年11月的報導，全美國使用「網際網」的成年人，已達一億。這與1996年時估計的五千萬多了一倍❷。近年來，由於網路使用的商業化和國際化，而使「線路」擁塞不堪，一般電腦新使用者常因電訊，尤其是聲訊和影像，傳遞的遲緩而感到沮喪。1996年，一個由公私立機構科學家們聯合組成的聯盟組織開始「網際網2」(Internet 2)❸的設計，目的是想在網際網外，另外興建一條「會員專用」的「快車道」，專門提供給會員科學家們從事研究工作之用。這條「快車道」便是「網際網2」(Internet 2)。它於1999年2月24日正式啟用。

「網際網2」命名為「愛比林方案」(Abilene Project)的主要原因，是1800年左右，美國堪薩斯州的愛比林市製造出第一具火車頭，因而展開了全美東西二岸的鐵路交通。美國政府並未直接資助這個新

---

❹ 同❹。

❷ Weaver, Jane. *Internet Rocks Into Sea of Red*. MSNBC & Wall Street Journal, Business, 1999.11.21.

❸ "Internet 2"不是「網際網」第二代。後者指Broadband，前者為Narrow Band，為另一種組織。美國資訊工業界，如AT&T, MindSpring, AOL等，正積極推進Broadband資訊傳輸系統的早日實現。一旦「網際網」進入了Broadband（專家推測將發生在2003年左右），那將是世界「數位媒體革命」(Digital Media Revolution)的開始。

網路的設建，主要資源來自私人公司的捐贈。例如，Cisco Systems Inc.和Nortel Networks共同捐贈價值數百萬美元的電腦網路設備，Qwest Communications International Inc.捐贈了價值五億美元10,000哩長的光纜。設於印地安納波里斯(Indianapolis)印地安納大學中的University Corporations For Advanced Internet Development，主持例行統御作業。

「網際網2」初期只連接了全國37所大學，線長13,000哩，操作潛力為每秒2.4 gigabits，目前僅達到每秒9.6 gigabits的速度。到1999年尾，有60所大學和研究機構與「網2」連線。因其使用限於具備審查合格研究方案的大學研究工作者和知名科學家，美國「網際網」名記者Joe McGarvey酸葡萄地譏諷這一條新網路為「大學教授和電腦系學生獨享的『國立』遊樂場。」❹

「愛比林方案」預定將於公元2002年完成❺。

---

❹ McGarvey, Joe. "Internet 2: Test Bed or Boondoggle?" ZDNet, http://dailynews.yahoo.com/headlines/technology/zdnet/story.html, 1999.2.25, 11:41pm ET.

❺ Leibovich, Mark. "No Speed Limits On the New Infobahn," *The Washington Post*, Feb. 24, 1999, p. E1.

第三章　結論

　　從本章末附列的"訊息社會之發展"一圖中，我們似可肯定真正的
「數位化資訊世界」遲早終必到來。到那時候，人們將會經驗到一個
有紙的社會和一個「無紙資訊」的圖書館或資訊管理中心。在那個時
期，白紙黑字可能仍會是最經濟、最實惠和最親密的一種傳播的媒
體，人們絕不會輕易地放棄它的。那時的人，跨進圖書館大門追求新
知的意願，也許比廿一世紀初期的我們還要濃厚。一方面他們為了增
進自己的生活與生計，不得不盡量努力提升他們的知識水平和電腦學
識(Computer literacy)，另一方面則是為了現實的經濟利益，所謂「知
識就是力量」，「知識便是生活」。

　　「數位化資訊世界」裏的圖書館，相信不僅仍舊是一個組織資訊
和知識的中心，而且，還必會是「無紙」主題知識的供應、協調、和
管理所在。在經濟發展國家，它很可能是唯一繼續免費提供網上資訊
服務、免費提供各種網上資訊檢索設備和免費提供資訊檢索使用指導
的地方。

　　圖書館是社會的產物，也是社會文明的鏡子。一、二千年來，它
們從早期農業社會的「影子圖書館」進展到將來「數位時代」裏的
「虛擬圖書館」，總是緊跟著社會和物質環境的變遷而改進。在「語
意資訊」尚未全盤「數位化」之前，圖書館不僅是一個「電子型資訊
管理站」，同時，也將是一所傳統式的圖書館。它們不僅掌握著各式
各樣最新的電子型資訊檢索設備，書架上也將排滿了根據「宇宙分類

碼」編列的各式各樣的印刷型圖書和各式各樣非印刷型的資訊載體。「虛擬圖書館」的出現，表示印刷型資訊的消失，「語意資訊」的全盤「數位化」。「虛擬圖書館」將會透過「全球通訊網路」(National Information Infrastructure)，連接上世界各地「圖書館專用伺服站」和萬能「虛擬圖書館員」，根據線上「宇宙目錄」，為天下讀者傳輸需要的主題資訊；根據讀者的要求，為讀者解答有關主題知識的任何疑難問題。那時的真正圖書館員，除了組織和管理所掌握的各種電子型資訊以外，其他的時間，多深入社會，致力於各種尖端通訊設備、資訊檢索及資訊使用的講習活動，努力提昇大眾的電腦學識。並積極與政府及民間財團合作，努力消除新經濟社會中"數位分化"(Digital Divide)的不公平現象❻。

在走進「數位化資訊世界」之前，社會經濟環境必然會有改變，人們的生活習慣和方式，也必然會跟著起變化。我們只需稍稍留意「館」外的天地，就會發現各行各業，都正在那「數位時代」的邊緣為生存而掙扎。面對著這樣的動態社會，圖書館也應隨時積極地從事「結構更新」，務使它的作業和服務能夠跟得上物質進步的潮流和滿足資訊尋求者的資訊需要。在數位科技的陰影下，圖書館和圖書館專業人員，似乎已身不由己地被捲進了一個永無休止的變動大旋渦裏。

面臨這個將臨的新時代，圖書館當務之急，必須應首先將它們的注意力從「資訊所有」(Ownership of Information)、「資訊獲得」(Access of Information)、期刊價格、智慧財產權、編目統一標準等這類問題，轉移到推動社會求知習氣的基本改變。這也就是說，我們要先設法改變社會求知的觀念，借重圖書館的館藏、設備及館員專業知識和技術，使社會中人從小就能養成主動追求新知識和學習新經驗的習

---

❻　同❶。

慣。對圖書館來說，這將是一個異常艱鉅卻義不容辭的責任。

另一方面，我們必須瞭解，儘管專家或學者都預測「數位圖書館」(Digital Library)、或「電子圖書館」(Electronic Library)的來臨，可是，在百十年內，我們相信任何資訊科技都不可能完全取代紙型資訊[47]。這就是說，在百十年內，圖書館員必須要學習如何管理多元資訊載體，使它們能夠配合最先進的設備，提供讀者最有效的服務。至於百年後，應該如何掌理無紙資訊？那就用不著我們去操心了。

此外，在最近百十年內，我們還有下列幾種重要的大膽預測：

(1)印刷型圖書和數位化資訊將會相輔並存一段相當長的時間。

(2)數位資訊必需相應的數位系統支援管理。

(3)管理經營印刷型圖書的傳統方式必會適時改變。

(4)圖書館和圖書館員絕不會消失，不過，圖書館組織與結構和圖書館員都必會跟隨著技術環境改變，以期對各型資訊作最妥善和最有效的利用。

(5)資料需求者將繼續學習著利用最新通訊科技尋求獲得資訊的捷徑。而且，繼續會依賴圖書館資訊專家擷取所需資訊。

(6)世界各地區性非商業性圖書館系統終必匯集成為一國際性整合圖書館專用的資訊貯存和檢索組織。

資訊革命帶來的種種改變，已經直接影響到了圖書館徵集、組織、貯存、運用、推廣資訊和知識的能力。著者、科學家、學者等都將會利用電腦撰述和透過自己的網路發佈電子型資訊，同時，他們也將會要求圖書館提供電子型資訊服務。因此，未來圖書館管理所面臨的挑戰，將不會再是館藏、服務和書目控制，而會是有關數位系統硬

---

[47] Darnton, Robert. "The New Age of the Book," *The New York Review of Books*. March 18, 1999, pp. 5–7.

體軟體的價格、性能和需要的比較和選擇。

圖書館學的傳統教育是針對印刷型資訊的經營和管理。服務的對象都以「一般」讀者為標準。資訊數位化的結果，將會使讀者的資訊需求「個別化」和「線上化」。到那個時候，圖書館與讀者的溝通很可能是「不見面」的多，「見面」的少。在這樣的新環境裏，圖書館學教育似應有一個新目標和新方向，也許，美國密西根大學的CRISTAL-ED方案值得借鏡❹。

廿世紀後期的圖書館雖然都已開始推動全盤電腦化，可絕不意味圖書館學科裏應該包括一些艱深的電腦專業課程，那些課程不屬於專業圖書館員，而是屬於將來的電腦程式設計師和網路專家。世界上豈有要求一位汽車乘客，必須知道如何製造汽車或修理汽車的道理？雖然我們時時強調圖書館為一門「科技敏感」的學科，我們卻從不認為圖書館員應該是一位「科技萬能」博士。實在講起來，電腦只是廿世紀末代圖書館用來增進作業和服務效率的一種比較重要的工具而已，誰又敢斷言廿一世紀裏，不會有更先進的「工具」出現？所以，我們實不應該過分地渲染它。

在這科技變化萬千的時代，圖書館專業館員所迫切需要的是智慧、冷靜和恆心。不要畏懼新技術，反而，要隨時緊緊地抓住它們，學習它們，研究它們，將它們的好處和優點，灌輸進圖書館的作業與服務裏，使圖書館的作業與服務至善至美。同時，圖書館員永遠不應為自己求知設定上限。學海無涯，知識無邊。將來的圖書館絕非僅僅

---

❹ 請參考"Educating Human Resources for the Information and Library Professions of the 21ˢᵗ Century, a 5–year proposal to the W. K. Kellogg Foundation from the Faculty of the School of Information and Library Studies," University of Michigan; *Kellogg CRISTAL-ED Project*, Interim Report no. 1–2, 1994–1996, http://www.si.umich.edu/cristaled/Kelloggproposal.html.

掌握住有價值的資訊,它更需要各樣的人才和專家。人才和專家的專業知識是不可能有上限的。

資訊不斷增加和載體的日新月異,其複雜困難之處,絕非故步自封的「保守」館員能夠應付得了的。因此,圖書館必須設法加強館員的再教育和在職專業訓練,方能保證他們的工作順利成功。

圖書館是一種古老的知識服務機構,圖書館員也是一份值得驕傲的古老行業。透過這一行業,歷代的圖書館員憑藉著他們學得的專業知識與經驗,為人類保留了和維護了傳襲的文化,為世界文明播下了進步的種子。由於他們的努力,使社會中每一個人,無論貧富愚賢,都能獲得平等追求知識的權利與機會。

圖書館員擁有他們專屬的敬業良知,在未來的日子裏,深藏在他(她)們心中的珍貴人性,不僅會使他(她)們對未來人類的福祉,永遠心存著關懷、期待和希望,同時,他(她)們也將會借助圖書館的收藏和設備,義無反顧地努力實踐他(她)們心懷的專業理想,使社會中充滿有教養的人。

> 智慧在何處?
>> 在知識之中。
> 知識在何處?
>> 在資訊之中。
> 資訊在何處?
>> 在圖書館中!
>> 在網際網中!

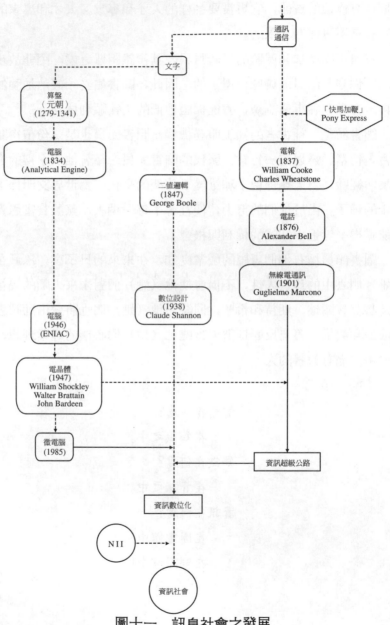

圖十一 訊息社會之發展

後　記

　　本書從初稿完成直到出版，跨越了廿和廿一兩個世紀，同時還從2000年跳進了3000年。它是一本適逢「千禧年」的作品。它的成形不僅時間拖得長，而且在定稿前，還勞師動眾地打攪了多位旅美和臺灣的著名圖書館教育界學者和專家，在他們教學的繁忙日子裏，還要耐心地審閱這本書的初稿。他們是蜚聲國際學壇的芝加哥大學東亞語言文化系與圖書館學院榮譽教授錢存訓博士，前臺灣大學圖書館學系暨研究所名教授沈寶環博士，前國立中央圖書館館長、前芝加哥Rosary College 圖書館與資訊科學研究院院長李志鐘博士，新澤西州Rutgers University東亞圖書館館長兼圖書暨資訊研究院教授周寧森博士，前國立中央圖書館館長、現任師範大學社會教育學系王振鵠教授，政治大學圖書資訊研究所所長楊美華博士，臺灣大學圖書資訊學系主任、研究所所長陳雪華博士，私立輔仁大學圖書資訊學系研究所高錦雪教授，師範大學社會教育學系吳美美博士（審閱第五篇）。這本理論性的專書，經過了他們熱心地審閱和給予了很多寶貴的建議和指正，而使它的內容能夠格外落實和完整。筆者對這幾位學者的熱忱和愛護，除了衷心感激之外，實無法以筆墨來形容的。尤其是學長寧森博士在教務百忙中，還那樣細心地為初稿逐段逐句的推敲並提供寶貴建議，這份愛護之情，更令筆者感動萬分。三民書局編輯部的小姐、先生們

也費了不少精神校稿排版，使本書少了不少訛誤，筆者謹致謝忱。

　　雖然前述各學者都曾幫忙審閱過本書初稿，不過，內容若有謬誤，責任全在筆者，與審閱者無關。

附　錄

一、使圖書館為社會工作

我們都知道，一個人不能離群獨居，圖書館則更離不開社會大眾。雖然它的生存靠社會大眾，可是一個沒有圖書館的社會，就活像一個不會思想的軀殼。

在我那一本《圖書資訊組織原理》裏面，我曾強調「圖書館是為讀者而活」❶。其實，我還應該再加一句：「圖書館也為理想而活」。這個理想很簡單，也很單純，那就是服務社會大眾。使社會大眾能在圖書館裏，擷取和使用到最新穎、最確實的知識，使他們在吸取到「前人」的經驗和智慧以後，使新知識取代舊知識，自然的觸發一種「知識增值」的連鎖反應❷。這也就是荀子〈勸學篇〉裏的話：「青，取之於藍，而青於藍；冰，水為之，而寒於水。」

一所正統的圖書館，必須具備下列五種基本要素：館藏、設備、專業服務、館員和讀者。假如圖書館沒有讀者，那麼它的存在就沒有了目的，也沒有意義。

廟，要有香客；圖書館，要有讀者。沒有香客的廟，那裏的菩薩一定不靈。沒有讀者的圖書館，那所圖書館一定不夠水準。

在讀者眼中，一所不夠水準的圖書館，若不是館藏不適合他的資訊需要，便是專業服務或設備不能令他滿意。再不然，就是管理上或交通上等其他原因，令他不中意。但是，我認為一位真正的資訊尋求

---

❶　何光國《圖書資訊組織原理》，臺北，三民書局，民國89，頁55。

❷　同❶，頁37。

者或資訊使用者，他的不上門，主要原因，恐怕還是館藏、設備、或專業服務不合他的資訊要求。因此，若要使圖書館真正擔負起責任，真正為社會做工作，真正的使得社會大眾自動自發的跨進圖書館的大門，自由的、適時的檢索到他所需要的圖訊資料或資訊，圖書館最少應該做到下列三點：

一、使圖書館的館藏、設備和專業服務與讀者的資訊需求願望，完全吻合。

二、努力增進讀者與需求資訊之間溝通的機會。

三、發展圖書館公共關係，使讀者與圖書館雙方「知己知彼」。

現在就讓我對以上三點，分別作簡短的說明。

第一，使圖書館館藏、設備和專業服務與讀者的資訊需求願望，完全吻合：

就像圖書館的存在有它一定的目的一樣，讀者的進入圖書館，也有它特定的目的。這二種目的，不僅需要相容，並且最好完全吻合。顯然，這種「吻合」的觀念與過去那種衙門式的圖書館觀念，已完全格格不入。

要想讓讀者笑著進來，又歡歡喜喜的離去，圖書館就必須要能滿足資訊需求者的特殊需要。假如一所圖書館只是為了那些專門應付參加大專聯考的學生而設立，只想供給他們一個比較安靜的讀書環境，那我們就最好將「圖書館」改成「讀書館」。那樣的話，你我今天也就用不著齊聚一堂，研究甚麼資訊或圖書館學了。開辦一間「讀書館」用不上各位的專才學識和經驗，它只需要幾名維持秩序和風化的警察先生就夠了。

圖書館絕對不是「讀書館」。它是一個名副其實的「知識寶庫」。一位真正做研究的工作者，跨進圖書館是為了搜求主題知識。他希望

能從相同主題興趣的專家學者的著作中，演繹出一套能夠解決困難問題的方法。換句話說，讀者走進圖書館，並不是為了乘涼或者取暖，而是想效法他人的經驗，打開糾纏在胸中的心結，為自己所面臨的問題，尋找正確的答案❸。他們比誰都明白，要解決問題，僅靠去龍山寺進香求菩薩是辦不到的。

我想各位一定知道「書店」和「圖書館」之間的區別。「書店」是一個「以錢易貨」的商業個體。它的售貨只限於圖書，而不是成衣，也不是高雄500cc木瓜牛奶。「書店」的顧客是一群沒有「相同屬性」的社會大眾。反過來看，圖書館的顧客都具有一種所謂「主題興趣」屬性相似的特徵。這種特徵，不僅間接的顯示出這一群顧客的特色，同時，也直接的顯示出了這一所圖書館的特色。

「相同屬性」(Homogeneous)的讀者顯現出一所圖書館的特色或特徵。這也就等於說：一所圖書館的「特徵」可以決定讀者的「屬性」。因此，我們不妨大膽的假定：一所圖書館的「特徵」和它的讀者群的「特徵」應該是非常接近的。這和我稍前談過的「圖書館的目的和讀者的目的最好能吻合」，是一樣的道理。

我個人認為只有一所圖書館的特徵，與其讀者群的特徵相吻合的時候，這一所圖書館才會有它的長期讀者。讓我舉一個例子來說，臺大醫學院圖書館是一所具有特別主題興趣的圖書館。高樹鄉圖書館，也是一所具有特別主題興趣的圖書館。我們若將這二所圖書館並排的擺在一起，若純從尋求主題資訊和知識的觀點出發，我敢和各位打賭，凡常進臺大醫學院圖書館的讀者，決不會跨進高樹鄉圖書館。而凡常進高樹鄉圖書館的讀者，也不會踏進臺大醫學院圖書館。因為，

---

❸ Gary, John. *National Information Policy, Problems and Progress*. London: Mansell Publishing, 1988, p. 34.

讀者和圖書館一定要「臭味相投」。

我認為真正的知識，是建立在一種特別的「主題」上。沒有「主題」的知識，不能算作知識，它只能算是普通常識。我們稱圖書館為「知識寶庫」，而從沒聽人說過「書店」是「知識寶庫」，道理就在這裏。

總而言之，若要使讀者不斷的進入圖書館，讓他們能夠自由的尋取資訊，使用資訊，那麼圖書館的館藏、設備和服務就必須與讀者的主題興趣相同。假如我們忽略了其中任何一項，那就等於人為的將圖書館服務面硬性縮小。但是，我們若盲目的遵循讀者的需求，那又會降低圖書館服務的品質。至於應如何適當的去決定讀者的主題興趣，如何使讀者的興趣與圖書館各種服務密切的配合，則因為時間有限，無法在這裏討論。

第二，增進讀者與主題資訊溝通的機會：

在閉架式的圖書館裏，讀者尋求任何圖訊資料，都必須透過圖書館員。在這種環境裏，圖書館想極力做到的，只不過是如何盡快的將圖書資訊和讀者聯結在一起❹。換句話說，就是盡量增加技術服務部門的成書效率，設法簡化圖書借出納入的手續等等。

可是，不管圖書館如何努力，由於讀者的資訊要求，都需要經過中介人──圖書館員，或中介物──圖書館中各種目錄，有這二道關口把持在中間，無形中便使得讀者和資訊之間接觸的機會大大減少。同時，也使他們碰面的時間，不必要的拉長，造成這種負作用的原因，不外下列二點：

一、讀者和館員對所尋求的資訊的認識和瞭解。

二、圖書館中各種目錄對有關圖書資訊的記載。

---

❹　沈寶環《圖書、圖書館、圖書館學》，臺北，學生書局，民國74，頁252。

也就由於這二種原因，往往造成讀者所得非所求的現象。

在資訊時代的今天，衙門式的圖書館早就被打倒。讀者才是圖書館的真正主人。由於電腦和通訊技術的日進千里，現在的資訊尋求者幾乎可以撇開圖書館，直接與所求資訊搭上關係。可惜的是，這種直接接觸的結果，使他們所獲得的只是整體知識的一鱗半爪。這些片斷的資訊，對學者專家來說，實在並沒有多大的幫助。因此，他們仍舊需要借助圖書館提供給他們整體知識。否則，他們對知識的領悟，就很可能變成「井底之蛙」，而他們對知識的解釋，也很可能走上「以偏蓋全」的叉路。

因此，時代雖然變了，讀者對索求資訊及知識的耐心也減少了。但是，他們仍無法完全擺脫對圖書館的依賴。就因為這個事實，而使得圖書館徵集知識、組織知識、以及傳佈知識的責任，越來越重，使得圖書館的作業和服務，不得不快速的走向科技化和自動化。事實告訴我們，唯有透過電腦和其他更新的高科技，讀者和尋求資訊接觸和溝通的機會，才能繼續不斷的增加。

第三、展開圖書館公共關係，增進讀者與圖書館之間的彼此瞭解：

在這個資訊時代裏，我們圖書館人實已成了傳播知識的「傳教士」。雖然我們不能像回教始祖穆罕默德一手高舉《可蘭經》，一手握著寶劍，在那裏威脅著人信仰回教一樣的逼著世人走進圖書館，但是，我們也不能「守株待兔」的等著人上門。我們應該設法主動的去爭取，去勸導社會大眾多多使用圖書館。堂皇富麗的建築，固然可以吸引進來不少讀者，但是最耐久而又有效的方法，恐怕還是推展圖書館公共關係。圖書館搞公共關係，主要是為了想達到四點目的：

一、增加社會大眾對圖書館的充分使用。

二、改進圖書館在社會大眾心目中的形象。

三、促進社會大眾與圖書館彼此之間的信賴。

四、贏得直屬機構及館員的支持。

在前面，我曾提到過，圖書館若要達到它服務社會的目的，先決條件便是要使社會大眾利用圖書館，若欲達到這個目的，圖書館就必須採用公共關係的手段和方法，來促進讀者與圖書館彼此之間的完全瞭解和溝通。唯有如此，圖書館的館藏、設備和專業服務，才能與讀者的資訊需求願望，完全配合。

圖書館生存在這個世界上，少說也已有二千多年。但是，它在社會中的形象又如何呢？說句老實話，並不十分良好。一般社會大眾從不認為圖書館這一行是一種像醫師、藥劑師、會計師、工程師、律師等專門職業。換句話說，在我們這個圈子以外的人，總認為無論阿貓阿狗，他只要是一個「人」，都可以做專業圖書館員。他們哪裏知道，要使一份圖書資料，到達讀者的手中，其間要經過多麼複雜的工作流程。無論選書、訪購、編目、分類，甚至典藏、目錄編製等等，無不牽涉相當高深的理論。而專業性資訊參考服務，那就更不是沒有專業修養和主題知識的外行人，能夠擔當得下來的。

社會大眾對圖書館還有一個更不好的觀念。那就是認為圖書館的存在與他們的日常生活，絲毫無關。這種觀念，若存在在一個知識閉塞的社會裏，或事屬必然。但它若存在在像臺灣這種文化水平極高的社會裏，那就非常不正常，應該立即設法改進。

透過公共關係的方法和手段，可以使社會大眾瞭解，踏進圖書館，無論是Ｋ書或是尋求圖訊資料，雖然不能使他們青春永駐，長生不老，但是至少可以使他們生活得更豐富和更有生氣。

無論是市場交易，或是誘導讀者利用圖書館，都需要贏得對方的

信心。只要讀者對圖書館有了信心，那麼每當他們遇到資訊上的困難，他們便會自然的走進圖書館。相信各位都唸過社會心理學，一定知道人與人之間要建立起信心，要彼此都能信賴，那並不是一件容易的事。它的成敗靠三個因素❺：品格、環境和動機。

　　站在圖書館的立場，「品格」代表圖書館員對讀者的忠實誠懇。「賣瓜說瓜甜」。可是身為圖書館員，除非那個瓜肯定甜，絕不說它甜。當然，圖書館員和藹可親的態度，更是重要。讀者進入圖書館尋找資料，是他的權利。因此，他沒有理由老看見一副他好像不受歡迎的面孔。有的時候，讀者搜求資訊的疑懼和不安，還需要圖書館員的笑臉予以消除和溶化。

　　讀者是不是真信得過圖書館，除了館員的態度以外，還得看圖書館是否真能幫助他解決資訊需求上的困難。假如他每次上門，每次都不能滿足他的資訊需求，那麼他對那一所圖書館的信心，就會相對的減少。假如他走遍了其他圖書館，也都不能獲得滿意的答覆，那麼他對整個圖書館的信心，就會引起動搖。當然我們假定這位讀者，不會是一位醫學院的學生，他不去醫學院圖書館，反而專門上鄉鎮圖書館，尋找有關牌臟割除手術的醫學類圖書資料。否則，基於人道的立場，我想我會勸導那位醫科學生，改行去學看風水。

　　總而言之，信心的培養，要看圖書館本身，是否已盡到了它資訊服務的責任。

　　1970年以來，美國已成了一個靠債渡日的窮漢。美國各公私立圖書館，也都受到池魚之災，每年的圖書預算，比起圖書及期刊價格的上漲幅度，實未增反降。而且二者之間的逆差，距離越來越大❻。影

---

❺　Worchel, Stephen. *Under standing Social Psychology*, 4th ed. Chicago, Dorsey Press, 1988, pp. 488–490.

響所及，圖書館的經營方式，都改向「走資路線」。每一筆費用、每一項方案，無論新舊，都要衡量它的成本效率，研究它的成本效益，審查它的花用，值不值得。

美國經濟情況轉壞事實，圖書、期刊價格的飛漲，也是事實，但是，讀者資訊需求的蒸蒸日上，更是事實。如何使這些事實，都能夠面面顧到，既不使讀者過分失望，也不使直屬機構被圖書館的預算拖累得破產，那就得靠公共關係的力量，使直屬機構能夠瞭解預算需求的真相。希望能贏得他們的全力支持，使得每年的圖書經費，都能夠與市場經濟，讀者的資訊需求願望，互相配合。

總之，圖書館公共關係，並不是一般商業上所指的「引人注意的噱頭、花招、把戲」。圖書館需要利用它來促進社會大眾對圖書館的瞭解。同樣的，也希望能利用公共關係，獲得讀者對館藏、設備、和服務需要的正確訊息。

我們若欲使讀者養成利用圖書館的習慣，除上述三點外，還必須推展圖書館使用教育，使讀者知道如何去發掘所尋的資訊，熟習如何使用各種資訊檢索設備。同時，也讓他們明白，圖書館系統的功能和圖書館對他們在搜求主題知識上，能夠發生的作用和貢獻。若在財力、人力許可範圍內，還應設立各種助學班，幫助學童、老年人、殘障者和求學無門的人，養成讀書習慣。並且設立各種訓練班，提供社會大眾「續繼教育」的機會。

圖書館本身，也應舉辦各種定期專業性技能訓練，使專業人員對各種主題學識和高科技藝的新發明有最新的認識和體驗。同時，還應

---

❻ Shaughnessy, Thomas W. "The Library as Information Center: Wishful Thinking or Realistic Role?" *Journal of Library Adminsitration*, 12:3 (1990), pp. 6–7.

該不斷的根據資訊科學的發展和讀者的資訊願望，對圖書館館藏、服務、設備作定期的檢討、評鑑和調整，務使書架上的圖書和期刊、專業服務及設備等，都能夠合讀者的需要，而被他們充分使用。

要想圖書館在社會中起作用，除了每所圖書館都盡到它最高職責，達到它最高目標外，還需要全國性的機構來支持和推動。我個人認為，在國內，假如文建會和文工會出錢，中國圖書館學會出力，同心協力，為提高全國人的讀書風氣奮鬥，相信一定會辦出很好的成績來。

記得七、八年前，「書香社會」這幾個字滿天飛，臺北市的重慶南路幾乎都有被改成「書香路」的趨勢。我對「書香」這二個字，雖然總覺得勸人買書的成份多，勸人讀書的成份少。不過，我還是覺得它是一個非常動聽的口號。為甚麼這幾年來已很少再聽到它？是不是香味都被過境的颱風給吹散了？

一個社會中，國民身心品質的培養和提升，祥和之氣取代暴戾之氣，主要靠教育的普及。一個人受教育，並不一定要走進高等學府。文憑代表做學問的開始，不是結束。我們圖書館的館藏和資訊服務，便是普及社會教育，增進他們知識的保證。

身為圖書館工作者，我們應該對社會作出貢獻，一定要使圖書館在社會中起作用，使它們為社會工作。相信，今天在座諸位，與我都有一種堅信不渝的共識，那就是：

社會中若多一人走進圖書館，

社會裏就會少一名犯罪的人！

謝謝各位。

（本文為作者在中國圖書館學會1990年12月第38屆會員大會專題演講講詞）

二、從《紅樓夢》論齊普夫律中文之適用性

摘要

齊普夫律(Zipf Law)的主要特點有二：一為文獻中的單字出現頻率與其遞減排名次序之積為一常數。而且該常數等於全文字數的 1 / 10。另一為由排名與單字出現頻率之對數值所獲得的曲線是一條自左向右，斜率等於−1的直線。歷年來，經過各種不同的研究和試驗，證實英語確實具有這二個特點。齊普夫還根據不完全的資料統計所獲得結論，認為該律也適用於中文。本文特以《紅樓夢》第四十回為樣本，對齊普夫律的特點作一比較性的探討，以鑑定它對中文的適用性。研究發現，該律基本上並不適用於中文。

一、齊普夫律

齊普夫(George K. Zipf)在1949年出版了一本名為《人類行為與省力原理：人類生態學導論》(*Human Behavior and the Principle of Least Effort: An Introduction to Human Ecology*)❶的巨著。在那本書裏，他以

---

❶ Zipf, George Kingsley. *Human Behavior and the Principle of Least Effort, An Introduction to Human Ecology*. Cambridge, MA: Addison-Wesley Press,

James　Joyce撰著的希臘神話小說《尤里西斯》(*Ulysses*)為樣本，作了文字出現頻率的計量研究。《尤里西斯》全文共260,430字，單元字數為29,899字。齊普夫將每字的出現次數（頻率）f，從多至少的依序排名(Rank)，將出現次數最多的單元字排在第一，將出現次數最少者排在最後。他將排名序定為r。他發現r與f之積為一常數(Constant)，c。而且這一常數等於全文字數的0.1。這種關係可以下式表示：

$$rf = c \qquad ①$$

①式即為齊普夫第一律，也就是一般通稱的齊普夫律。其實這個公式實在有些因陋就簡，馬馬虎虎，因而受到了不少學者的嚴厲批評❷。原因之一便是①式中隱略了一重要部份，那就是斜率。正確的公式應如下式：

$$g(f) = \frac{A}{r^{\beta}} \qquad ②$$

②式中的A與β皆為常數。

將②式二邊各取對數，可得：

$$\text{Ln } g(f) = \text{Ln } A - \beta \text{Ln}(r) \qquad ③$$

顯然③式為直線公式。因斜率β為負值，所以該直線為一自左向右下傾斜的直線。且因$\beta=1$，所以傾斜度恰等於45°。唯有$\beta=1$的時候，齊普夫的①式方能成立。

從③式，我們可以清晰地看出齊普夫特別重視文字分佈的線性和斜率等於-1的二個條件❸。因此，我們可以將齊普夫的特性歸納為以下二點：

1949.

❷　Herdan, G. *Quantitative Linguistics*. Washington D.C.: Butterworth, 1964, p.49.

❸　在所有研究論之中，還未見有$\beta=1$或c值等於全文0.1的研究發現。這可是齊普夫律的根本弱點。

1. 排名r，與相對單字出現頻率f，之積等於一常數c。且c值等於
   文獻全部字數的0.1。

2. 斜率等於-1。

　　若欲鑑定齊普夫律對中文是否適用，或者鑑定中文文字的分佈是否具備以上二種特點，我們就必須取樣做文字計量研究，查看中文文字出現頻率與其相對排名之積是否確實等於全文字數的1／10，而所獲直線，其斜率又是否確實等於-1。

二、研究動機

　　㈠齊普夫在其所著的《人類行為與省力原理》一書中，曾以下圖（見圖1）為依據，認為中文分佈也符合齊普夫律所定下的線性和向下傾斜的基本規律❹。換句話說，他認為該律也適用於中文。不過，若我們仔細閱讀他的論述，實可發現很多的漏洞。譬如，圖中的中文分佈絕不像德文那樣有規律和呈線性。相反，中文分佈毫無確定線性可言。即使找到一條直線，它的標準誤差一定也會很大。雖然從圖形的整體看，中文分佈大致上確有自左向右下傾的勢態，但並不足以證明該線的斜率即等於-1。追根究底，齊普夫對中文分佈那種大而化之的結論，實由於他對中文文字未曾作過落實的計量研究的結果。因此，他那「也適用於中文」的推斷，不無可疑之處。

---

❹　同❶，pp. 89–90。

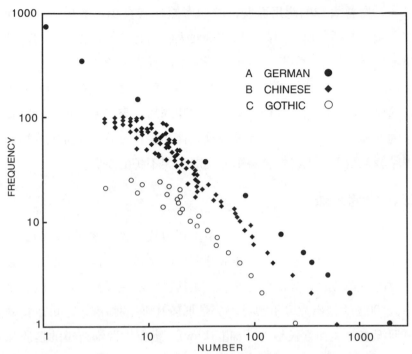

圖1　The number-frequency distribution of (A) German stem forms;
(B) Chinese characters; (C) Gothic root morphemes.

㈡中國大陸學者研究發現中文詞類分類，在「基本上」也符合齊普夫律❺。「基本上」這三個字意義模糊。僅從字面上解，齊普夫律是否百分之百的適用於中文，還可以有商榷研究的餘地。

㈢筆者直覺的認為中文與英文之間，無論是在文字的結構上，或語義和語法上，都有非常顯明的差別。英文行得通的，中文並不一定行得通。至於究竟行不行得通，只有經過一番研究試驗，才能獲得正確的答案。

---

❺　王崇德《文獻計量學教程》，天津，南開大學出版社，1990，頁179。

㈣齊普夫律的應用面廣，諸如考證作者真偽，發掘作者寫作風格，編製各種字典、詞典，以及重要人物名錄等等，都可利用該律的研究方式，從文字計量的分析和研究上，獲得較為正確的結論，樹立採信的價值。因此，該律的是否確能適用於中文，或在何種條件下才能適用等等，都值得我們去細心研究和探討，務必要求出一個比較明確的答案，否則即使我們挪用齊普夫律作各種有關的研究或應用，所得結論和結果，也必定會籠罩上一層躲閃不掉的陰影。

三、研究方法

㈠樣本的選擇：在統計方法中，利用樣本作個案研究，似已成了不移公理。它的好處是只要樣本選擇妥貼適當，則自會收到見微知著之效，不必勞師動眾，大費周章。尤其，統計這玩意兒，講的就是機率，100%的機率究竟不常見，於是低於100%的情況，也可以接受。更何況齊普夫律之被稱為「律」(Law)，實有它四海皆準的含義和特性。換句話說，假如齊普夫認為該律也適用於中文，那麼採用任何中文文獻當作樣本來研究，能得到的結論，都應該完全一樣。否則，豈可當之為「律」？所以筆者毫無保留的選擇了《紅樓夢》❻。唯個人能力有限，不得不又在全書中挑選了《紅樓夢》裏面的第四十回〈史太君兩宴大觀園，金鴛鴦三宣牙牌令〉，作為樣本，進行研究。

筆者選用《紅樓夢》雖屬一番偏愛，老實說也不無其他原因。譬如：⑴《紅樓夢》為中國家喻戶曉的一部古典小說，被紅學家們譽為「古今獨步」的奇書。在文體性質上，該書與《尤里西斯》很相近。假如採用一本非小說類的作品作為樣本，筆者會很不放心，恐怕造成選樣的偏差(Bias)。其實，這份考慮倒是多餘的。此點且留待「討

❻ 曹雪芹、高鶚《紅樓夢》第一二〇回，臺北，聯經，民國80年，共三冊。

論」一節再說。⑵以《紅樓夢》為研究對象的文章非常多。這篇研究也希望湊個數，共襄盛舉。⑶筆者選上第四十回，除了也想旁看劉姥姥進到「畫兒裏」去逛上一逛之外，主要原因還是在這一回裏，不僅人物齊全，文字優美動人，文筆輕鬆風趣，而且作者的語言和意境，就像那高山頂上的一線溪流，格外地清新純淨，了無矯作之態。這一回可說是全書最令人喜愛的一章。人間的歡樂本不多，何不用它來稍稍沖淡一絲閒愁？⑷筆者獨力實無法將全書近三百萬字通通鍵入電腦，只有退而求其次的選擇其中一回，共計13,525字。只希望這是一個恰當的選擇。同時也希望利用這一回為樣本，所得的結論能與全文研究所得相同。筆者這份大膽的希望，只有等待有興趣的學者專家印證指教。

㈡將第四十回全文共13,525字，去除標題及標點符號，全部鍵入微電腦。

㈢將13,525字劃分成三組：

　　　1.單字組

　　　　共1,047字

　　　2.字詞組

　　　　共1,466字

　　　3.字詞組（不含人名與稱呼）

　　　　共1,427字

㈣分別計算各組字詞出現頻率，並依序排名。

㈤製作各種有關圖表，並根據資料，分別作了迴歸分析和最小平方值的計算。

㈥根據所獲結果，繪製齊普夫律曲線。

㈦分析研究各種資料及圖表。

(八)研究發現及結論。

四、研究發現

(一)單字組：第四十回全文共13,525字，單元字為1,047字。根據表
1（見表1），發現平均每字被重複利用了13次，排名第一的「了」字
與排名第二的「道」字，平均第一百字中便會出現三次，「的」和
「一」字，大約平均每一百字中便會出現二次。再根據單字逐字出現
頻率排名序❼，編成「單字出現頻率對數值」（見表2）。從迴歸分
析，得迴歸係數−1.14272，常數4404.9。利用最小平方法，獲得係數
−1.1894，常數5696.66（見表3）。

(二)字詞組：假如我們將人名、稱呼、及各類習慣用語、口語、方
言、成語等由單字組合而成的連綴詞，譬如賈母、鳳姐兒、我們、咱
們、寶玉、商議、文官、小丫頭子們、一副兒、慌慌張張、不得了、
毛毛蟲等等都當作一個字計算，那麼全回共有1,466個字❽。根據各個
字組出現頻率製成「字詞出現頻率對數值」（見表4）。從迴歸分析，
得迴歸係數−0.95004，常數714.9。利用最小平方法，獲得係數−
0.95833，常數745.2（見表5）。

(三)字詞組（不包含人名及稱呼）：《紅樓夢》第四十回，單個兒講
起來，可就是全書笑得最多也最風趣的一章。這一回不僅情意特別，
而且稱呼也格外的多。譬如劉姥姥、姥姥、劉親家、老太太、老祖
宗、鳳姐兒、鳳丫頭等等。為了避免文字統計上的偏誤，特別將這些
人名及稱呼剔除，共得1,427字。比帶人名及稱呼的字詞組少了39字

---

❼ 逐字排名序是每字依次排名，共1,047名。單字排序，則為相同出現頻率之
　單字同序，故共89名。

❽ 由於單元字的重複利用，因此，字詞組的「字」數較單字多出了419字。

（見表6）。由迴歸法獲得迴歸係數-0.93622，常數601.57。由最小平方法得係數-0.95814，常數676.22（見表7）。比較（見表5）去掉人名及稱呼，並未能增加係數的準確性，反而偏低了-0.00019。這種結果，甚出意料之外。

　　㈣根據表2、表3、表4的估計字數及全文字數的1/10，繪製成圖2（見圖2）。從圖示，發現三種文字計算方法所得之積與1,353字之間都有很大的距離。在程度上，以單字組距離最遠，字詞組不含人名及稱呼者次之，字詞組包含人名及稱呼者最近。

　　㈤根據表3、表5、表7中所列六條直線方程式，求得排名及出現頻率值（見表8）。再利用雙對數圖紙，繪製成單字、字詞、及字詞不含人名及稱呼等六條齊普夫律曲線（見圖3）。發現單字迴歸法求得的斜率角度最小，僅-35°，最佳的角度為以最小平方法求得的字詞組包含人名及稱呼的斜率角度-43.8°。比齊普夫律的規定-45°，僅小-1.2°。

　　㈥研究結果：1.由各字組字數出現頻率與排名之積，所得之估計值均不等於全文的0.1，或1,353字（見表2、表4、表6）。2.所得斜率皆不等於-1（見表9）。

　　㈦綜合結論：齊普夫律基本上不適用於中文。

表1　單元字每一百字出現頻率

排名 r	單元字	出現頻率 f	每一百字出現頻率	排名 r	單元字	出現頻率 f	每一百字出現頻率
1	了	347	2.6	35	聽	75	0.6
2	道	346	2.6	36	見	74	0.5
3	的	326	2.4	37	母	73	0.5
4	一	312	2.3	38	還	72	0.5
5	說	230	1.7	39	在	70	0.5
6	不	216	1.6		就	70	0.5
7	這	198	1.5	40	鴛	66	0.5
8	笑	190	1.4	41	老	65	0.5
9	來	179	1.3	42	眾	62	0.5
10	上	164	1.2		太	62	0.5
11	也	159	1.2		過	62	0.5
12	我	150	1.1	43	忙	52	0.4
13	是	145	1.1	44	沒	50	0.4
14	買	140	1.0		兩	50	0.4
	人	140	1.0	45	樣	48	0.4
15	姥	132	1.0	46	起	47	0.3
16	劉	128	0.9	47	看	46	0.3
17	鴛	124	0.9		小	46	0.3
18	有	122	0.9		呢	46	0.3
19	著	111	0.8		坐	46	0.3
20	個	110	0.8		邊	46	0.3
21	他	109	0.8	48	花	45	0.3
22	那	107	0.8		姨	45	0.3
23	大	105	0.8		姐	45	0.3
24	都	104	0.8		頭	45	0.3
25	子	95	0.7	49	拿	44	0.3
26	下	93	0.7		出	44	0.3
27	去	90	0.7		得	44	0.3
28	只	88	0.7	50	要	43	0.3
	兒	88	0.7	51	寶	42	0.3
29	們	87	0.6		丫	42	0.3
30	吃	86	0.6	52	叫	40	0.3
31	你	84	0.6	53	紗	39	0.3
	又	84	0.6	54	如	38	0.3
	鳳	84	0.6	55	玉	36	0.3
32	裏	82	0.6		薛	36	0.3
33	便	81	0.6	56	等	35	0.3
34	好	76	0.6	57	王	34	0.3

續表1 單元字每一百字出現頻率

排名 r	單元字	出現頻率 f	每一百字出現頻率	排名 r	單元字	出現頻率 f	每一百字出現頻率
	別	34	0.3		四	23	0.2
	李	34	0.3	69	和	22	0.2
	罷	34	0.3		因	22	0.2
	令	34	0.3		之	22	0.2
	二	34	0.3		婆	22	0.2
	回	34	0.3		茶	22	0.2
58	把	33	0.2		拉	22	0.2
	家	33	0.2		走	22	0.2
	三	33	0.2		銀	22	0.2
59	話	32	0.2		飯	22	0.2
	些	32	0.2	70	作	21	0.2
60	桌	31	0.2		日	21	0.2
	自	31	0.2		才	21	0.2
61	東	30	0.2		已	21	0.2
	進	30	0.2		地	21	0.2
	今	30	0.2		屋	21	0.2
62	帶	29	0.2	71	命	20	0.1
	咱	29	0.2		明	20	0.1
63	幾	28	0.2		先	20	0.1
	與	28	0.2		奶	20	0.1
	成	28	0.2		收	20	0.1
	到	28	0.2		想	20	0.1
	比	28	0.2		方	20	0.1
	給	28	0.2		房	20	0.1
64	中	27	0.2		心	20	0.1
	後	27	0.2		左	20	0.1
65	天	26	0.2		間	20	0.1
	黛	26	0.2		面	20	0.1
	放	26	0.2		媽	20	0.1
	開	26	0.2		麼	20	0.1
66	早	25	0.2	72	夫	19	0.1
	倒	25	0.2		雲	19	0.1
67	擺	24	0.2		當	19	0.1
	可	24	0.2		湘	19	0.1
	色	24	0.2		春	19	0.1
	窗	24	0.2	73	正	18	0.1
	張	24	0.2		几	18	0.1
68	手	23	0.2		再	18	0.1

續表1　單元字每一百字出現頻率

排名 r	單元字	出現頻率 f	每一百字出現頻率	排名 r	單元字	出現頻率 f	每一百字出現頻率
	什	18	0.1		揀	14	0.1
	五	18	0.1		喜	14	0.1
	姑	18	0.1		原	14	0.1
	送	18	0.1		親	14	0.1
	探	18	0.1		往	14	0.1
74	西	18	0.1		迎	14	0.1
	素	17	0.1		閑	14	0.1
	知	17	0.1		會	14	0.1
75	用	17	0.1		罰	14	0.1
	席	16	0.1		若	14	0.1
	高	16	0.1		住	14	0.1
	各	16	0.1		案	14	0.1
	預	16	0.1		行	14	0.1
	板	16	0.1		娘	14	0.1
	多	16	0.1		右	14	0.1
	式	16	0.1		帳	14	0.1
	完	16	0.1		長	14	0.1
	打	16	0.1		愛	14	0.1
	內	16	0.1		處	14	0.1
	怕	16	0.1		糊	14	0.1
	妹	16	0.1		箸	14	0.1
	間	16	0.1		紈	14	0.1
	杯	16	0.1		然	14	0.1
76	紅	16	0.1	78	外	13	0.1
	至	15	0.1		滿	13	0.1
	盒	15	0.1		香	13	0.1
	使	15	0.1	79	定	12	0.1
	瞧	15	0.1		做	12	0.1
	風	15	0.1		並	12	0.1
	畫	15	0.1		酒	12	0.1
	十	15	0.1		向	12	0.1
	設	15	0.1		梯	12	0.1
	何	15	0.1		佛	12	0.1
	時	15	0.1		讓	12	0.1
	點	15	0.1		年	12	0.1
	聲	15	0.1		怎	12	0.1
	站	15	0.1		竟	12	0.1
77	姊	14	0.1		卻	12	0.1

續表1　單元字每一百字出現頻率

排名 r	單元字	出現頻率 f	每一百字出現頻率	排名 r	單元字	出現頻率 f	每一百字出現頻率
	書	12	0.1		舡	10	0.1
	顏	12	0.1		怪	10	0.1
	取	12	0.1		名	10	0.1
	身	12	0.1		軟	10	0.1
	端	12	0.1		找	10	0.1
	菜	12	0.1		離	10	0.1
	碗	12	0.1		遠	10	0.1
	雙	12	0.1		畢	10	0.1
	椅	12	0.1		無	10	0.1
	湊	12	0.1		眼	10	0.1
	飲	12	0.1		水	10	0.1
80	數	11	0.1		偏	10	0.1
	園	11	0.1		翠	10	0.1
	逛	11	0.1		地	10	0.1
	鬧	11	0.1		洒	10	0.1
	錦	11	0.1		很	10	0.1
81	快	10	0.1		既	10	0.1
	落	10	0.1		六	10	0.1
	該	10	0.1		么	10	0.1
	請	10	0.1		管	10	0.1
	抬	10	0.1		試	10	0.1
	雖	10	0.1		盤	10	0.1
	越	10	0.1		誰	10	0.1
	答	10	0.1		骨	10	0.1
	樽	10	0.1		換	10	0.1
	荷	10	0.1		煙	10	0.1
	惜	10	0.1	82	·		
	夾	10	0.1		·		
	石	10	0.1	總計		13,525字	

表2　單字出現頻率對數值——《紅樓夢》第四十回

排名 r	出現頻率 f	估計字數 r×f	Ln(r)	Ln(f)	Ln(r)× Ln(f)	Ln(r)²
10	164	1,640	2.3026	5.0999	11.7429	5.3019
20	111	2,220	2.9957	4.7095	14.1085	8.9744
30	88	2,640	3.4012	4.4773	15.2283	11.5681
40	74	2,960	3.6889	4.3041	15.8772	13.6078
50	52	2,600	3.9120	3.9512	15.4574	15.3039
60	45	2,700	4.0943	3.8067	15.5858	16.7637
70	40	2,800	4.2485	3.6889	15.6722	18.0497
80	34	2,720	4.3820	3.5264	15.4526	19.2022
90	30	2,700	4.4998	3.4012	15.3047	20.2483
100	28	2,800	4.6052	3.3322	15.3454	21.2076
150	18	2,700	5.0106	2.8904	14.4826	25.1065
200	14	2,800	5.2983	2.6391	13.9826	28.0722
250	10	2,500	5.5215	2.3026	12.7136	30.4865
300	8	2,400	5.7038	2.0794	11.8607	32.5331
350	6	2,100	5.8579	1.7918	10.4960	34.3154
400	6	2,400	5.9915	1.7918	10.7353	35.8976
450	4	1,800	6.1092	1.3863	8.4692	37.3229
500	4	2,000	6.2146	1.3863	8.6153	38.6214
550	4	2,200	6.3099	1.3863	8.7474	39.8151
600	3	1,800	6.3969	1.0986	7.0277	40.9207
650	2	1,300	6.4770	0.6931	4.4895	41.9512
700	2	1,400	6.5511	0.6931	4.5409	42.9167
750	2	1,500	6.6201	0.6931	4.5887	43.8254
800	2	1,600	6.6846	0.6931	4.6334	44.6840
900	2	1,800	6.8024	0.6931	4.7151	46.2726
1000	1	1,000	6.9078	0.0000	0.0000	47.7171
1047	1	1,047	6.9537	0.0000	0.0000	48.3537
		合計:	143.54	62.52	279.87	809.04
		平均:	5.32	2.32		

表3　單字出現頻率對數值——《紅樓夢》第四十回

	迴歸估計值		最小平方法
常數	8.390479		
Y估計標準誤	0.252891		$n=\dfrac{-53.3748}{44.8752}=-1.1894$
可決係數	0.974031		
觀察項		27	$Ln(c)=8.6476$
自由度		25	$c=5696.66$
迴歸係數	−1.14272		
係數估計標準誤	0.037316		

$r^{1.14272}$　　　*f=4404.9　　　　　　　　$r^{1.1894}$　　*f=5696.66

表4　字詞出現頻率對數值──《紅樓夢》第四十回

排名 r	出現頻率 f	估計字數 r×f	Ln(r)	Ln(f)	Ln(r)× Ln(f)	Ln(r)²
10	66	660	2.3026	4.1897	9.6470	5.3019
20	42	840	2.9957	3.7377	11.1971	8.9744
30	31	930	3.4012	3.4340	11.6979	11.5681
40	22	880	3.6889	3.0910	11.4025	13.6078
50	19	950	3.9120	2.9444	11.5187	15.3039
60	15	900	4.0943	2.7081	11.0877	16.7637
70	13	910	4.2485	2.5649	10.8972	18.0497
80	11	880	4.3820	2.3979	10.5076	19.2022
90	10	900	4.4998	2.3026	10.3612	20.2483
100	9	900	4.6052	2.1972	10.1186	21.2076
150	7	1,050	5.0106	1.9459	9.7502	25.1065
200	5	1,000	5.2983	1.6094	8.5273	28.0722
250	4	1,000	5.5215	1.3863	7.6544	30.4865
300	3	900	5.7038	1.0986	6.2662	32.5331
350	3	1,050	5.8579	1.0986	6.4356	34.3154
400	2	800	5.9915	0.6931	4.1530	35.8976
450	2	900	6.1092	0.6931	4.2346	37.3229
500	2	1,000	6.2146	0.6931	4.3076	38.6214
600	2	1,200	6.3969	0.6931	4.4340	40.9207
700	1	700	6.5511	0.0000	0.0000	42.9167
800	1	800	6.6846	0.0000	0.0000	44.6840
900	1	900	6.8024	0.0000	0.0000	46.2726
1000	1	1,000	6.9078	0.0000	0.0000	47.7171
1466	1	1,466	7.2903	0.0000	0.0000	53.1484
		合計:	124.4707	39.47895	164.1802	688.2426
		平均:	5.19	1.64		

表5 字詞出現頻率對數值——《紅樓夢》第四十回

	迴歸估計值		最小平方法	
常數		6.572146		
Y估計標準誤		0.148199	$n=\dfrac{-40.0358}{41.7762}=-0.95833$	
可決係數		0.987618		
觀察項		24	Ln(c)=6.613732	
自由度		22	c=745.26	
迴歸係數	−0.95004			
係數估計標準誤	0.022678			

$r^{0.95004}$ *f=714.9 $r^{0.95833}$ *f=745.2

表6　字詞出現頻率對數值（不包含人名和稱呼）──

《紅樓夢》第四十回

排名 r	出現頻率 f	估計字數 r×f	Ln(r)	Ln(f)	Ln(r)× Ln(f)	Ln(r)^2
10	57	570	2.3026	4.0431	9.3095	5.3019
20	38	760	2.9957	3.6376	10.8972	8.9744
30	27	810	3.4012	3.2958	11.2098	11.5681
40	21	840	3.6889	3.0445	11.2309	13.6078
50	16	800	3.9120	2.7726	10.8464	15.3039
60	13	780	4.0943	2.5649	10.5018	16.7637
70	11	770	4.2485	2.3979	10.1874	18.0497
80	10	800	4.3820	2.3026	10.0900	19.2022
90	9	810	4.4998	2.1972	9.8871	20.2483
100	9	900	4.6052	2.1972	10.1186	21.2076
200	5	1,000	5.2983	1.6094	8.5273	28.0722
300	3	900	5.7038	1.0986	6.2662	32.5331
400	2	800	5.9915	0.6931	4.1530	35.8976
500	2	1,000	6.2146	0.6931	4.3076	38.6214
600	1	600	6.3969	0.0000	0.0000	40.9207
700	1	700	6.5511	0.0000	0.0000	42.9167
800	1	800	6.6846	0.0000	0.0000	44.6840
900	1	900	6.8024	0.0000	0.0000	46.2726
1000	1	1,000	6.9078	0.0000	0.0000	47.7171
1427	1	1,427	7.2633	0.0000	0.0000	52.7560
		合計： 平均：	101.9445 5.10	32.5478 1.63	127.5329	560.6189

表7　字詞出現頻率對數值（不包含人名和稱呼）——
《紅樓夢》第四十回

	迴歸估計值		最小平方法	
常數	6.399539			
Y估計標準誤	0.174821		$n=\dfrac{-38.7271}{40.4189}=-0.95814$	
可決係數	0.984917			
觀察項		20	Ln(c)=1.63+0.95814×5.1	
自由度		18	=6.516514	
			c=676.22	
迴歸係數	−0.93622			
係數估計標準誤	0.027307			
$r^{0.93622}$	×f=601.57		$r^{0.95814}$	*f=676.22

表8　單字出現頻率曲線

	迴　歸　估　計　法			最　小　平　方　法		
排名(r)	1	3	10	1	3	10
出現頻率(f)	4404.9	1255.3	317.1	5969.7	1542.1	368.3
	斜率：−1.14272			斜率：−1.1894		

表8　字詞出現頻率曲線

	迴　歸　估　計　法			最　小　平　方　法		
排名(r)	1	3	10	1	3	10
出現頻率(f)	714.9	251.8	89.5	745.2	260.1	82.0
	斜率：−0.95004			斜率：−0.95833		

表8　字詞出現頻率曲線（不包含人名和稱呼）

	迴　歸　估　計　法			最　小　平　方　法		
排名(r)	1	3	10	1	3	10
出現頻率(f)	601.6	215.1	69.7	676.2	236.0	74.5
	斜率：−0.93622			斜率：−0.95814		

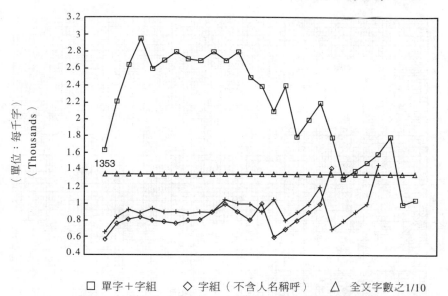

□ 單字＋字組　　◇ 字組（不含人名稱呼）　　△ 全文字數之1/10

圖2　中文單字及字組分佈比較《紅樓夢》第四十回

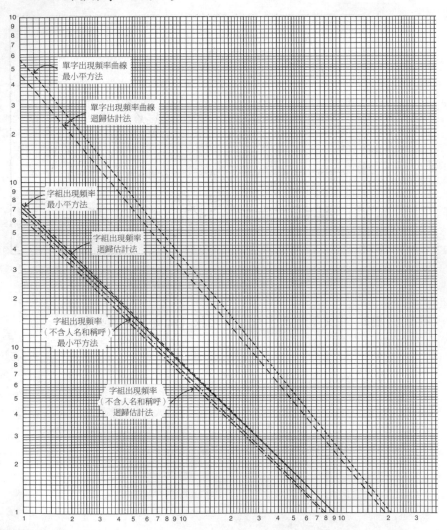

單字出現頻率曲線
最小平方方法

單字出現頻率曲線
迴歸估計法

字組出現頻率
最小平方方法

字組出現頻率
迴歸估計法

字組出現頻率
（不含人名和稱呼）
最小平方方法

字組出現頻率
（不含人名和稱呼）
迴歸估計法

圖3　齊普夫律曲線──《紅樓夢》第四十回

表9

	迴 歸 估 計 法			最 小 平 方 法		
	估計係數值	理論係數值	差　　距	估計係數值	理論係數值	差　　距
單字	−1.14272	−1.0	0.14272	−1.18940	−1.0	0.18940
字詞	−0.95004	−1.0	−0.04996	−0.95833	−1.0	−0.04167
字詞 （不含 人名與 稱呼）	−0.93622	−1.0	−0.06378	−0.95814	−1.0	−0.04186

五、討論

　　中文之所以被稱為中文，就是中國文字有與他國文字不相同的文化特點。因此，凡以他國文字為研究對象的題材或律例，都不一定能適用於中文。反之，亦然。

　　齊普夫律的研究對象，原本為英文，才有所謂齊普夫律的發現。後來，他又用著他人不成熟的研究結果，認為該律也適用於中文。稍前，筆者已確切證明齊普夫在45年前所作「也適用於中文」的推論並不正確。

　　研究任何語言，必須研究它的基本音素與音節，同樣的道理，研究任何文字，也必須研究它的字、詞、句的結構。談到後者，英文字、詞、句的結構，與中文字、詞、句的結構，相去極遠。實不能一概而論。中國大陸學者曹聰孫教授在他最近的新著中曾這樣說❾：

無論哪一種語言中的詞彙，都不可能反映整個世界的全部情況（事物、性狀、動作、變化），而只是反映使用這種語言的人所注意到的地方。人注意到的地方在不同的語言裡，當然是不同的。這樣，各種語言的詞彙，系統的內部結構與意義分配也就肯定是不一樣的。

　　齊普夫律是文字計量學(Quantitative Linguistics)中的一種理論。我們談論文字計量，就必須先認清它的計量單位不可。

　　㈠文字計量與計量單位的問題：齊普夫律、洛特卡律、甚至布萊德福律都是研究排名(Rank)和頻率(Frequency)之間的相對關係。齊普夫律講的是排名與文字的出現或使用頻率；洛特卡律講的是作者人數與其出版文獻數量，而布萊德福律講的則是區域與其涵蓋的期刊數量。在研討布萊德福律時，計量單位為每一種期刊，很容易瞭解和接受。然而若仔細追究起來，問題仍然很多。譬如有關文獻的可能出現率與期刊的容量（篇幅）大有關係。一種月刊與一種年刊，對相關文獻的出現機率就會有很大的差別。這是題外的話，我們且別過不提。再就洛特卡律中所使用的計量單位：作者人數（每人）與發表文章數量（每篇），真可就是世界性的單位，不會引起爭論。其實不然，一些不十分顯眼的問題，仍然存在。譬如，一篇連載性的文獻，究竟將它算成一篇呢？或是每期都算一篇？又譬如一篇文章為x位作者共同撰寫，那麼究竟應該是每位作者都分配上1/x篇呢？或是將全篇都歸計到x_i作者一人名下？總而言之，不同的計量單位，必會獲得不同的結論。這似已成了不言可喻的真理。

　　齊普夫律是文字頻率的計算。乍看起來，也好像毫無爭論的餘

---

　　❾　曹聰孫《齊普夫律和語言的「熵」》，天津，人民出版社，1994，頁63。

地，一個字就是一個字！可是，若仔細推敲起來，仍不免有一大堆的問題。譬如英文與中文對下列各詞的用字便不相同：

一張桌子	4字	One table	2字
一 本 書	3字	One book	2字
一 條 魚	3字	One fish	2字
一雙鞋子	4字	One pair of shoes	4字
一 幅 畫	3字	One picture	2字
一件文件	4字	One piece of document	4字
		(or one document 2字)	
一 碗 湯	3字	One bowl of soup	4字

合計　24字　　　　　　　　　　　　　20字

(1)若以單字計算，則分別獲得16字和12字：

一(7)，張，桌，子(2)，　　　　　one (7), table, book,

本，書，條，魚，　　　　　　　　fish, pair, of (3),

雙，鞋，幅，畫，　　　　　　　　shoes, picture, piece,

件(2)，文，碗，湯　　　　　　　　document, bowl, soup

（括弧內之數字為該字出現次數，無括弧者均只出現一次）

(2)若以字、詞計算，則分別獲得14字和12字：

一張，桌子，一本，書，　　　　　英文字數不變

一條，魚，一雙，鞋子，

一幅，畫，一件，文件，

一碗，湯

單字與字詞之間在數量上，雖然只有2個「字」的差別，然而每字的出現頻率和排名卻有了變化。在單字計算中，「一」字共出現7次，「子」和「件」字各出現2次。因此，「一」字排在第一，「子」字排在第二，「件」字排在第三，其他各字則依次排名4至16。相對的，在字詞的安排和計算之下，固無一重複，所以順著筆劃多寡，從1排到14。顯而易見，這二種計量方法所得的排名與出現頻率之積，就有了不同。筆者所以提出這些小問題，旨在說明①文字的計量研究，必須先確定計量單位；②文字是語言的化身。由於地區和國家的不同，語言和文字的組合與結構也都會有不同。論及文字，尤其是研究文字計量，我們既不能以偏蓋全的囫圇吞棗，也不必削足適履的投其方便。為了避免這二種差誤，唯有先瞭解各種文字的特色，再從特色中，決定最適當的計量單位。文字的特色對文字的計量研究實有不可分割的親密關係。

　　㈡中國文字的字與詞：中國有數千年文化，自從倉頡造字開始迄今也已經過了廿多個世紀。除去各地方言或有語言卻沒有文字的地方不談，我國現在究竟有多少個可以考據得出來的單字，好像還沒有十分可靠的答案。尤其是幾年前中國大陸簡體字風行了好一陣子，常常看到一些像字又不像字的字，不知它們是新字，是簡體字，或是無中生有的別字、訛字，真是亂糟一團。最近經過學者專家整理以後，情況已經好多了。根據在臺北召開的第三屆中國文字學國際學術研討會的專題報告，歷代漢字的發展，從甲骨文到1990年，一共找出了54,678字❿。曹雪芹只用了其中之8.34%，或4,561個單字，便寫出了一本

---

❿　謝清俊著〈二十五史的文字統計與分析〉，《第三屆中國文字學國際學術研

「千古奇書」。寫小說本就是作文字遊戲，就看作者怎麼樣將單字排列組合起來，將一塊「頑石」點化成璞玉。我們可以肯定的說，在文字遊戲上，曹雪芹確實是我國少見的天才。

中國文字蘊育在一個獨特的文化背景裏。它的保守性早在一百多年前就已為一位美國傳教士所發現❶。幾千年下來，文字變化極少。直到民國八年的「五四運動」以後，中國的語言和文字才起了急劇的變化。宋元開始的「白話」，逐漸取代了文言；北京官話也逐漸變成了通行全國的普通話。再加上「西化」的結果，「吸收了許多外來語和歐化的造句法，新的語言形式和新的思想內容互相隨伴著而來」❷。「五四運動」前後，單字本身事實上並沒有甚麼新進展，倒是以單字組合成的「詞」和「詞彙」卻開始向前邁大步。

從計量上講起來，「字」是單個的。凡由二個以上的單字組合成的「字」才稱為詞。有關「詞」的定義很多，筆者斗膽為「詞」定下四個基本條件：①詞必須由二個以上的單字組合而成；②詞字組不可分割；③詞字組中之字序不可更易；④組成詞字組不可更改。現在讓我們看看這些條件，對「詞」的形成有些甚麼樣的影響？對文字計量又會產生甚麼樣的結果？

(1)詞必須要由二個以上單字組合而成：單字不能稱為「詞」，只能稱為「字」。譬如「一粒」為「一」和「粒」二個單字組成。分開來為字，合組則成詞。分開來，「一」字為基數，「粒」字為圓形細小的東西。二字合在一起成「一粒」，意指計算圓形小物的單位名稱。

討會》，臺北，民國81年3月21日至22日。

❶　Rev. R. H. Graves. *Forty Years in China*. Baltimore: R. H. Woodward, 1895, p.54. （這是一本100年前的老書，從書裏可以見到百年前中國的模樣，值得一讀。）

❷　黎錦熙《新著國語文法》今序。

再譬如，「話」字指言語；「梅」字為姓氏，也為一種植物，早春開花、結子、生葉。二字合在一起成「話梅」，指酸梅，為一解渴食品。由這二個例子，我們便可知道詞為字之組合。若撤散開來，每個字都各有其義，與組合後之詞意不同。

⑵詞字組不可分割：單字組成詞以後，便不可再改變。否則原意蕩然。譬如桌子，洗衣機，〔紅樓夢〕，這些都是詞，若將這些詞都分解成字，那就再也看不到原來詞意的影子。

⑶組成詞字組不可更改：詞的來源很多。但多由生活環境進化變遷和「西語中化」而來。譬如「椅子」，最初用「倚」字，後來才寫做「椅」⑬。「桌子」最初稱為「卓子」，（「卓」意高而直，與几之矮小成對比）。後來才改為「桌子」。此外如咖啡、可口可樂、雪茄、冰淇淋、白蘭地、芭蕾舞等中譯舶來品，由於日久「約定成俗」⑭為國人所接受。假如有人將咖啡寫成「加非」或將「冰淇淋」寫成「冰其林」，閱讀的人一定會丈二金鋼，摸不著頭腦。

⑷詞字組中之字序不可更易：詞中各單字，次序已定，不容隨意更動，否則原意會面目全非。譬如「愚公移山」、「投鞭斷流」二句成語，不可改寫成「移山愚公」和「斷流投鞭」。更改後的詞與原詞，在語義和語法上都產生了相當大的差異。

愚公移山　　　　　　　　　　　愚公為本體，移山為客體

（笨老公公想搬移一座山）

移山愚公　　　　　　　　　　　移山為本體，愚公為客體

（搬山的笨老公公）

投鞭斷流　　　　　　　　　　　投鞭為本體，斷流為客體

⑬　呂叔湘《語文常談》，香港，三聯書店，1982，頁67。
⑭　語出《荀子》。

（將馬鞭投入河裏，阻止河水流動）

斷流投鞭　　　　　　　　　　斷流為本體，投鞭為客體

（為了切斷河流，而將馬鞭投進河裏）

　　像這類本客體互換的結果，使得「新」詞的含意非常模糊。除了字組內之單字字序更改會影響原詞的語意以外，還會產生一些意想不到的後果。請看：子椅、啡咖、樂口可可、茄雪、淋冰淇、地白蘭、蕾芭舞。

　　像這些詞彙有誰能懂！

　　「詞」可由單字組合而成，也可因語法的規定和需要而組成。譬如❺：坐、坐了、坐著、坐坐；見、見了、見過、見見；看、看了、看見了、看見過、看著；答、答應、答應了、答應著。

　　稍前，我們提到過齊普夫將語法變換的單字如Give，Giving，Gave，Given都當作個別單字計算，那麼給，給著，給過，給過了，以及上述各詞也都應該算著一個字。這類由語法變化而成的「字」，實際上也都符合前面所提的四個條件。

　　㈢中國文字的計量：中國文字有它與眾不同的特點。字與詞之間的分野有時非常模糊。因此，從事中國文字計量研究，只有二個途徑：一種從單字上著手，另一種則採用「詞」的方法，以「詞」為計量單位。根據本文研究發現，以「詞」為計量單位，顯然較以字的計量單位為優越。然而，由於「詞」的組織層面極廣，涵蓋的獨特因素如方言、成語、口語、土話等等也特別多，因此，決定何者為詞，何者又為字，確實非常困難。它們的決定必須經過逐字分析推敲，否則中文文字計量的研究將很難達到理想的水平。

---

❺　詞例取自《紅樓夢》第四十回。

六、結論

齊普夫律是文字計量方法之一。嚴格的說起來，該律本身並無十分可取之處。該律的公式，漏洞也很多。因此，我們研究齊普夫律，應集中在它的研究方法上。利用同樣的方法，不僅可以做很多有關作品和作者的考證，而且還可以做很多資訊理論上的研究。

任何有關文字的計量研究，都必須先解決計量單位的問題。本文利用單字和詞彙二種不同的計量單位，進行了齊普夫律中文適用性的研究實驗，發現無一能夠肯定該律也能適用於中文的推論。不過，看我們細心比較二種計量結果，我們當會發現以「詞」為單位的計算結果，比較「最接近」齊普夫律的二個條件，也就是說：r與f之積約「等於」全文之0.1和斜率「約」等於–1（請參看圖3，表5及表9）。至於筆者的「約等於」是否就是中國大陸學者專家所謂的「基本上」，那就不得而知了。

（本文原載於《臺大圖書館學刊》第九期，民國83年12月，頁115–139）

參考書目

中文部分

王先謙撰《荀子集解》，四版，臺北，藝文印書館，民國66年。

北京大學中國語言文學系編《現代漢語》，九龍，富壤書房，1963年。

向殿政男《Fuzzy理論入門》，再版，劉天祥、佟中仁譯，臺北，中國生產力中心，民國81年。

宇野精一《中國思想（一）：儒家》，洪順隆譯，臺北，幼獅文化事業公司，民國66年。

朱自清《經典常談》，臺北，漢京文化事業有限公司，民國72年。

朱哲夫《書的歷史》，臺北，行政院文化建設委員會，民國73年。

何光國《文獻計量學導論》，臺北，三民書局，民國83年。

何光國《圖書資訊組織原理》，臺北，三民書局，民國79年。

余協中編著《西洋通史》，臺北，啟明書局，民國47年。

吳哲夫《書的歷史》，臺北，行政院文化建設委員會，民國73年。

呂叔湘〈中國文法要略〉，《呂叔湘文集》，第一卷，北京，商務印書館，1993年。

呂叔湘〈漢語語法論文集〉，《呂叔湘文集》，第二卷，北京，商務印書館，1993年。

呂叔湘《語文常談》，香港，三聯書店，1982年。

李家樹《語文研究和語文教學》，香港，商務印書館，1989年。

李華偉《現代化圖書館管理》，臺北，三民書局，民國85年。

沈寶環《圖書・圖書館・圖書館學》，再版，臺灣，學生書局，民國74年。

沈寶環《圖書館學與圖書館事業》，臺灣，學生書局，民國77年。

來新夏、徐建華主編《古典目錄學研究》，天津，古籍出版社，1997年。

周群振《荀子思想研究》，臺北，文津出版社，民國76年。

周寧森《圖書資訊學導論》，臺北，三民書局，民國80年。

周曉雯《我國臺灣地區化學期刊引用文獻老化之研究》，臺北，漢美圖書有限公司，1994年。

南懷瑾《亦新亦舊的一代》，上海，復旦大學出版社，1995年。

南懷瑾《論語別裁》，臺北，老古文化事業公司，民國79年。

南懷瑾《談歷史與人生》，再版，上海復旦大學出版社，1995年。

胡述兆、吳祖善《圖書館學導論》，臺北，漢美圖書有限公司，1989年。

胡適《中國中古思想史（長編）》，再版，臺北，遠流出版事業股份有限公司，1986年。

胡適《中國古代哲學史》，六版，臺北，臺灣商務印書館，民國75年。

胡鴻文《英國經驗哲學》，臺北，華岡書局，民國61年。

徐復觀《中國思想史論集》，臺六版，臺北，臺灣學生書局，民國77年。

徐復觀《記所思》，三版，臺北，時報文化出版事業有限公司，民國73年。

徐復觀《學術與政治之間》，再版，臺北，臺灣學生書局，民國74年。

徐復觀等《知識份子與中國》，四版，臺北，時報文化出版事業有限公司，民國72年。

桂詩春編著《心理語言學》，上海，外語教育出版社，1985年。

海思、穆恩、威蘭合著，沈剛伯校訂《世界通史》，臺北，亞東書局，民國55年。

祝康彥、楊汝舟《老子道德經》，臺北，黎明文化事業公司，民國69年。

秦旭卿、王希杰《修辭・語法・文章》，長沙，湖南教育出版社，1989年。

張振東《中西知識學比較研究》，臺北，中華文化復興運動推行委員會，民國72年。

張靜《詞・詞組・句子》，哈爾濱，黑龍江人民出版社，1984年。

張雙慶編著《中國語文研究選集》，香港，文新書屋，1976年。

曹聰孫《語言學及其交叉學科》，成都，四川教育出版社，1990年。

曹聰孫《齊普夫定律和語言的「熵」》，天津，天津人民出版社，1994年。

梁有貞《全球電腦通訊手冊》，香港，中華書局，1996年。

陳麥麟屏、林國強《美國國會圖書館主題編目》，臺北，三民書局，民國78年。

陸志韋等《漢語的構詞法》，修訂本，香港，中華書局，1975年。

馮友蘭《中國哲學史》，再版，九龍，太平洋圖書公司，1968年。

葉蜚聲譯《趙元任語言學論文選》，北京，中國社會科學出版社，1985年。

潘文國、葉步青、韓洋《漢語的構詞法研究》，臺北，臺灣學生書局，民國82年。

潘重規《紅樓夢新解》，再版，臺北，文史哲出版社，民國62年。

潘重規《紅學六十年》，臺北，三民書局，民國80年。

蔡仁厚《墨家哲學》，再版，臺北，東大圖書有限公司，民國72年。

賴鼎銘《圖書館學的哲學》，臺北，文華圖書館管理資訊股份有限公司，民國84年。

錢存訓《中國古代書史》，香港，香港中文大學，1975年。

錢存訓《書於竹帛，中國古代書史》，新增訂本，臺北，漢美圖書有限公司，1996年。

錢穆《國史大綱》，二版，臺北，臺灣商務印書館，民國42年。

錢穆《國史新論》，臺北，東大圖書股份有限公司，民國78年。

錢穆《論語新解》，臺北，東大圖書股份有限公司，民國77年。

戴華山《語意學》，三版，臺北，華欣文化事業中心，民國68年。

謝灼華主編《中國圖書史與中國圖書館史》，武漢，武漢大學，1986年。

關頌廉《應用模糊數學》，再版，臺北，科技圖書有限公司，民國81年。

饒宗頤《符號、初文與字母——漢字樹》，香港，商務印書館，1998年。

英文部分

Ajzen, I. & M. Fishbein. *Understanding Attitudes and Predicting Behavior.* Englewood Cliffs, NJ: Prentice-Hall, 1980.

Altschiller, Donald ed. *The Information Revolution.* New York: H. W.

Wilson, 1995.

Anderson, James A. *Communication Theory: Epistemological Foundations*. New York: The Guilford Press, 1996.

Anderson, Christopher. "The Rocky Road to a Data Highway," *Science*, vol. 260, May 21, 1993, p.1064 ff.

Anderson, James A. *Communication Theory: Epistemological Foundations*. New York: Guilford Press, 1996.

Asimov, Isaac. *Understanding Physics*. New York: Barnes & Noble Books, 1993.

Austin, J. L.. *How to Do Things with Words*. New York: Oxford University Press, 1965.

Bandura, A. "Human Agency in Social Cognitive Theory," *American Psychologist*, vol. 44, 1989, pp. 1175–1193.

Bandura, A. *Social Foundations of Thought and Action: A Social Cognitive Theory*. Englewood Cliffs, NJ: Printice-Hall, 1986.

Baskerville, Richard et al. ed. *Transforming Organizations with Information Technology*. Amsterdam: Elsevier, 1994.

Baxter, S. & D. Lisburn. *Reengineering Information Technology: Success through Empowerment*. New York: Printice-Hall, 1994.

Beal, George M. et al. *Knowledge Generation, Exchange, and Utilization*, Baulder, CO: Westview Press, 1986.

Belkin, N. J. "Cognitive Models and Information Transfer," *Social Science Information Studies*, vol. 4, 1984, pp. 111–113.

Berger, C. R. & J. J. Bradac. *Language and Social Knowledge: Uncertainty in Interpersonal Relations*. London: E. E. Arnold, 1982.

Berlo, D. K. *Process of Communication: An Introduction to Theory and Practice*. New York: Holt, Rinehart & Winston, 1960.

Brown, H. I. *Observation and Objectivity*. New York: Oxford University Press, 1987.

Brown, R. *Words and Things: An Introduction to Language*. New York: Free Press, 1958.

Bruner, J. S. *Beyond the Information Given: Studies in the Psychology of Knowing*. New York: Norton, 1973.

Buck, Pearl S. *Tell the People—Mass Education in China*. American Council Insitute of Pacific Relations, 1945.

Butler, Pierce ed. *Books and Libraries in Wartime*. Chicago: University of Chicago Press, 1945.

Campbell, Jeremy. *Grammatical Man: Information, Entropy, Language, and Life*. New York: Simon & Schuster, 1982.

Casmir, Fred L. ed. *Building Communication Theories: A Socio/Cultural Approach*. Jillsdale, NJ: Lawrence Erlbaum Asso., 1994.

Champy, James. *Reengineering Management*. New York: Harpers Business, 1995.

Chandler, Alfred D. *Visible Hand: The Managerial Revolution in American Business*. Cambridge, MA: Belknap, 1977.

Chappell, Warren. *A History of the Printed World*. New York: Knopf, 1970.

Chen, Cheng-Yih (程貞) ed. *Science and Technology in Chinese Civilization*. Singapore: World Scientific, 1987.

Cherwitz, R. A. & J. W. Hikins. *Communication and Knowledge: An In-*

vestigation of Rhetorical Epistemology. Columbia: Univ. of South Carolina Press, 1986.

Chou, Nelson. *Librarianship: The Development of Chinese Libraries and Library Science—A Historical Account.* (to be published by Scarecrow Press in 2000).

Collingwood, R. G. *The Ideas of History.* Oxford: Oxford University Press, 1946.

Cortada, James W. *TQM for Information Systems Management.* New York: McGraw-Hill, 1995.

Crawford, Richard. *In the Era of Human Capital.* New York: Harper Business, 1991.

Crawford, Walt & Michael Gorman. *Future Libraries: Dreams, Madness and Reality.* Chicago: ALA, 1995.

Crowley, D. & D. Mitchell. *Communication Theory Today.* Stanford, CA: Stanford University Press, 1994.

Dalton, Rex. "Bumpy Ride For 'core e-journals' Project," *Nature*, vol. 400, July 15, 1999, p. 200.

Dance, Frank E. X. & Carl E. Larson. *The Foundations of Human Communication: A Theoretical Approach.* New York: Halt, Rinehart & Winston, 1976.

Dawson, Raymond. *The Chinese Experience.* New York: Charles Scribner 's Son, 1978.

Dawson, Raymond. *The Legacy of China.* London: Oxford University Press, 1971.

De Santillana, Giorgio. *The Origins of Scientific Thought: From Anaxi-*

mander to Proclus, 600 BC–500 AD. Chicago: University of Chicago Press, 1961.

De Sola Pool, Ithiel ed. *Social Aspect of the Telephone*. Cambridge, MA: MIT Press, 1977.

Denbigh, K. G. & J. S. Denbigh. *Entropy in Relation to Incomplete Knowledge*. Cambridge: Cambridge University Press, 1985.

Dervin, B. et al ed. *Rethinking Communication*. Newbury Park, CA: Sage, 1989.

Detienne, M. & J. Vernant. "Cunning Intelligence," in *Greek Culture and Society*. Sussex: Harvester Press, 1978.

Dewey, J. *How We Think*. Lexington, MA: D. C. Heath, 1933.

Dewey, J. *Human Nature and Conduct: An Introduction to Social Psychology*. New York: Henry Holt, 1922.

Dizard, W. *The Coming Information Age: An Overview of Technology, Economics and Politics*, 2nd ed. New York: Longman, 1985.

Dretake, F. *Knowledge and the Flow of Information*. Cambridge, MA: MIT Press, 1981.

Drucker, Peter F. *Management: Tasks, Responsibilities, Practices*. New York: Harper & Row, 1974.

Drucker, Peter F. *Managing the Non-Profit Organization*. New York: Harper Business, 1992.

Drucker, Peter F. *Post-Capitalist Society*. Oxford: Butterworth Heinemann, 1993.

Drucker, Peter F. *Toward the Next Economics and other Essays*. New York: Harper & Row, 1981.

Eaton, N. L. et al. *CD-ROM and other Optical Information Systems: Implementation Issues for Libraries*. Phoenix, AR: Oryx Press, 1989.

Eichborn, Werner. *Chinese Civilization, An Introduction*, tr. by Janet Seligman. London: Faber & Faber, 1969.

Einstein, Albert. *Out of My Later Years*, rev rep ed., Westport, CT: Greenwood Press, 1970.

Eisenstein, Elizabeth L. *The Printing Press as An Agent of Change*. Cambridge: Cambridge University Press, 1979.

Elkana, Yehuda. "Of Cunning Reason," in *Transactions of the New York Academy of Science*, Ser. II, vol. 39, 1980, pp. 32–42.

Ellison, J. W. & P. A. Coty. *Nonbook Media: Collection Management and User Services*. Chicago: ALA, 1987.

Ericsson, K. A. & H. A. Simon. *Protocol Analysis: Verbal Reports as Data*. Cambridge, MA: MIT Press, 1993.

Ernst, Martin L. et al. *Matering the Changing Information World*. Norwood, NJ: Ablex, 1993.

Fairbank, John King. *China: A New History*. Cambridge: Cambridge University Press, 1992.

Feather, John. *The Information Society: A Study of Continuity and Change*. London: Library Association, 1994.

Feldman, Robert S. *Understanding Psychology*. New York: McGraw-Hill, 1987.

Ferre, Frederick. *Philosophy of Technology*. Englewood Cliffs, NJ: Prentice-Hall, 1988.

Gardner, H. *The Mind's New Science*. New York: Basic Books, 1987.

Gates, Bill. *Business @ the Speed of Thought*. New York: Warner Books, 1999.

Gates, Bill. *The Road Ahead*. New York: Viking, 1995.

Gernet, Jacques. *A History of Chinese Civilization*, 2nd ed. tr. by J. R. Foster & C. Hartman, 1996.

Gondon Jr., John C. *Semantics and Communication*, 2nd ed. New York: Macmillan Publishing Co., 1975.

Grantham, Charles E. *The Digital Workplace: Designing Groupware Plateforms*. New York: Van Nostrand Reinhold, 1993.

Guttenplan, Samuel ed. *Mind and Language*. Oxford: Clarendon Press, 1977.

Habermas, J. *The Theory of Communicative Action I: Reason and the Rationalization of Society*. Oxford: Clarendon Press, 1977.

Hagler, Ronald. *The Bibliographic Record and Information Technology*, 2nd ed. Oxford: Clarendon Press, 1977.

Hailperin, Theodore. *Boole's Logic and Probability*. Amsterdam: North-Holland, 1976.

Hamlyn, D. W. *The Theory of Knowledge*. Garden City: Anchor, 1970.

Harman, Gilbert. *Thought*. Princeton: Princeton University Press, 1973.

Harris, Michael H. *History of Libraries in the Western World*. Metuchen, NJ: The Scarecrow Press, 1984.

Hawking, Stephen. *A Brief History of Time*, 10th ed. New York: Bantam Books, 1998.

Hawking, Stephen. *Black Holes and Baby Universes & other Essays*. New York: Bantam Books, 1994.

Hayek, F. A. *The Sensory Order: An Inquiry into the Foundations of Theoretical Psychology*. Chicago: University of Chicago Press, 1976.

Healy, L. W. *Library Systems: Current Developments and Future Directions*. Washington, D.C. Council on Lib & Inf Res., 1998.

Helal, A. H. & J. W. Weiss ed. *Electronic Documents and Information: From Preservation to Access*. Essen, Germany: Essen University Library, 1996.

Hessel, Alfred. *A History of Libraries*, tr. by Reuben Peiss. New Brunswick, NJ: The Scarecrow Press, 1955.

Ho, James.（何光國）"Basic Strategy in Personnel Planning for Library Technical Services," *Library Administration and Management*, vol. 2, no. 4, 1988, pp.196–199.

Horgan, John. *The End of Science, Facing the Limits of Knowledge in Twilight of the Scientific Age*. New York: Addison-Wesley, 1996.

Hucker, Charles O. *China to 1850: A Short History*. Stanford, CA: Stanford University Press, 1978.

Hume, David. *A Treaties of Human Nature*. Oxford: Oxford University Press, 1968.

Hunter, I. M. L.. *Memory*. Baltimore: Penguin, 1964.

Johnson-Laird, P. N. *Mental Models: Towards a Cognitive Science of Language, Interence, and Consciousness*. Cambridge, MA: Harvard University Press, 1983.

Jumarie, Guy M. *Subjectivity, Information, Systems: An Introduction to a Theory of Relativistic Cybernetics*. New York: Gordon and Breach, 1986.

Kaufmann, A. & M. M. Gupta. *Introduction to Fuzzy Arithmetic: Theory and Applications*. New York: Van Nostrand Reinhold, 1991.

Kelly, George A. *A Theory of Personality: The Psychology of Personal Constructs*. New York: Norton, 1963.

Kelly, George A. *The Psychology of Personal Constructs*, vol. 1, *A Theory of Personality*. New York: W. W. Norton, 1955.

Kennedy, Alan & Alan Wilkes. *Studies in Long Term Memory*. London: John Wiley, 1975.

Kent, Allen et al. *Use of Library Materials: The University of Pittsburgh Study*. New York: Marcel Dekker, 1979.

Kerlinger, Fred N. *Foundations of Behavioral Research*, 3rd ed. New York: Holt, Rinehart & Winston, 1986.

Klatzky, Roberta L. *Human Memory: Structures and Processes*. San Francisco: W. H. Freeman, 1975.

Kosko, Bart. *Fuzzy Thinking: The New Science of Fuzzy Logic*. New York: Hyperion, 1993.

Krumenaker, Larry. "Virtual Libraries, Complete with Journals, Get Real," *Science*, vol. 260, May 21, 1993, pp. 1066–1067.

Kuhlthau, Carol C. *Seeking Meaning: A Process Approach to Library and Information Services*. Norwood, NJ: Ablex Publishing Corp., 1993.

LaGuardia, Cheryl, et el. ed. *The Upside of Downsizing*. New York: Neal-Schuman, 1995.

Lana, Roberte. *The Foundations of Psychological Theory*. Hillsdale, NJ: Lawrence Erblbaum Asso., 1976.

Lancaster, F. W. *If You Want to Evaluate Your Library....* Champaign, IL:

University of Illinois, 1988.

Lancaster, F. W. *Toward Paperless Information System*. New York: Academic Press, 1978.

Landauer, Thomas K. *The Trouble with Computers: Usefulness, Usability and Productivity*. Cambridge, MA: MIT Press, 1995.

Landesman, Charles. "Philosophical Problems of Memory," *The Journal of Philosophy*, 1962, pp. 57–65.

Lang, Jovian P. ed. *Unequal Access to Information Resources: Problems and Needs of the World's Information Poor*. Ann Arbor, MI: Pierian Press, 1988.

Langer, Susanne. *Philosophy in A New Key*, 3rd ed. Harvard University press, 1959.

Large, Peter. *The Micro Revolution Revisited*. Totowa, NJ: Rwoman & Allanheld, 1984.

Lasswell, H. "The Structure and Function of Communication in Society," in *The Communication of Ideas*, ed. by L. D. Bryson.New York: Harper, 1948.

Lebow, Irwin. *Information Highways and Byways: From the Telegraphy to the* 21st *Century*. New York: IEEE Press, 1995.

Lehrer, Keith. *Knowledge*. Oxford: Oxford University Press, 1974.

Lehrer, Keith & J. Richard. "Knowledge: Undefeated True Justified Belief," *The Journal of Philosophy*, 1969, pp. 215–234.

Lippmann, Walter. *Public Opinion*. New York: The Free Press, 1949.

Littlejohn, Stephen W. *Theories of Human Communication*, 2nd ed. Belmont, CA: Wadsworth Publishing, 1983.

Littlejohn, Stephen W. *Theories of Human Communication*, 3rd ed. Belmont, CA: Wadsworth Publishing, 1989.

Littlejohn, Stephen W. *Theories of Human Communication*, 5th ed. Belmont, CA: Wadsworth Publishing, 1996.

Littlejohn, Stephen W. *Theories of Human Communication*, 6th ed. Belmont, CA: Wadsworth Publishing, 1999.

Locke, John. *An Essay Concerning Human Understanding*. New York: Dover, 1959.

Machlup, Fritz. *Knowledge and Knowledge Production*. Princeton, NJ: Princeton University Press, 1981.

Machlup, Fritz. *Knowledge, Its Creation, Distribution, and Economic Significance*. Princeton, NJ: Princeton University Press, 1984.

Machlup, Fritz. *Production and Distribution of Knowledge in the United States*. Princeton, NJ: Princeton University Press, 1962.

MacKay, Donald M. *Information, Mechanism and Meaning*. Cambridge, MA: MIT Press, 1969.

Malcolm, Norman. *Memory and Mind*. Ithaca: Cornel University Press, 1977.

Margolis, J. *Knowledge and Existence*. New York: Oxford University Press, 1973.

Marshall, A. *Principles of Economics*. New York: Oxford University Press, 1973.

Martin, Susan K. *Library Networks, 1986–1987*. White Plains, NY: Knowledge Industry, 1986.

McGarry, K. J. *Communication Knowledge and the Librarian*. London:

Clive Bingley, 1975.

McGee, James V. & L. Prusak. *Managing Information Strategically.* New York: John Wiley, 1993.

McGregor, D. *The Human Side of Enterprise.* New York: McGraw-Hill, 1960.

McNealy, R. M. *Making Customer Satisfaction Happen, A Strategy for Delighting Customers.* New York: Chapman & Hall, 1996.

McNeill, D. & P. Freiberger. *Fuzzy Logic: The Revolutionary Computer Technology That Is Changing Our World.* New York: Simon & Schuster, 1993.

Mead, G. H. *Mind, Self, and Society.* Chicago: University of Chicago Press, 1934.

Morehouse, Ward ed. *Science, Technology and the Social Order.* NJ: Transaction Books, 1979.

Morse, Philip M. *Library Effectiveness: A Systems Approach.* Cambridge, MA: MIT Press, 1968.

Moss, Lawrence & J. Seligman. "Classification Domains and Information Links," in *Logic and Information Flow*, ed. by van Eijck, Jan and Albert Visser. Cambridge, MA: MIT Press, 1994.

Naisbitt, John. *Megatrends.* New York: Warner, 1982.

Nauta Jr., Doede. *The Meaning of Information.* The Hague: Mouton, 1972.

Needham, Joseph. *Science and Civilization in China*, v. 1–7. Cambridge, Eng.: University Press, 1954–1985.

Negroponte, Nicholas. "The Present and Future of Multimedia Applications," *MIT Seminar Series.* Washington, D.C., Nov. 16, 1993.

Negroponte, Nicholas. *Being Digital*. New York: Alfred A. Knopf, 1995.

Neill, S. D. *Dilemmas in the Study of Information: Exploring the Boundaries of Information Science*. New York: Greenwood Press, 1992.

Newhouse, J. P. & A. J. Alexander. *An Economic Analysis of Public Library Services*. Lexington, MA: D. C. Heath, 1972.

Nidditch, P. H. *The Philosophy of Science*. London: Oxford University Press, 1968.

Nisbett, R. & L. Ross. *Human Inference: Strategies and Shortcomings of Social Judgment*. Englewood Cliffs, NJ: Prentice-Hall, 1980.

Nonaka, I. & Hirotaka Takeuchi. *The Knowledge-Creating Company*. Englewood Cliffs, NJ: Prentice-Hall, 1980.

O'Brien, Rita C. ed. *Information, Economics and Power*. Boulder, CO: Westview Press, 1993.

Ogden, C. K. & I. A. Richards. *The Meaning of Meaning*. London, Kegan, Paul, Trench & Tubner, 1923.

O'Neil, W. M. *Fact and Theory: An Aspect of the Philosophy of Science*. Australia: Sydney University Press, 1969.

Ortony, A. *Metaphor and Thought*. Cambridge, MA: Cambridge University Press, 1979.

Osgood, C. E. & T. Sebeok ed. *Psycholinguistics*, vol. 49. Washington, D. C.: Ame Psychological Assn, 1954.

Osgood, C., G. Suci & P. Tannenbaum. *The Measurement of Meaning*. Urbana: University of Illinois Press, 1957.

Ozmon, H. A. & S. M. Craver. *Philosophical Foundations of Education*, 3rd ed. Columbus, OH: Merrill Publishing, 1986.

Pacey, Arnold. *Technology in World Civilization, A Thousand-year History*. Cambridge, MA: MIT Press, 1990.

Pappas, George S. "Some Forms of Epistemological Scepticism," in *Essays on Knowledge and Justification*. Ithaca: Cornel University Press, 1978, pp. 307.

Parker, Charles S. *Understanding Computers and Data Processing: Today & Tomorrow with BASIC*. New York: Holt, Rinehart & Winston, 1987.

Patterson, C. H. *Foundations for a Theory of Instruction and Educational Psychology*. New York: Harper & Row, 1977.

Pearce, W. B. *Communication and the Human Condition*. Carbondale, IL: Southern Illinois Univ. Press, 1989.

Peirce, Charles S. *Essays in the Philosophy of Science*, ed. by Vicent Tomas. New York: Liberal Arts Press, 1957.

Penzias, Arno. *Ideas and Information*. New York: Simon & Schuster, 1989.

Pierce, J. R. *An Introduction to Information Theory: Symbols, Signals, and Noise*. New York: Dover, 1980.

Pitkin, Gary M. *Cost-Effective Technical Services*. New York: Neal-Schuman, 1986.

Pitkin, Gary M. *Information Management & Organizational Change in Higher Education*. Westport, CT: Meckler, 1992.

Popper, Karl R. *The Open Society and Its Enemies*, 5th ed. Princeton, NJ: Princeton University Press, 1966.

Popper, Karl R. "Science, Pseudo-Science, and Falsifiability," in *On Sci-

entific Thinking, ed. by R. D. Tweney, New York: Columbia University Press, 1981.

Popper, Karl R. *Objective Knowledge: An Evolutionary Approach*. Oxford: Clarendon Press, 1972.

Popper, Karl R. *Popper Selections*, ed. by David Miller. Princeton, NJ: Princeton University Press, 1985.

Popper, Karl R. *Unended Quest: An Intellectual Autobiography*. La Salle, IL: Open Court, 1976.

Pyles, Thomas. *The Origins and Development of the English Language*. New York: Harcourt, Brace & World, 1964.

Pylylshyn, Z. W. "What the Mind's Eye Tells the Mind's Brain," *Psychological Bulletin*, 1973, pp. 1–14.

Quine, W. V. *The Ways of Paradox and Other Essays*. New York: Random House, 1966.

Quinn, J. B. *Intelligent Enterprise: A Knowledge and Service Based Paradigm for Industry*. New York: The Free Press, 1992.

Raisbeck, Gordon. *Information Theory: An Introduction for Scientific and Engineers*. Cambridge, MA: MIT Press, 1977.

Ranganathan, S. R. *Five Laws of Library Science*, 2nd ed. Bangalore, Sarada Ranganathan Endowment for Library Science, 1989.

Reid, T. R. *Essays on the Active Power of Man*. Cambridge, MA: MIT Press, 1969.

Reid, T. R. *Philosophical Works*. Hildesheim: Veorg Olms, 1967.

Reid, T. R. *The Chip: How Two Americans Invented the Microchip & Launched A Revolution*. New York: Simon & Schuster, 1984.

Robinson, C. W. "Free or Fee Based Library in the Year 2000," *Journal of Library Administration*, vol. 11, 1989, pp. 111–118.

Rouse, Joseph. *Knowledge and Power: Toward A Political Philosophy of Science*. Ithaca: Cornell University Press, 1987.

Rowley, Jennifer. *Organizing Knowledge: An Introduction to Information Retrieval*. London: Gower, 1996.

Rubin, M. R. & M. T. Huber. *The Knowledge Industry in the United States, 1960–1980*. Princeton, NJ: Princeton University Press, 1986.

Russell, Bertrand. *An Inquiry Into Meaning and Truth*. Baltimore: Penguin, 1950.

Russell, Bertrand. *Human Knowledge: Its Scope and Limits*. London: Allen & Unwin, 1948.

Russell, Bertrand. *The Analysis of Mind*. London: Allen & Unwin, 1948.

Russell, Bertrand. *The Problems of Philosophy*, 3rd print. London: Oxford University Press, 1981.

Ryan, M. P. *Knowledge Diplomacy: Global Competition and the Politics of Interllectual Properties*. Washington, D.C.: Brookings Inst. Press, 1998.

Ryle, Gilbert. *The Concept of Mind*. London: Hutchinson, 1949.

Saffady, William. *Introduction to Automation for Libraries*, 2nd ed. Chicago: ALA, 1989.

Salwen, Michael B. & Don W. Stacks. *An Integrated Approach to Communication Theory and Research*. Mahwah. NJ: Lawrence Erlbaum Asso., 1996.

Sarton, George. *Introduction to the History of Science*, 2 vols., reprint

1953. Baltimore: Williams & Wilkons, 1927.

Saunders, L. M. ed. *The Virtual Library: Visions and Realities*. New York: Meckler, 1993.

Savolainen, R. "The Sense-Making Theory," *Information Processing & Management*, vol. 29, no. 1, 1993, pp. 13–28.

Schement, J. R. & B. D. Ruben. *Between Communication and Information*. New Brunswick, NJ: Transaction Publishers, 1993.

Schramm, Wilbur ed. *The Process and Effects of Mass Communication*. Urbana: University of Illinois Press, 1965.

Sereno, K. K. & C. D. Mortensen. *Foundation of Communication Theory*. New York: Harper & Row, 1970.

Severin, W. J. *Communication Theories: Origins, Methods, Uses*. New York: Longman, 1988.

Shannon, Claude E. and Warren Weaver. *The Mathematical Theory of Communication*. Urbana, IL: University of Illinois Press, 1963.

Shera, Jesse H. *Introduction to Library Science: Basic Elements of Library Service*. Littleton, CO: Libraries Unlimited, 1976.

Shera, Jesse H. *Knowing Books and Men; Knowing Computers, Too*. Littleton, CO: Libraries Unlimited, 1973.

Shera, Jesse H. *Libraries and the Organization of Knowledge*. Hamden, CT: Archon Books, 1965.

Shera, Jesse H. *Sociological Foundations of Librarianship*. New York: Asia Publishing House, 1970.

Shera, Jesse H. *The Foundations of Education for Librarianship*. New York: Becker and Hayes, 1972.

Shoemaker, Sydney. "Persons and Their Pasts," *American Philosophical Quarterly*, 1971, pp. 269–285.

Shope, Robert K. "Remembering, Knowledge, and Memory Traces," *Philosophy and Phenomenological Research*, 1973, pp. 303–322.

Shuman, Bruce A. *Foundations and Issues in Library and Information Science*. Englewood, CO: Libraries Unlimited, 1992.

Sinclair, Angus. *The Conditions of Knowing: An Essay Toward A Theory of Knowledge*. New York: Harcourt, Brace & World, 1951.

Singer, Marcus. "Meaning, Memory, and the Moment of Creation," *Proceedings of the Aristotlian Society*, 1962–1963, pp. 187–202.

Smith, Anthony. *Books to Bytes: Knowledge and Information in the Postmodern Era*. London: British Film Institute, 1993.

Smith, Richard M. ed. "The Power of Invention," *Newsweek Extra*, Winter 1997–1998.

Sorabji, Richard. *Aristotle on Memory*. Providence: Brown University Press, 1972.

Steele, R. *Walter Lippmann and American Century*. New York: Random House, 1980.

Steinberg, D. D. & L. A. Jakobovits. *Semantics: An Interdisciplinary Reader in Philosophy. Linquistics and Psychology*. Cambridge: Cambridge University, 1974.

Stevens, Norman D. "The History of Information," *Advances in Librarianship*, vol. 14, ed. by Wesley Simonton. New York: Academic Press, 1986.

Tapscott, Don. *The Digital Economy: Promise and Perial in the Age of*

Network Intelligence. New York: McGraw-Hill, 1995.

Taylor, Albert J. *An Introduction to the Philosophy of Education.* Lanham, MD: University Press of America, 1983.

Taylor, F. W. *The Principle of Scientific Management.* New York: Harper & Brothers, 1911.

Taylor, R. S. *Value-Added Processes in Information Systems.* Norwood, NJ: Ablex, 1986.

Teranno, Toshiro et al. ed. *Applied Fuzzy Systems.* Boston: AP Professional, 1994.

Thompson, Robert L. *Wiring a Continent: The History of the Telegraph Industry in the United States.* Princeton, NJ: Princeton University Press, 1947.

Traber, Michael ed. *The Myth of the Information Revolution: Social & Ethical Implications of Communication Technology.* Beverly Hills, CA: SAGE, 1986.

Tsien, Tsuen-hsuin. "Paper and Printing," *Science and Civilization in China,* by Joseph Needham, vol. 5, pt. 1. Cambridge, Eng.: University Press, 1983.

Turner, J. H. *The Structure of Sociological Theory.* Belmont, CA: Wadsworth Publishing, 1991.

Vesey, G. *Impressions of Empiricism.* London: Macmillan, 1976.

Vichardson Jr., John V. *Knowledge-Based Systems for General Reference Work: Applications, Problems, and Progress.* New York: Academic Press, 1995.

Von Leyden, W. *Remembering: A Philosophical Problem.* London: Duckworth, 1961.

Vygotsky, L. S. *Thought and Language*. Cambridge, MA: MIT Press, 1991.

Wadman, Meredith. "Critics Query Finacing of Proposed E-Biomed," *Nature*, vol. 400, July 15, 1999, p. 200.

Waismann, P. *The Principles of Linguistic Philosophy*. New York: St. Martin, 1965.

Webster, F. & K. Robins. *Information Technology: A Luddite Analysis*. Norwood, NJ: Ablex, 1986.

Weingand, Darlene E. *Customer Service Excellence: A Concise Guide for Libraries*. Chicago: ALA, 1997.

White, Howard D. *Brief Tests of Collection Strength: A Methodology for All Types of Libraries*. Westport, CT: Greenwood, 1995.

Wingo, G. Max. *Philosophies of Education: An Introduction*, Lexington. MA: D. C. Heath, 1974.

Winter, H. J. J. *Eastern Science: An Outline of Its Scope and Contribution*, 5th ed. London: John Murray, 1952.

Woozley, A. D. *Theory of Knowledge*. London: Hutchinson, 1949.

Zemach, E. M. "A Definition of Memory," *Mind*, 1968, pp. 526–536.

索　引

大雅叢刊書目

法學叢書書目

生活法律漫談

清鬆學習美國法律	鄧穎懋	著
老師的法律責任	沈銀和	著
主任與職員的法律責任	沈銀和	著

圖書資訊學叢書書目

美國國會圖書館主題編目（增訂版）	陳麥麟屏 林國強	著	排版中
圖書資訊組織原理	何光國	著	
圖書資訊學導論	周寧森	著	
文獻計量學導論	何光國	著	
現代化圖書館管理	李華偉	著	
圖書館與當代資訊科技	李景懿頻英傳 楊宗燦國	著	
圖書館學理論基礎	何光國	著	排版中

教育叢書書目

中國現代史叢書書目 （張玉法主編）

三民大專用書書目——歷史·地理

書名	著者	著/編	服務機關
中國歷史	李國祁	著	臺灣師大
中國歷史系統圖	顏仰雲	編繪	
中國通史（上）、（下）	林瑞翰	著	臺灣大學
中國通史（上）、（下）	李方晨	著	
中國通史（修訂版）	甘懷真	著	臺灣大學
中國史	林瑞翰	著	臺灣大學
中國近代史四講	左舜生	著	
中國現代史	李守孔	著	臺灣大學
中國現代史（增訂版）	薛化元	編著	政治大學
中國現代史	薛化元 李福鐘 潘光哲	編著	政治大學 政治大學 交通大學 中研院
中國近代史概要	蕭一山	著	
中國近代史（近代及現代史）	李守孔	著	臺灣大學
中國近代史	李守孔	著	臺灣大學
中國近代史	李方晨	著	
中國近代史	李雲漢	著	政治大學
中國近代史（簡史）（增訂版）	李雲漢	著	政治大學
中國近代史	古鴻廷	編著	東海大學
中國近代史（增訂版）	薛化元	編著	政治大學
隋唐史	王壽南	著	政治大學
明清史	陳捷先	著	臺灣大學
黃河文明之光（中國史卷一）	姚大中	著	東吳大學
古代北西中國（中國史卷二）	姚大中	著	東吳大學
南方的奮起（中國史卷三）	姚大中	著	東吳大學
中國世界的全盛（中國史卷四）	姚大中	著	東吳大學
近代中國的成立（中國史卷五）	姚大中	著	東吳大學
秦漢史話	陳致平	著	
三國史話	陳致平	著	
通鑑紀事本末 1/6	袁樞	著	
宋史紀事本末 1/2	陳邦瞻	著	
元史紀事本末	陳邦瞻	著	
明史紀事本末 1/2	谷應泰	著	
清史紀事本末 1/2	黃鴻壽	著	